Mösl · Elektronische Tischrechenautomaten

Elektronische Tischrechenautomaten

Aufbau und Wirkungsweise

von

Georg Mösl

mit 68 Figuren
und einem Abbildungsanhang

Walter de Gruyter & Co · Berlin 1970

Vormals G. J. Göschen'sche Verlagshandlung · J. Guttentag, Verlagsbuchhandlung · Georg Reimer · Karl J. Trübner · Veit & Comp.

 Archiv-Nr. 12 42 70 0 – Satz: IBM-Composer, Walter de Gruyter & Co. – Druck: Austermeier, Berlin – Printed in Germany

Vorwort

Noch vor zehn Jahren schien es eine ausgemachte Sache zu sein, daß „Rechenautomaten" zwei wesentlich verschiedene Geräte sind:

Entweder mechanische Anordnungen geringer Komplexität
oder elektronische Anordnungen hoher Komplexität.

Daß es einmal Rechenautomaten geben könnte, die gleichzeitig elektronisch (also leise und schnell), klein und billig sind, schien damals unwahrscheinlich.

Im letzten Jahrzehnt entstand die Technik elektronischer Tischrechenautomaten. Diese ergänzt das Spektrum der Großrechenautomaten nach unten bis in die Preisklasse einfacher mechanischer Tischrechner. Sie ermöglicht aber einen lückenlosen Aufbau bis hin zu den Großcomputern. Dieser neue Typ elektronischer Tischrechenmaschinen wird für die zukünftige wirtschaftlich-wissenschaftliche-technische Praxis große Bedeutung haben, z. B. als rasch verfügbares und leistungsvolles Hilfsmittel des Kleinbetriebs, oder im Vorfeld großer Computer.

Es ist erfreulich, daß durch das vorliegende Buch von Herrn Doktor Georg Mösl die Technik und Anwendung elektronischer Tischrechenautomaten zusammenfassend dargestellt wird. Es stellt eine wertvolle Hilfe für Benutzer, Ingenieure und Studenten dar. Ich wünsche ihm eine weite Verbreitung.

K. Steinbuch

Inhaltsverzeichnis

1. Einleitung

Die seit Jahrzehnten bekannten und bewährten mechanischen und elektromechanischen Tischrechenmaschinen (TRM) werden seit einiger Zeit durch einen neuen Maschinentyp, den elektronischen Tischrechenautomaten (ETRA) ergänzt. Rechnung und Speicherung und teils auch die Ausgabe werden rein elektronisch ausgeführt. Viele Begrenzungen, die für elektromechanische Tischrechenmaschinen noch von der Mechanik her gegeben waren, sind entfallen.

Der seither maschinell nicht erfaßbare Bereich gerade des technisch-wissenschaftlichen Rechnens, in dem die Tischrechenmaschinen funktionsmäßig nicht mehr ausreichten, der Rechnungsanfall aber für den Computereinsatz noch nicht lohnend war, wird nicht nur weiter erschlossen, sondern speziell durch die programmierbaren Tischrechenautomaten völlig überbrückt, da die Automaten nicht nur die Programmierung der reinen Tastenfunktionen gestatten, sondern über zusätzliche Befehle für Vergleiche, Verzweigungen, Schleifen und Zyklen verfügen. Elektronische Tischrechenautomaten sind ein echter Fortschritt in der Automatisierung geistiger Routinearbeit.

Schnelligkeit und Funktionsvielfalt elektronischer Abläufe und die Flexibilität ihrer Programmierung erweitern die Einsatzmöglichkeiten der Tischrechenmaschinen, in deren Geschichte mit diesen Automaten zweifellos ein neues Kapitel begonnen hat. Ein neuer Typus Tischrechenmaschine, aber auch eine neue Computervariante ist entstanden. Basierend auf der Pionierarbeit der Großcomputer-Technik gelangt mit den neuen Tischrechenautomaten die Elektronik auf einer relativ breiten Basis zu nutzbringendem Einsatz.

Diese Entwicklung ist keineswegs abgeschlossen, sondern hat außerordentlich kraftvoll eingesetzt und befindet sich in raschem Weiterschreiten. Innerhalb von 3 Jahren etwa sind aus 3–4 Herstellern über 20 geworden, mit fast 40 Modellen, lieferbar in rund 70 verschiedenen Ausführungen (Anhang Übersicht 1).

Die Vielfalt des schon Vorhandenen und die zahlreich erkennbaren Ansätze, die so schnell erweiterten Einsatzbereiche dieser Automaten noch ganz wesentlich zu vergrößern, liefern, in Anbetracht der Bedeutung der Rechenmaschinen für Büro und Labor, hinreichenden Grund für eine detaillierte Untersuchung und zusammenfassende Darstellung dieser Technik. Darüber hinaus gewinnt dieses Thema dadurch an besonderer Bedeutung, daß dieser Kleincomputer *Elektronischer Tischrechenautomat* in elektronisch ähnlicher Ausstattung bereits Zentraleinheit der Organisations- und Abrechnungsautomaten der sogenannten *mittleren Datentechnik* geworden ist.

Rechenleistung und Flexibilität der elektronischen Tischrechenautomaten ergeben sich aus der Anwendung der Elektronik und sind keineswegs ungewöhnlich. Überraschend sind ihre Computereigenschaften auf außerordentlich niedriger

Preisbasis. Sie können in dieser Hinsicht als sehr wesentliche Computer-Entwicklung betrachtet werden, die sich befruchtend auf breitere Anwendung der Elektronik in Richtung fortschreitender Rationalisierung auswirken wird.

Die vorliegende Arbeit soll Aufbau und Anwendung dieser Automaten untersuchen, den derzeitigen Stand dieser Technik vermitteln, aber auch Gedanken und erkennbare oder vorhandene Ansätze der möglichen Weiterentwicklung aufzeigen.

Zum Studium – vor allem der Rechenabläufe – dieses Buches ist es nicht erforderlich, eine solche Maschine zur Hand zu haben. Es wird versucht, die Darstellungsweise so klar zu halten, daß das ungestörte Durchdenken der Abläufe gegebenenfalls in Verbindung mit einigen handschriftlichen Notizen einen besseren Einblick in die allgemeine Wirkungsweise und die vorhandenen Möglichkeiten dieser Automatengattung verschafft, als das Anpassen der geschilderten Rechnungen an die jeweiligen Besonderheiten einer speziellen Maschine. Die Einstellung auf einen bestimmten Automaten zur Dauerbenutzung ist an Hand der zugehörigen Bedienungsanleitung kein Problem.

2. Geschichtliche Basis der elektronischen Tischrechenautomaten

Elektronische Tischrechenautomaten sind keine Weiterentwicklung mechanischer und elektromechanischer Tischrechenmaschinen, sondern eine neue Art Tischrechenmaschine. Der kurzgefaßte Entwicklungsweg der Rechenhilfsmittel, zu denen auch die elektronischen Tischrechenautomaten gehören, zeigt dies sehr deutlich. Rechenhilfsmittel sind *Rechenvorrichtungen* und *Rechenmaschinen.* Der wesentliche Unterschied zwischen beiden ist der selbsttätige positive oder negative Zehnerübertrag, d. h. die automatische Addition oder Subtraktion einer „1" in der nächsthöheren Stelle.

Die ersten und ältesten mechanischen Rechenvorrichtungen sind *Abakus, Rechenschieber* und *Rechenstäbe.* Der Abakus ist seit etwa 1100 vor Christi bekannt, Rechenschieber und Rechenstäbe seit etwa 1600 nach Christi (Fig. 2/1). Es folgen die ersten Versuchsmodelle von Rechenmaschinen im 17. Jahrhundert, zwei Rechenmaschinen mit 4 Spezies, die erste 1623 von Wilhelm *Schickard,* die zweite 1672 von Gottfried Wilhelm *Leibniz* und eine Addiermaschine, d. h. 2 Spezies, etwa 1641 von Blaise *Pascal.* Die Verbesserungen und Weiterentwicklungen dieser Versuche führen erst im 19. Jahrhundert zu industrieller Produktion, seit Beginn unseres Jahrhunderts zu rascher Weiterentwicklung. In den zwanziger Jahren findet die Schwachstrom-Elektrik mit Antriebsmotor, Kontakten, Magneten und Relais Eingang in die Tischrechenmaschinen, vereinfacht und beschleunigt ihre Funktionen und erweitert ihre Möglichkeiten. Quadrier- und Radiziereinrichtungen, Konstantenspeicher, Postenzähler, Rundungseinrichtung, Komma-Automatik und Zusatzgeräte für Winkelfunktionen sind einige der sich ergebenden Erweiterungen.

In einem Nebenzweig entwickeln sich *Buchungs-* und *Fakturiermaschinen* durch zusätzliche Speicher- bzw. Rechenwerke, aufgesetzte Wagen mit Formulartransport und Kontokarteneinzug, Kurztext-, Volltext- und Programmierungs-Einrichtungen zu einem eigenständigen Produktionszweig, unabhängig schließlich von den Tischrechenmaschinen.

Die elektromechanischen Tischrechenmaschinen haben in den letzten zehn Jahren einen beachtlichen Stand des Ausreifens und von den Begrenzungen der Mechanik her zweifellos auch den Endstand ihrer Entwicklung erreicht.

Die elektronischen Tischrechenautomaten knüpfen mit vielen Erfahrungen von Bedienung und Einsatz und auch mit Teilen ihrer noch vorhandenen Mechanik in Tastaturen und Druckwerken an diese Tischrechenmaschinen an, sind aber ein echtes Produkt der modernen elektronischen *Computertechnik,* denn ihre wesentlichen Funktionen des Rechnens und Speicherns werden von Bauelementen der Elektronik ausgeführt.

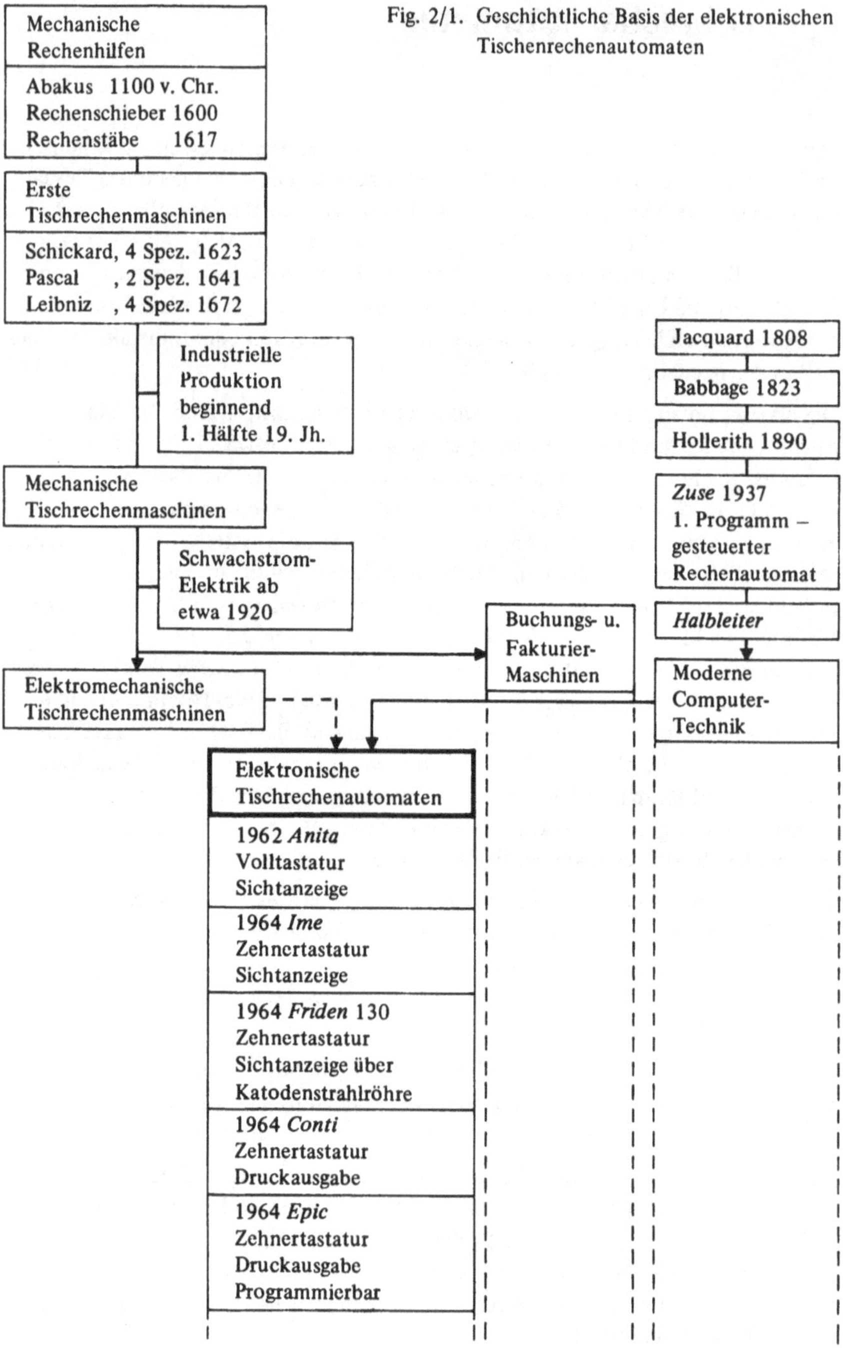

Fig. 2/1. Geschichtliche Basis der elektronischen Tischenrechenautomaten

Zur Entwicklung der Computertechnik genügen in diesem Zusammenhang die folgenden Hinweise:

> Joseph Maria *Jacquard*, Lyon, verwendet 1808 gelochte Karten als Programmspeicher zur Steuerung von Webautomaten.
> Charles *Babbage*, Cambridge, hat schon 1823 die geniale Idee eines 4-Spezies-Rechenautomaten mit einem mechanischen Zahlenspeicher von 1000 Wörtern zu je 50 Dezimalstellen, Programmierung und Datenein- und -ausgabe über gelochte Karten. Es waren Sprungbefehle vorwärts und rückwärts und zählende Indexregister vorgesehen. Der Versuch mißlingt.
> Dr. Hermann *Hollerith* setzt 1890 seine erste Lochkartenmaschine zur amerikanischen Volkszählung ein.
> Dr. Konrad *Zuse* vollendet 1937 den ersten programmgesteuerten Rechenautomaten.

Über die Halbleiter führt der Weg zur modernen Computertechnik, die in raschem Vorwärtsschreiten immer schnellere und leistungsfähigere Systeme entwickelt, deren Erkenntnisse und Erfahrungen aber auch gleichzeitig zu kleineren Rechnern für breitgestreuten Einsatz führen.

Die *Valvo GmbH*, Hamburg, berichtete im November 1961 in ihren „Entwicklungsmitteilungen" über drei Versuchsmodelle elektronischer Tischrechner, und zwar einen Rechner für Addition, einen Rechner für Addition und Subtraktion und einen Rechner für Addition, Subtraktion und Multiplikation folgendes:

> „Die Entwicklung steht erst am Anfang; die bisherigen Arbeiten zeigen jedoch schon, daß die Zukunft der Tischrechner auf dem elektronischen Gebiet liegen wird.
>
> Der elektronische Tischrechner zeichnet sich durch Schnelligkeit und Lautlosigkeit aus. Außerdem kann man seine Speicherkapazität mit relativ einfachen Mitteln erhöhen. Ein elektronischer Tischrechner ist wartungsfrei. Durch sinnvollen Aufbau mit steckbaren Einheiten lassen sich eventuelle Reparaturen in kürzester Zeit durchführen.
>
> Diese Tatsachen zeigen, wie wichtig weitere Entwicklungsarbeiten auf diesem Gebiet sind. Die Realisierung eines marktfähigen elektronischen Tischrechners ist nur noch die Frage einer überschaubaren Zeitspanne."

Die Vorhersage bestätigt sich rasch. Schon ein Jahr später (1962) kommt als *erster marktfähiger Tischrechner* die *„Anita"* von Bell Punch aus England mit Volltastatur und Sichtanzeige heraus. 1963/64 folgen die *„Ime"* aus Italien mit Zehnertastatur und Sichtanzeige, die *„Friden 130"* aus den USA mit Zehnertastatur und Sichtanzeige über Katodenstrahlröhre, die Wanderer *„Conti"* aus Deutschland mit Zehnertastatur und Druckausgabe und die Monroe *„Epic"* aus den USA mit Zehnertastatur, Druckausgabe, die außerdem programmierbar ist.

Damit sind die Grundtypen dieser neuen Rechnergattung gegeben, denen dann in rascher Folge eine große Zahl spezieller Ausführungen folgen (Vgl. Anhang, Übersicht 1). Die Hersteller der druckenden Automaten stammen, wie die Übersicht 2 im Anhang zeigt, noch meist aus der Rechen- und Buchungsmaschinenbranche, während die Mehrzahl der Hersteller nichtdruckender Automaten aus der Elektronik kommt; beachtenswert ist dabei der hohe Anteil Japans.

Die Entwicklung eines solchen Rechners erfordert Erfahrungen im Bau von räumlich kleinen und aufwandmäßig preisgünstigen elektronischen Schaltungen. Die Möglichkeiten gedrängter Bauweise sind in Raumfahrttechnik, tragbaren Rundfunk- und Fernsehgeräten u. ähnlichem praktisch erprobt. Um preisgünstige Elektronikaggregate mit Multiplizier- und Speicherschaltungen hat sich die traditionelle Büromaschinenindustrie seit über zehn Jahren intensiv und erfolgreich bemüht. Hier hat auch Japan seine Erfahrungen gesammelt. Bekannt sind seine tragbaren Rundfunk- und Fernsehgeräte, weniger bekannt der Ausbau von Schreibmaschinen durch elektronische Aggregate zu Fakturier- und Organisationsmaschinen.

Für die Elektronik dieser neuen Rechenmaschinen steht zwar eine fast unüberschaubare Fülle von Lösungsmöglichkeiten zur Auswahl, aber die notwendige Beachtung der Relation zwischen Leistung und Preis setzt hier eine besonders scharfe und einschneidende Begrenzung, die nur dadurch etwas gemildert wird, daß keine Spitzengeschwindigkeiten erforderlich sind. Das ist eine Schwierigkeit ihrer Entwicklung.

Die noch verbliebene Mechanik mit ihren empfindlichen Übergangsstellen *Mechanik/Elektronik* in der Tastatur und *Elektronik/Mechanik* im Druckwerk sieht sich steigenden Anforderungen bezüglich Schnelligkeit, Kleinheit und Präzision gegenüber. Der für eine tragbare Tischrechenmaschine notwendigerweise erzwungene sehr enge Zusammenbau Elektronik/Mechanik bringt noch eine ganze Reihe weiterer Probleme hinsichtlich Wärmeentwicklung, Erschütterungen und Störeinstreuungen mit sich. Die relativ geringe Zahl druckender Automaten hängt mit diesen nicht leicht lösbaren Fragen zusammen. Lieferbar sind zur Zeit 10 druckende Grundmodelle in etwa 20 Variationen, aber rund 30 nichtdruckende Modelle in über 50 Variationen.

Wesentliche konstruktive Schwierigkeiten können vermieden werden, wenn Mechanik (Tastatur und Druckwerk) und Elektronik in zwei getrennten Aggregaten ausgeführt werden. Andererseits geht das Bestreben – zumindest für die Grundausstattung als Tischrechenmaschine – natürlich dahin, Mechanik und Elektronik zu einer geschlossenen und tragbaren Einheit zu verbinden, die man leicht von einem Schreibtisch zum anderen bringen kann.

3. Nomenklatur

Es finden sich bei den Herstellern sehr verschiedene Bezeichnungen für die neuen Automaten:

Elektronischer Tischrechner,
Elektronischer Tischcomputer,
Elektronische Tischrechenmaschine,
Elektronischer Tischrechenautomat,
Elektronisches Rechensystem.

Diese Benennungen zeigen die Grenzsituation zwischen Tischrechenmaschine und Computer, in der sich diese neuen Automaten im allgemeinen befinden.

Bekanntlich liegt der wesentliche Unterschied zwischen Tischrechenmaschine und Computer darin, daß in den Computer vor dem eigentlichen Arbeitsbeginn Daten und Programm geschlossen eingegeben werden und er dann die entsprechenden Rechnungen gemäß Programm durchführt, während bei Tischrechenmaschinen Daten und Programmbefehle sequentiell während der bereits laufenden Rechnung eingetastet werden.

Alle hier zu besprechenden Maschinen sind in der Grundausstattung für sequentielles Arbeiten als Tischrechenmaschine eingerichtet. Nur ein Teil dieser Maschinen, nämlich die programmierbaren Tischrechenautomaten, gestattet darüberhinaus die Tastenfolgen für bestimmte Rechnungen zu speichern und so programmgesteuerte Rechnungen durchzuführen. Hier ist dann die Bezeichnung *Computer* sicher gerechtfertigt.

Zusammenfassend erscheint daher für diese Maschinengattung in Anlehnung und Nachfolge an den Begriff *Tischrechenmaschine* die Bezeichnung *Elektronische Tischrechenmaschine* oder *Elektronischer Tischrechenautomat* angebracht, gegebenenfalls mit den Zusätzen *druckend* bzw. *programmierbar.* Im Englischen findet sich dafür die Bezeichnung *Desk-top Electronic Calculator,* im Französischen *Calculateur électronique de bureau.*

Folgende Übersicht gibt die notwendigsten Fachausdrücke aus der Technik der mechanischen/elektromechanischen Tischrechenmaschinen, soweit sie auch für die elektronischen Tischrechenautomaten noch von Bedeutung sind. Die Übersicht ist angelehnt an den „Deutschen Vorschlag für die Benennungen von Addier- und Rechenmaschinen" ISO/TC 95.2 vom Februar 1965.

Art der Maschinen

Addiermaschinen — Maschinen mit Mitteln für die manuelle Eingabe von Zahlendaten, bestimmt für die Durchführung von Additionen oder Additionen und Subtraktionen mit automatischer Zehnerübertragung, mit der Möglich-

	keit, Ergebnisse durch Sichtanzeige und/oder Druck im vertikalen Sinn sichtbar zu machen.
Rechenmaschinen	Maschinen mit Mitteln für die manuelle Eingabe von Zahlendaten, bestimmt für die Durchführung von Additionen, Subtraktionen und Multiplikationen oder Multiplikationen und Divisionen, ohne dem Bediener eine Zähloperation abzuverlangen, mit der Möglichkeit, Ergebnisse durch Sichtanzeige und/oder Druck im vertikalen Sinn sichtbar zu machen.

Unterscheidung nach Rechenarten

Einspezies-Maschine	Addiermaschine, nur addierend,
Zweispezies-Maschine	Addiermaschine, addierend und subtrahierend,
Dreispezies-Maschine	Rechenmaschine, addierend, subtrahierend und multiplizierend,
Vierspezies-Maschine	Rechenmaschine, addierend, subtrahierend, multiplizierend und dividierend.

Unterscheidung nach Druchführung des Rechenvorganges

mechanisch	Maschine, bei der die Rechenvorgänge durch mechanische Mittel ausgeführt werden,
elektronisch	Maschine, bei der die Rechenvorgänge durch elektronische Mittel ausgeführt werden.

Unterscheidung nach Art der Zahleneingabe

mit Zehnertastatur	Zifferntastatur mit mindestens 10 Zifferntasten 0 . . . 9, verwendbar für alle Wertstellen,
mit Volltastatur	Zifferntastatur mit mindestens 9 Zifferntasten 1 . . . 9 für jede Wertstelle.

Unterscheidung nach Art der Zahlenausgabe

Sichtanzeige	Anzeige von Ziffern und Zeichen durch Mittel wie Ziffernräder, Zeichenräder, Ziffernanzeigeröhren, Katodenstrahlröhren, u. ä.,
Druck	Druck von Ziffern und Zeichen auf Papierstreifen, auch Kontrollstreifen genannt,
Druckende Maschine	Zeichenvorrat sind mindestens die Dezimalziffern,
Schreibende Maschine (Volltext)	Zeichenvorrat sind mindestens die Dezimalziffern und die Buchstaben des gewöhnlichen Alphabets (Alphanumerischer Zeichenvorrat, Schreibmaschine),
Kurztext	Zeichenvorrat sind ausschließlich eine beliebige Anzahl von Kurzwörtern, wie „BAR", „SCHECK", „KASSE", u. ä.

Allgemeine Funktionen

Arbeitsgang	Geschlossene Folge von Maschinenfunktionen für den Programmablauf einer Operation,
Automatische Funktion	Maschinenfunktion, die sich, durch den Programmablauf gesteuert, ohne Mitwirkung des Maschinenbedieners vollzieht,
Bedienungszwang	Funktionssteuerung, die den Programmablauf von vorbestimmten Bedingungen abhängig macht, wie z.B. Programm-STOP „WARTE AUF TASTATUR" zur Eingabe von Variablen,
Dauerfunktion	Mehrfache, ununterbrochene Folge einer Maschinenfunktion,
Druckwiederholung	Möglichkeit eine gerade gedruckte Zahl ohne Neueintasten wieder zum Operanden zu machen,
Funktionstaste	Taste zum Auslösen der Funktion,
Manuelle Funktion	Maschinenfunktion, die durch den Bediener auszulösen oder zu bewirken ist,
Nichtdrucken	Abschaltung des Druckwerkes, ohne die arithmetischen Funktionen der Maschine zu beeinflussen,
Nichtrechnen	Funktion, bei der eine Zahl abgedruckt wird, ohne daß diese arithmetisch bearbeitet wird,
Nullstellen/Löschen	Auf Null stellen von Werken (Register oder Speicher),
Operanden	Zahlen, mit denen die arithmetischen Operationen ausgeführt werden,
Operanden Addition, Subtraktion	Summanden, Posten,
Operanden Multiplikation	Multiplikator, Multiplikand, Faktoren (1, 2),
Operanden Division	Dividend, Divisor,
Postenzähler	Zähler für die addierten und subtrahierten Posten, unabhängig von deren Vorzeichen,
Saldieren	Darstellen eines negativen Rechenergebnisses als absolute Zahl mit Minuskennzeichnung,
Stellenanzeige	Einrichtung zur Anzeige der Anzahl der Stellen, der in das Eingabewerk eingetasteten Zahl,
Subtraktion, direkte	Subtraktion aus absoluten Zahlen,
Subtraktion, indirekte	Subtraktion durch Addition des Komplementwertes (Komplementsubtraktion),
Tasten, arretierbare	Tasten, die so lange arretiert bleiben, bis eine neue Information die Taste manuell oder maschinell freigibt,

Tasten, gegenseitig löschbare	Tasten, die so zueinander in Beziehung stehen, daß eine einmal gedrückte Taste durch das Niederdrücken einer anderen in die Ausgangslage zurückgeführt wird,
Tastenrückstellung	Die durch den Maschinenablauf bewirkte Rückführung der Tasten in ihre Ausgangslage,
Tastensperre	Vorrichtung zur Arretierung der Tasten in ihrer Ausgangsstellung oder Arbeitsstellung,
Überziehen	Überschreiten der Kapazität eines Werkes,
Voreinstellung	Möglichkeit zum Eingeben einer neuen Zahl oder Funktion *vor* Beendigung des laufenden Maschinenganges,
Vorrangfunktion	Maschinenfunktion, die anstelle von im Programmablauf vorgesehenen Funktionen ausgelöst oder bewirkt werden kann oder bei gleichzeitigem Anruf mehrerer Funktionen wirksam wird,
Zähler	Zahlenspeichernde Einrichtung zum Addieren oder Subtrahieren jeweils einer Zähleinheit nur in der niedrigsten Zählstelle,
Ziffemtaste	Taste, durch deren Betätigung eine Ziffer eingegeben wird.

4. Grundsätzlicher Aufbau elektronischer Tischrechenautomaten

Das Schema, Fig. 4/1, zeigt den grundsätzlichen Aufbau elektronischer Tischrechenautomaten. Die in Einzelkästen dargestellten Bereiche sind nicht nur geistige Abgrenzung der Aufgaben, sondern praktisch weitgehend getrennte Baugruppen, die meist – vor allem von und zum elektronischen Rechner – nur durch Kabel verbunden sind. Alle Zähl-, Speicher- und Rechenvorgänge, falls vorhanden auch die Programmierung des Rechenablaufs, sind rein elektronisch ausgeführte Operationen, bei nichtdruckenden Automaten auch die Anzeige. Aus diesen beiden Grundsätzen im Aufbau elektronischer Tischrechenautomaten ergeben sich alle wesentlichen Unterschiede zu den traditionellen Tischrechenmaschinen.

4.1. Unterschied zu den traditionellen Tischrechenmaschinen

Rechenabläufe

Der Aufbau aus elektronischen Bauteilen in Verbindung mit der Ablaufsteuerung über logische Verknüpfungen bringt folgende Vorteile:

1. Optimierung der Rechenabläufe bei größerer Funktionsvielfalt und Funktionstiefe, die bei voller Nutzung, d. h. vor allem bei langen Formeln unter gemischter Verwendung aller Rechenarten, zu hoher Einsparung an Rechenzeit führt. Dazu ein Beispiel gerechnet mit einem elektronischen Tischrechenautomaten.

   Aufgabe: $(17 + 56) \cdot (38 - 29) \cdot \frac{6}{14} = 281{,}5714$

EINTASTEN		DRUCK	
1 7	[+]	17,0000	+
5 6	[+]	56,0000	+
	[×]		×
3 8	[+]	38,0000	+
2 9	[–]	29,0000	–
	[×]		×
6	[:]	6,0000	:

1 4	[=]	14,0000	=
		281,5714	*

Das Eintasten entspricht genau der mathematischen Form der Aufgabe. Die Rechnung wird ohne zwangsweise Ausgabe von Zwischenresultaten durchgeführt und könnte auf die gleiche Weise beliebig weitergeführt werden. Die mechanischen Tischrechenmaschinen können dagegen in ihrem starren Ablauf nicht ohne Resultatabschluß von Addition/Subtraktion auf Multiplikation/Division oder von Multiplikation auf Division und umgekehrt übergehen. Die Rechenarten müssen erst in sich abgeschlossen werden, bevor ein Übergang stattfinden kann. Zum Beweis der Druckstreifen einer elektromechanischen Tischrechenmaschine für die gleiche Rechnung.

	17,0000	+		
	56,0000	+		
Resultat +/-	73,0000	*		
	73,0000	x	(Druckwiederholung)	1. Faktor
	38,0000	+		
	29,0000	-		
Resultat +/-	9,0000	*		
	9,0000	=	(Druckwiederholung)	2. Faktor
Resultat x	657,0000	*		
	657,0000	x	(Druckwiederholung)	1. Faktor
	6,0000	=		2. Faktor
Resultat x	3.942,0000	*		
	3.942,0000	:	(Druckwiederholung)	Dividend
	14,0000	=		Divisor
Resultat :	281,5714	*		

2. Höhere arithmetische Operationen, wie Logarithmen, trigonometrische Funktionen, Exponentialfunktionen, Potenzen mit gebrochenem Exponenten, usw., werden ausführbar.
3. Wählbare Ausgabe des Divisionsrestes und wählbare Rundung und Rundungsart werden ermöglicht.
4. Die Komma-Automatik kann verbessert werden bis zur getrennten Komma-Positionierung für Eingabe und Rechnung/Ausgabe.
5. Die frühere *Rückübertragung* eines Resultates aus dem Resultatwerk in das Eingabewerk wird zur umfassenden und wichtigen Druck-Wiederholungsfunktion, die u. a. einfaches Potenzieren ohne Konstantenspeicher-Abruf erlaubt.
6. Speichersonderfunktionen werden ausführbar, bzw. erweitert.
7. Die Betriebssicherheit wird durch programmierbare Kontrollen erhöht.

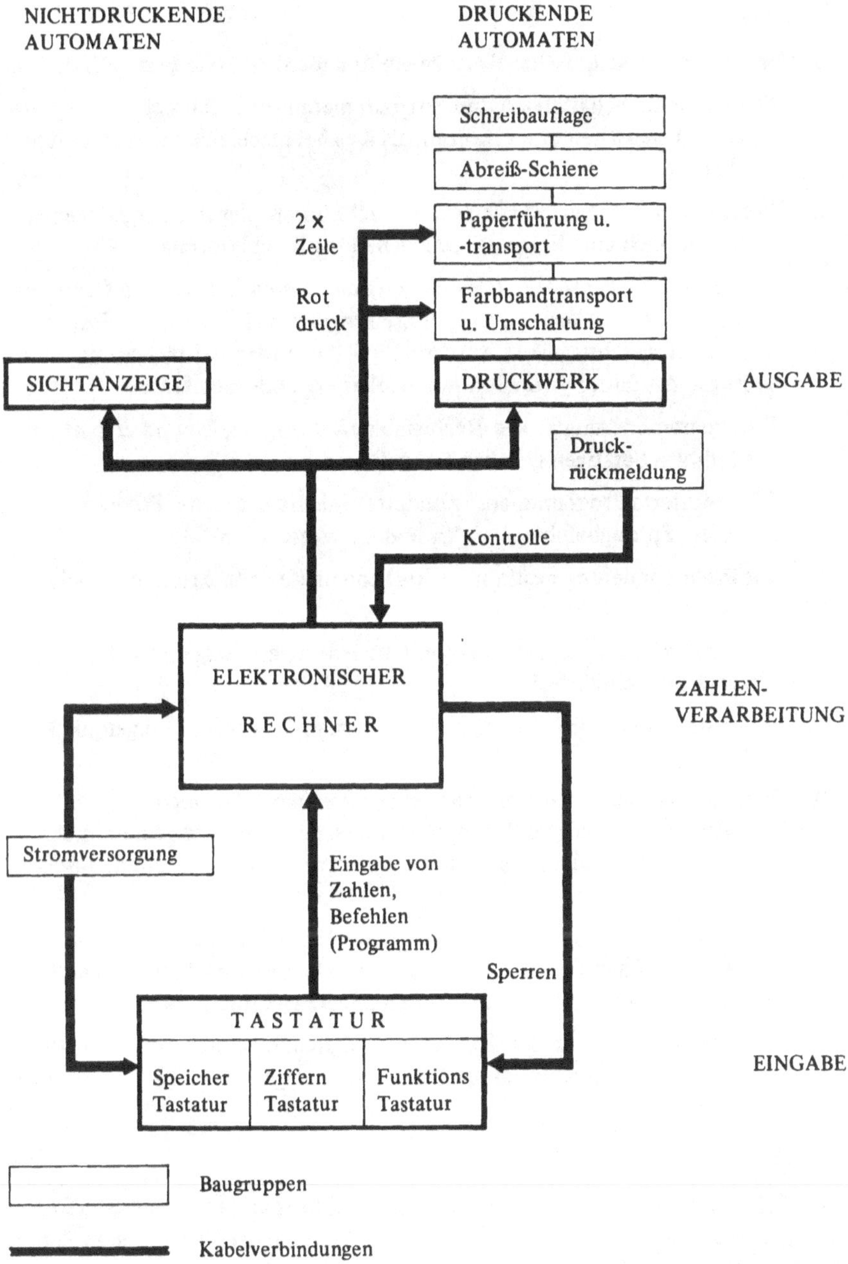

Fig. 4/1. Grundsätzlicher Aufbau elektronischer Tischrechenautomaten

Flexibilität

Die Verwendung elektronischer Bauteile ergibt außerdem hohe Flexibilität, d. h.

1. Elektronische Schaltungen und Programmierungen lassen sich leichter verändern, austauschen und ergänzen, als dies bei mechanischen Aggregaten der Fall ist.
2. Sonderausstattungen, wie Quadratwurzel-Einrichtung und dergleichen sind meist nur noch eine Frage des ausreichenden Befehlsvorrats.
3. Sondermodelle für spezielle Einsatzaufgaben lassen sich aus den Grundmodellen ableiten. Ist das festverdrahtete Programm als induktiver Festwertspeicher ausgeführt, wie in Abschnitt 5.6.1 an einem Beispiel gezeigt wird, so ist die Ausführung von Sondermodellen besonders einfach.
4. Die Programmierung ganzer Rechenabläufe wird möglich und erspart das wiederholte Betätigen gleicher Tastenfolgen.
5. Die erweiterte Programmierung gestattet Inhaltsvergleiche, Programmschleifen, Sprungbefehle aller Art und Verzweigungen.
6. Die Programmierung bestimmter Rechenabläufe kann extern gespeichert werden.
7. Automatische Ein- und Ausgabe mit externen Datenträgern wird über Zusatzgeräte durchführbar.
8. Programmierbare Ein- und Ausgabe-Steuerungen vervollständigen die Erweiterung.
9. Mehrfachausnutzung des elektronischen Rechners. An *einen* Rechner lassen sich mehrere Fernbedienungstastaturen mit Sichtanzeige zum nichtsimultanen, in Sonderausführung auch zum simultanen Arbeiten, anschließen.
10. Verbundeinrichtungen der elektronischen Tischrechenautomaten mit alphanumerischen Druckeinrichtungen, wie Schreibmaschinen u. dergl. führen zu Kleincomputern der mittleren Datenverarbeitung.
11. In Verbindung mit Analog/Digital- und Digital/Analog-Umsetzern wird der Einsatz in Meß-, Steuerungs- und Regelungsanlagen und als Prozeßrechner möglich.

Speicher-Kapazität

Die Elektronik erlaubt relativ leicht und ohne nennenswerten Raumbedarf zusätzlich freie Speicher bereitzustellen, z. B. zur Bildung der algebraischen Summe (Akkumulieren) von Produkten und Quotienten, zum Speichern von Konstanten, Variablen und Zwischenergebnissen. Größere externe Speicher werden anschließbar.

Eingabe-Kapazität

Die Eingabe-Kapazität ist leichter erweiterbar und wird größer.

Rechengeschwindigkeit

Elektronik an Stelle der Mechanik in den Rechen-, Speicher- und nichtdruckenden Ausgabefunktionen bedeutet hohe Rechengeschwindigkeit in den genannten Funktionen. Das wirkt sich aber nicht in vollem Umfang auf die effektive Rechenleistung dieser Maschinen aus, da diese entscheidend bestimmt wird von den Zeiten für die manuelle Eintastung von Zahlen und Funktionen, bei druckenden Automaten eventuell noch von der Druckgeschwindigkeit. Die Zeiten für manuelle Eingabe liegen als Durchschnittsleistung geübter Kräfte bei 3–6 Anschlägen pro Sekunde (Taschenbuch der Nachrichtenverarbeitung, 1967) für die Zehner-Tastatur, also ohne Betätigung der Funktionstasten. Der Denkprozeß der Auswahl „Welche Funktion" und „Wo ist die Taste" und der längere Weg der Hand zum Erreichen der Taste benötigen mehr Zeit. Daraus erwächst die Forderung nach einer sinnvollen Anordnung der Tasten im Bedienungsfeld und das Streben, bei vorgegebener Aufgabe möglichst wenig Funktionstasten bedienen zu müssen.

Die durchschnittliche Eingabezeit liegt pro Zahl plus Funktion im Bereich von 1–2 Sekunden. Die Ausgabezeiten der Drucker liegen pro Zeile zwischen 0,2 und 1,0 Sekunden, abhängig von den verschiedenen Modellen. Die meist verwendeten Paralleldrucker haben ihre feste Druckgeschwindigkeit, unabhängig von der jeweils zu druckenden Stellenzahl. Dabei ist 1 Sekunde für einen Kurbelzug zum Druck als ausgesprochen langsam zu betrachten. 0,5 Sekunden pro Druck, d. h. pro Zeile, sind im allgemeinen ausführbares und tragbares Maximum.

Die eigentliche Rechengeschwindigkeit liegt bei den meisten Automaten im Durchschnitt erheblich unter der Eingabezeit und von einzelnen Sonderrechnungen, wie Quadratwurzelziehen und Rechnungen mit voller Kapazität abgesehen, auch unter der Druckzeit. Sie liegt für Additionen und Subtraktionen im Bereich von 1 . . . 10 ms für die volle Wortkapazität von 10 . . . 20 Dezimalstellen und steigt für Multiplikationen und Divisionen auf etwa 0,2 bis 0,3 Sekunden, für Quadratwurzelziehen auf maximal 0,5 Sekunden. Fig. 4/2.

Die effektive Arbeitsgeschwindigkeit mit einer Rechenmaschine entspricht also bei manueller Eingabe praktisch der Eingabezeit, d. h. es können Zahlen und Funktionen fortlaufend getastet werden, zumal diese Automaten die Möglichkeit der Voreinstellung besitzen. Voreinstellung heißt, während ein Rechen- und/oder Druckvorgang abläuft, kann bereits eine neue Zahl für den nächsten Arbeitsgang eingetastet werden. Die allgemeine Tastensperre – elektronisch sofort nach Betätigung einer Funktionstaste ausgelöst – wird vor Beendigung des Arbeitsganges schon wieder aufgehoben, sowie der laufende Arbeitsgang durch eine neue Tastenbetätigung nicht mehr verändert werden kann. Bei schnellen Druckwerken mit 0,2 bis 0,3 Sekunden pro Kurbelzug ist auch diese Voreinstellung bedeutungslos.

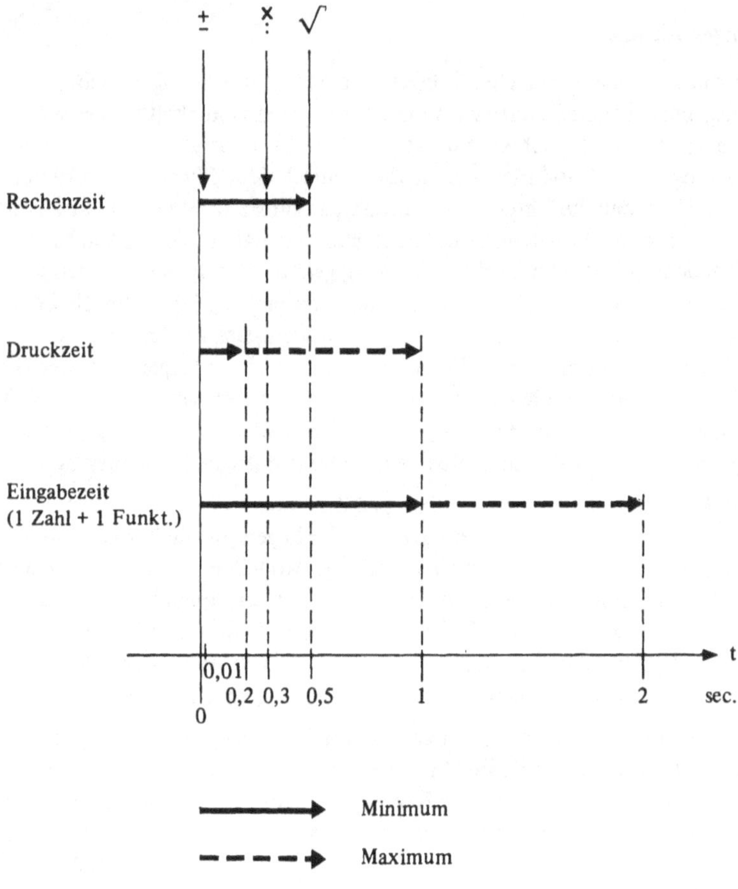

Fig. 4/2. Arbeitszeiten bei elektronischen Tischrechenautomaten

Fig. 4/3 verdeutlicht die schwindende Bedeutung der Voreinstellung bei manueller Eingabe, wenn die Druckwerke schneller werden und die Rechengeschwindigkeit genügend klein bleibt. Dabei sind für die Tastensperrzeit Zweidrittel der Zeit des Arbeitsganges angesetzt, was im Durchschnitt der Praxis entspricht. Für die Rechenzeit wurde eine Multiplikation mit 0,2 Sekunden angenommen. Die Bedeutung der Druckgeschwindigkeit für die effektive Rechenleistung eines elektronischen Tischrechenautomaten ist evident.

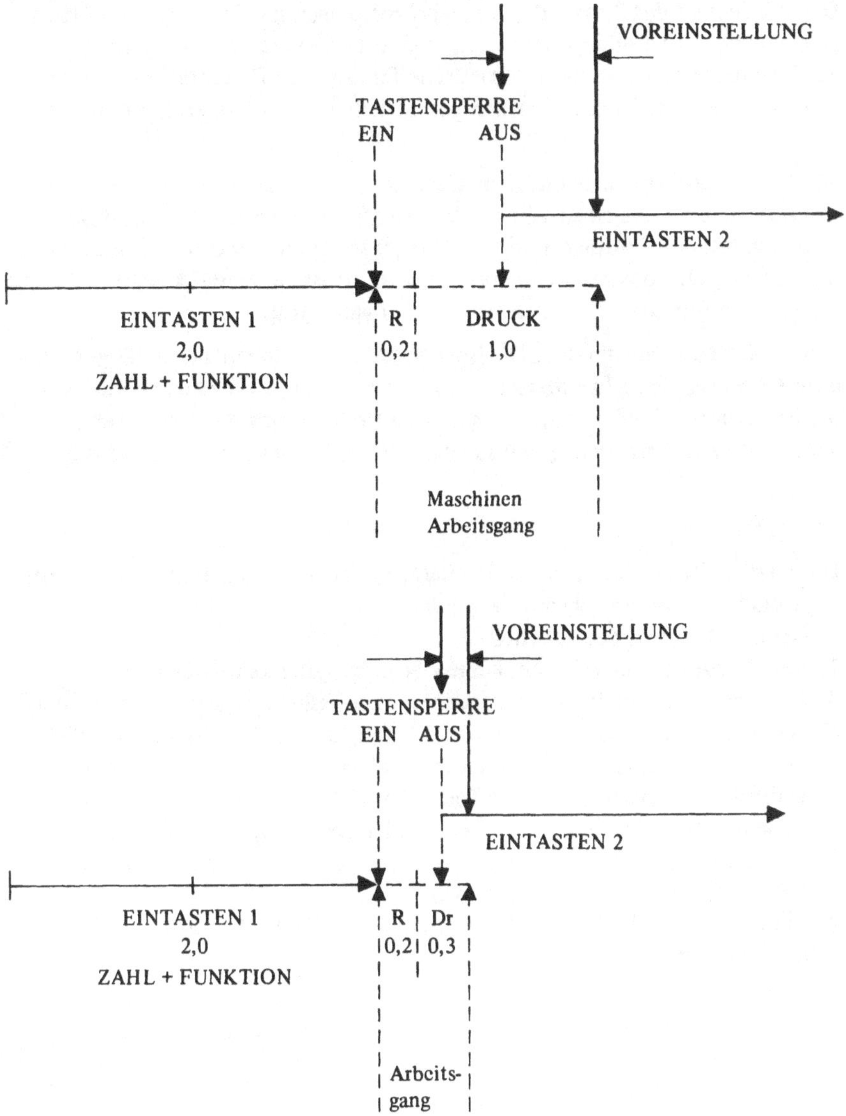

Zeiten in Sekunden

R = Rechenzeit (Multiplikation)

Dr = Druckzeit

Fig. 4/3. Voreinstellung elektronischer Tischrechenautomaten

Die Möglichkeit der Blindbedienung wird zur Steigerung der effektiven Arbeitsgeschwindigkeit besonders bedeutungsvoll. Eine weitere Steigerung der Arbeitsgeschwindigkeit ist über die automatische Eingabe von Datenträgern erzielbar. Hier wird dann die Möglichkeit der Voreinstellung wieder interessant und voll auswertbar.

Die interne Rechengeschwindigkeit dieser Automaten ist nach oben und unten sinnvoll begrenzt. Sie ist so schnell, daß die effektive Arbeitsgeschwindigkeit praktisch mit der Eingabezeit identisch ist, was bei mechanischen Tischrechenmaschinen nicht so weitgehend erreicht wird; sie ist andererseits nicht größer als unbedingt nötig, um jeden überflüssigen Aufwand zu sparen.

Es läßt sich zusammenfassen: Die Eingabezeit hat bei manueller Betätigung eine untere Grenze, die nicht unterschritten werden kann. Die Elektronik der Automaten bewirkt jedoch, daß jede zusätzliche Verlängerung dieser Zeit vermieden wird, und zwar trotz gesteigerter Leistung bezüglich des Funktionsumfangs.

Mechanik

Der Wegfall der Mechanik in den Rechen-, Speicher- und nichtdruckenden Ausgabefunktionen bringt folgende Vorteile:
1. Geräuschlosigkeit des Arbeitens.
2. Kein Verschleiß, kein Bruch, keine Dejustagen und keine Wartung.
3. Leichtes Auswechseln von Baugruppen oder Teilbaugruppen (Schaltkarten) bei Fehlern. Bei steckbarer Kabelverbindung ist leichtes Wechseln möglich. Bei mechanischen Tischrechenmaschinen besteht eine mehr oder weniger geschlossene *Verbindung* von der Taste über Hebel, Stangen und Räder bis zum Typenträger. Auswechseln von Teilen oder Teilegruppen erfordert oft weitgehende Demontage oder zumindest Freilegung der schadhaften Stelle und Nachjustagen nach dem Auswechseln.
4. Kürzere Entwicklungs- und Reifezeiten, als sie für mechanische Geräte erforderlich waren.

5. Elektronischer Rechner

Die elektronische Zentraleinheit der modernen Tischrechenautomaten mit den Funktionen Rechnen und Speichern wird zusammenfassend und ihrem geschlossenen Baustein-Charakter entsprechend im folgenden als *Rechner* bezeichnet. Die funktionelle Organisation dieses Rechners gleicht weitgehend dem schon klassischen Konzept des elektronischen Digitalrechners, modifiziert für die Besonderheiten einer Tischrechenmaschine. Es ist ein Spezialrechner, dessen Begrenzungen gegenüber Universalrechnern von folgenden Forderungen bestimmt werden:

Niedrige Kosten,
Geringes Gewicht,
Geringer Raumbedarf,
Einfache Bedienung,
Sinnvolle Geschwindigkeitsbegrenzung,
Festprogramm in der Grundausstattung,
Geringe Speicherkapazität.

Dieser Rechner besitzt folgende Eigenschaften:

1. Er arbeitet als Digitalrechner, dezimal in Ein- und Ausgabe, binär rechnend und speichernd.
2. Er führt mindestens die arithmetischen Operationen der 4 Spezies Addition, Subtraktion, Multiplikation und Division aus.
3. Er besitzt einen fest geschalteten oder verdrahteten Programmspeicher.
4. Die interne Befehlsfolge enthält Vergleiche, logische Entscheidungen, bedingte Sprungbefehle, Verzweigungen und Schleifen.
5. Zwischenergebnisse und Endergebnisse können gespeichert und wieder Operanden werden.
6. Zahlenwerte werden über die Zifferntastatur eingegeben, die kompletten Befehlsfolgen des Programmspeichers werden über die Funktionstasten angesteuert.
7. Speicheran- und -abruf erfolgt über Speichertasten.
8. Die Ausgabe von Operanden und errechneten Zahlenwerten aus Registern oder Speichern erfolgt über Extrabefehl oder ist Teil der fest programmierten Befehlsfolgen als Sichtanzeige oder Druck.

Über die innere Organisation der Rechner sind von den Herstellern verständlicherweise nur eine begrenzte Zahl detaillierter Daten erhältlich, die aber in Verbindung mit den Rückschlüssen, die sich aus dem Rechenablauf ergeben, für Beurteilung und Einsatz meist ausreichen.

Fig. 5/1 zeigt den normalerweise gewählten inneren Aufbau eines elektronischen Rechners bezüglich der Funktionszusammenhänge im Schema. Als Halbleiter sind meistens Silizium-Transistoren und -Dioden eingesetzt, jedoch werden gelegentlich auch Germanium-Halbleiter verwendet. Als erster Tischrechenautomat benutzte das Modell *Victor* 3900 integrierte Schaltkreise. Die *Friden* 1150 war die erste druckende Maschine dieser Konstruktionsart. Inzwischen sind zahlreiche japanische Maschinen mit integrierten Schaltkreisen aufgebaut.

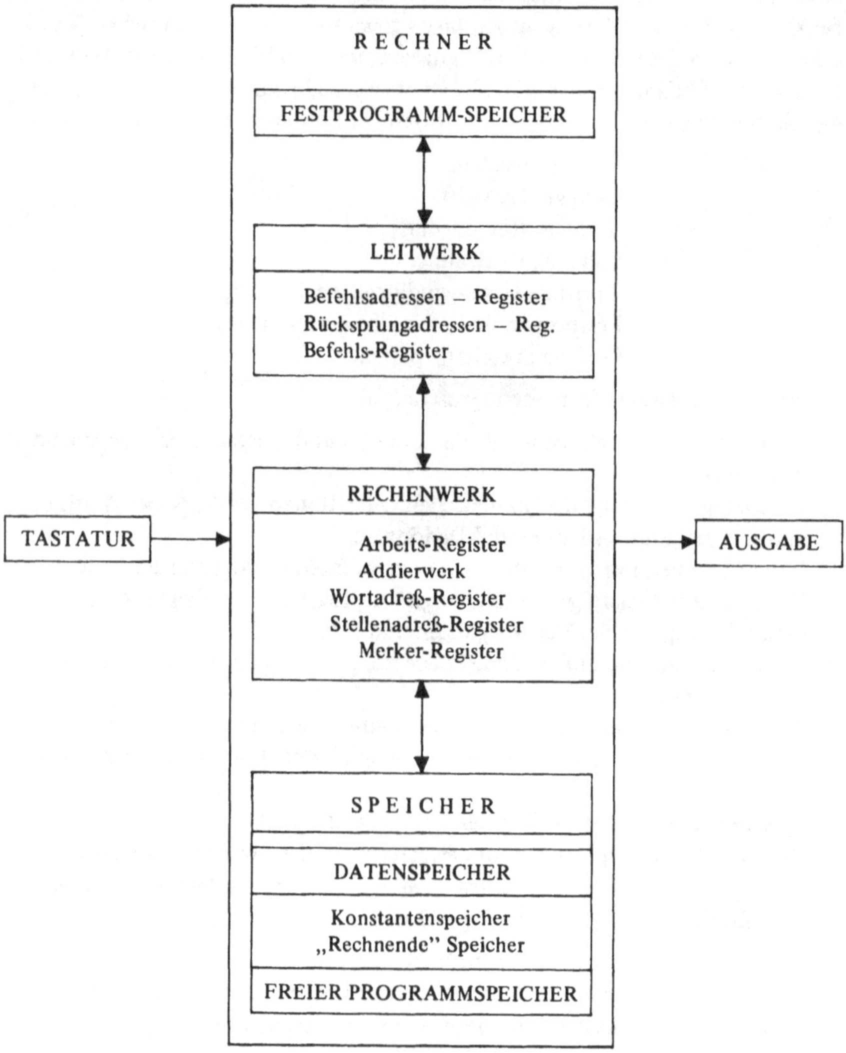

Fig. 5/1. Funktionelle Gliederung des elektronischen Rechners

5.1. Datenspeicher

Der Speicher der elektronischen Tischrechenautomaten ist meist ein reiner Datenspeicher, d. h. er speichert Daten bzw. Zahlen. Diese Zahlen können Konstante und Variable für nachfolgende Rechnungen sein, aber auch Ergebnisse und Zwischenergebnisse.

Der Datenspeicher ist im allgemeinen räumlich getrennt vom Festprogrammspeicher, der den Ablauf der gewählten Funktionen steuert. Bei programmierbaren Automaten kann der Datenspeicher auch für die freie Programmierung teilweise mitbenutzt werden. Fig. 13/2 zeigt eine solche Speicherorganisation eines programmierbaren Automaten.

Unter den Datenspeichern finden sich bevorzugt *Matrizenspeicher mit Ferritringkernen* als Strukturspeicher, die auch nach Stromabschaltung ihre Information unverändert beibehalten, außerdem *Magnettrommelspeicher* zur Erweiterung der Speicherkapazität und *Magnetostriktive Laufzeitspeicher* und *Kondensatorspeicher.*

Elektronische Tischrechenautomaten arbeiten als dezimale Wortmaschinen, d. h. ihre Wortlänge ist – von besonderen Überlauf- und Produkten-/Quotienten-Registern abgesehen – konstant und wird in Dezimalstellen angegeben, unabhängig von der Art der internen Verarbeitung. Die Speicherwörter, bzw. Speicherplätze für je 1 Wort, werden hierbei allgemein als *Speicher, Register* oder *-werk,* z. B. Eingabewerk, bezeichnet. Diese Ausdrücke beinhalten nach der Nomenklatur der Computertechnik also jeweils Speicherwörter/Speicherplätze.

Bei der vom Hersteller angegebenen Zahl der Speicher muß für den praktischen Einsatz sehr wohl unterschieden werden zwischen den Speichern, die für den Ablauf von Eingabe, Rechnung und Ausgabe zwingend erforderlich sind, *Register, Registerwerk, Arbeitsregister* oder *Operations-Register* genannt, und den freien Speichern, die zur Aufnahme von Variablen, Konstanten und Zwischenergebnissen wirklich frei zur Verfügung des Benutzers stehen.

Unabhängig von den verschiedenen Bezeichnungsweisen der Hersteller wurde für den vorliegenden Band die Unterscheidung *Speicher* und *Register* gewählt, um Verwechslungen zu vermeiden und Vergleiche bezüglich der frei nutzbaren Speicher anstellen zu können.

Ein Beispiel für den tatsächlich möglichen Aufbau gibt Fig. 5/2. Der enge Zusammenhang im Aufbau von Rechenwerk und Speicher, wie er sich als typisch auch für andere Funktionsgruppen des Rechners zeigen wird, ist hier schon erkennbar.

Für die frei adressierbaren Speicher ist zwischen *Konstantenspeicher (nichtrechnend)* und *Speicher (rechnend, saldierend)* zu unterscheiden. Die Eingabe einer Zahl in einen Konstantenspeicher löscht automatisch den alten Inhalt des Konstantenspeichers. Die Zahleneingabe ist reiner Übertrag. Die Neueingabe kann nicht zum eventuell vorhandenen Inhalt zuaddiert oder von ihm subtrahiert werden. Man sagt, der Konstantenspeicher ist *nichtrechnend.*

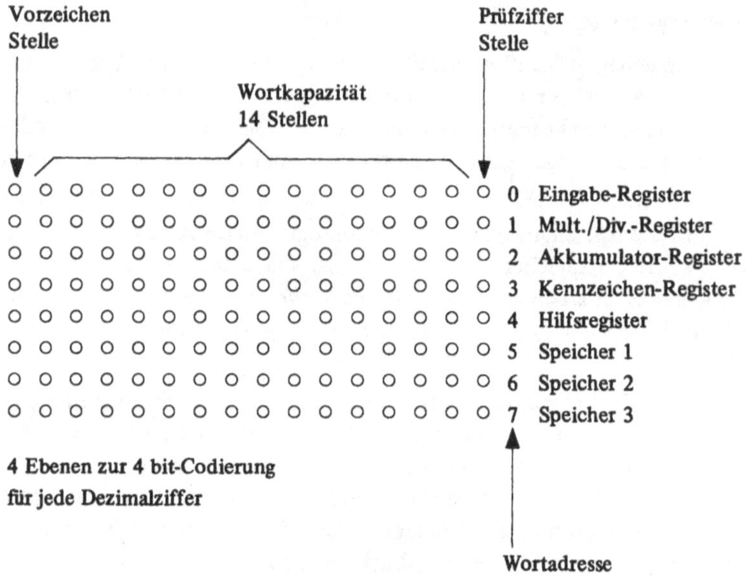

Von den 8 Speicherwörtern 0 . . . 7 sind
5 Speicherwörter 0 . . . 4 fest adressiert als Arbeitsregister
3 Speicherwörter 5 . . . 7 frei adressierbar als „Speicher" 1, 2 und 3

Fig. 5/2. Organisation eines Ferritkernspeichers für eine elektronische Tischrechenmaschine

In einen normalen Speicher kann zum vorhandenen Inhalt zuaddiert bzw. von ihm subtrahiert werden. Der Speicher trägt die Bezeichnung *rechnend,* obgleich die Rechnung nicht im Speicher ausgeführt wird. Der Ausdruck *rechnend* stammt noch von den mechanischen Zählwerken, die Speicher und Addierwerk gleichzeitig waren, gibt aber die Funktionsunterschiede anschaulich wieder. Der normale Speicher kann als Konstantenspeicher benutzt werden, wenn sein Inhalt vor Eingabe der Konstanten auf Null gestellt wird.

Der normale, *rechnende,* Speicher wird darüberhinaus *saldierend* genannt, wenn er negative Rechenergebnisse als absolute Zahl mit Minuskennzeichnung auszugeben vermag. Mit welcher Codierung negative Werte tatsächlich im Speicher stehen, ist dabei unerheblich. Für den Benutzer ist nur die Art der Ausgabe von Bedeutung.

Übersicht 4 des Anhangs nennt die Anzahl der Arbeits-Register verschiedener Maschinen, soweit sie über volle Wortkapazität verfügen, sowie die Anzahl der freien Speicher, die Register-/Speicher-Kapazität (Wortlänge) in Dezimalstellen und einige Angaben zur angewendeten Speichertechnik.

Eine Zwischenstellung zwischen Arbeitsregistern und freien Speichern nehmen die sogenannten *Sammelwerke* ein, über die einige nichtdruckende Automaten verfügen, die keine freien Speicher haben. Diese Sammelwerke dienen der automatischen Akkumulation aller mit Resultat-Taste ausgegebenen Produkte. Es sind der Funktion nach keine Arbeitsregister, andererseits aber auch keine vollwertigen freien Speicher.

Die Zahl der Arbeitsregister mit voller Kapazität liegt zwischen 2 und 6 Registern, die Zahl der freien Speicher zwischen 0 und 17. Dabei zeigen sich in der Praxis gewisse Ausstattungsschwerpunkte.

Es sind dies
für nichtdruckende Automaten 0 Speicher bzw. 1 Sammelwerk, 1 oder 2 Speicher,
für druckende Automaten 3 Speicher.

Die Kapazität der Arbeitsregister und Speicher beträgt 9 bis 24, im Durchschnitt 14 bis 15 Dezimalstellen.

5.2. Kapazität

Die Wortlänge – *Kapazität* – der Register und Speicher entspricht im allgemeinen der Eingabe- und Rechenkapazität des Automaten (siehe Übersicht 4 des Anhangs). Gelegentlich wird die Eingabe-Kapazität um 1 Dezimalstelle niedriger angegeben, um eventuell auftretende Überträge bei Additionen in der dann freigehaltenen höchsten Wertstelle, ohne Sperre für Kapazitätsüberschreitung, verarbeiten und ausgeben zu können.

Alle Kapazitätsangaben beziehen sich auf die Nutzungsmöglichkeit der Automaten. Die wirkliche Stellenzahl der Register und Speicher übersteigt oft die angegebene Kapazität um einige Stellen für Vorzeichen, Prüfziffern und Kommas in halblogarithmischer Darstellung (vgl. Fig. 5/2);

Wenn zur Eingabe-Kapazität von Faktoren für die Multiplikation keine besonderen Angaben vorliegen und Eingabe- und Ausgabe-Kapazität übereinstimmend gleich K sind, so muß bei jeder Multiplikation darauf geachtet werden, daß

$$n_1 + n_2 \leqq K$$

bleibt, wenn n_1 und n_2 die Stellenanzahl der Faktoren ist und die Maschine keine Festkomma-Einrichtung besitzt.

Bei *Festkomma* auf m Nachkommastellen, wird

$$n_1 + n_2 \leqq K + m,$$

da bei Festkomma von den aus m Nachkommastellen in Faktor 1 und m Nachkommastellen in Faktor 2 entstehenden 2m Nachkommastellen im Resultat nur m Nachkommastellen ausgegeben werden.

Bei einigen Automaten unterliegt die Eingabe-Kapazität keinerlei Einschränkungen. Diese Automaten erlauben, Faktoren mit voller Eingabe-Kapazität zu multiplizieren, gehen also in Rechnung und Ausgabe bis zu doppelter Eingabe-Kapazität. Die – in diesen Fällen gestattete – Kapazitätsüberschreitung in der Rechnung wird als solche signalisiert und sollte auch zu einer Tastensperre führen, da mit diesen Werten nicht weitergerechnet werden kann und darf. Jedoch sind die Ergebnisse vollständig und gültig ausgabefähig.

Weiteres zur Eingabe-Kapazität siehe Abschnitt 6.2.1, zur Ausgabe-Kapazität siehe Abschnitt 7.1.

5.3. Codierung

Bei den meisten Automaten wird **intern mit** binär-codierter Dezimaldarstellung gearbeitet, d. h. jede Dezimalziffer für sich mit 4 bit (Tetrade) codiert, wobei diese Codierung z. B. *dual* erfolgen kann durch je ein Element der Wertigkeit 8 – 4 – 2 – 1. Besonders vorteilhaft sind bei elektronischen Tischrechenautomaten auch *Dreiexzeß-Code* und *Aiken-Code.*

Im Dreiexzeß-Code, auch *Stibitz-Code* genannt, wird jede Dezimalziffer um 3 dezimal erhöht und dann durch die entsprechende Dualzahl dargestellt, d. h. die 4 bit der Dreiexzeß-Code-Tetrade haben die duale Wertigkeit 8 – 4 – 2 – 1 für die Dezimalziffer (A + 3), wenn A im Dreiexzeß-Code dargestellt werden soll. Der Dreiexzeß-Code ist also nicht direkt bewertet. Soll z. B. die Dezimalziffer „4" codiert werden, so ist „3" zu addieren, ergibt „7" und das gibt bei der dualen Wertigkeit

$$\begin{matrix} 8 - 4 - 2 - 1 \\ O \quad L \quad L \quad L \end{matrix}$$

Es entspricht also

$$(O \quad L \quad L \quad L)_{\text{Dual}} \mathrel{\hat=} 7$$
$$(O \quad L \quad L \quad L)_{\text{Dreiexzeß}} \mathrel{\hat=} 4.$$

Der Aiken-Code hat die Gewichte 2 – 4 – 2 – 1, wobei ab Dezimalziffer 5 grundsätzlich die höchste (linke) Codestelle mitbenutzt wird.
Duale, Dreiexzeß- und Aiken-Codierung der Dezimalziffern 0 . . . 9 sind in Fig. 5/3 nebeneinander gestellt, dazu die Neunerkomplemente der Dezimalziffern.

Dezimal-ziffer	Dual-Code 8 4 2 1	Dreiexzeß-Code	Neuner-Komplement der Dez.ziffer	Aiken-Code 2 4 2 1
0	O O O O	O O L L	9	O O O O
1	O O O L	O L O O	8	O O O L
2	O O L O	O L O L	7	O O L O
3	O O L L	O L L O	6	O O L L
4	O L O O	O L L L	5	O L O O
5	O L O L	L O O O	4	L O L L
6	O L L O	L O O L	3	L L O O
7	O L L L	L O L O	2	L L O L
8	L O O O	L O L L	1	L L L O
9	L O O L	L L O O	0	L L L L

Fig. 5/3. Binär codierte Dezimalziffern

Legt man den Matrizenspeicher gemäß Fig. 5/2 zugrunde und schreibt die 4 bit der Codierung einer Dezimalziffer nebeneinander – im Speicher liegen sie in 4 Ebenen hintereinander – so wird also z. B. die Dezimalzahl 905738 je nach gewählter Codierung in folgender Weise in einem Arbeitsregister oder Speicherplatz dieses Matrizenspeichers stehen:

Dezimalzahl			9	0	5	7	3	8	
	10^{13}		10^5	10^4	10^3	10^2	10^1	10^0	
V Z	OOOO	…	LOOL	OOOO	OLOL	OLLL	OOLL	LOOO	P Z

Dual-Code

V Z	OOLL	…	LLOO	OOLL	LOOO	LOLO	OLLO	LOLL	P Z

Dreiexzeß-Code

V Z	OOOO	…	LLLL	OOOO	LOLL	LLOL	OOLL	LLLO	P Z

Aiken-Code

V Z = Vorzeichen-Codierung P Z = Prüfziffer-Codierung

In der Tabelle, Fig. 5/3, sind außer den drei verschiedenen Codierungen auch die jeweiligen Neunerkomplemente der Dezimalziffern angeführt. Der Vergleich der Codierungen für eine Dezimalziffer und ihr Komplement zeigt, daß die Komplementierung im Dreiexzeß- und im Aiken-Code sehr einfach durch Inversion von O und L erfolgt. Alle Nullen werden durch Einsen (L), alle Einsen (L) durch Nullen ersetzt.

Beispiel:		Dreiexzeß-Code	Aiken-Code
Dezimalziffer	3	O L L O	O O L L
Neunerkomplement	= 6	L O O L	L L O O

Diese einfache Komplementierung jeder Ziffer ist wichtig für die indirekte Subtraktion, die aus der Subtraktion eine Addition des Komplementwertes macht.

Die Additionsregeln sind beim Dreiexzeß-Code besonders einfach. Bei Additionen führen Überträge im Dezimalsystem gleichzeitig auch zu Überträgen in der Dreiexzeß-Codierung.

Dezimalziffer		im Dreiexzeß-Code
	A	A + 3
	+ B	+ B + 3
	= C	= C + 6

Beispiel:	9	≙	9 + 6 = $(15)_{dual}$
	10	≙	10 + 6 = $(16)_{dual}$

Dem Übertrag im Dezimalsystem beim Übergang von 9 auf 10 entspricht bei der 4 bit-Darstellung im Dreiexzeß-Code der Übertrag beim Übergang von $(15)_{dual}$ auf $(16)_{dual}$.

Beispiel:		
	6	L O O L
	+ 4	O L L L
	= 1 0	L O O O O

Der Übertrag ist richtig und entspricht dem Übertrag im Dezimalsystem, die entstehende Tetrade (OOOO) bedarf aber noch der Korrektur, denn es ist eine Pseudotetrade, die in der Liste, Fig. 5/3, als Dreiexzeß-Codierung der Dezimalziffern nicht vorkommt.

	dezimal	Dreiexzeß-codiert
Es entstand in der Addition	C	C + 6
Wird der Übertrag abgezogen, so bleibt die Restziffer	(C - 10)	(C + 6) - 16
		= (C - 10)
Die Dreixzeß-Codierung für	(C - 10) ist aber	(C - 10) + 3
Also müssen zur entstehenden Tetrade		O O O O
3 addiert werden		+ O O L L
und es ergibt sich richtig die dezimale 0 im Dreiexzeß-Code		= O O L L

Beispiel:

```
    5                     L O O O
  + 9                   + L L O O
  ----                  ---------
        Übertrag  L       O L O O
        Korrektur       + O O L L
  ----            -----------------
  = 14            L       O L L L
```

Entsteht kein Übertrag, so ist das codierte Ergebnis (C + 6) um 3 zu groß, denn die Dreiexzeß-Codierung für die Dezimalziffer C muß definitionsgemäß (C + 3) entsprechen. Als müssen in diesem Fall 3 subtrahiert werden.

Beispiel:

```
    3                       O L L O
  + 5                     + L O O O
  ----                    ---------
        Kein Übertrag       L L L O
        Korrektur         - O O L L
  ----                    ---------
  = 8                       L O L L
```

Entsteht bei der Addition kein Übertrag, so ist die Ergebnis-Tetrade,
dual gerechnet, höchstens = 15 ≙ L L L L
Es werden in diesem Fall 3 subtrahiert ≙ O O L L
Die Tetrade wird dual höchstens = 12 ≙ L L O O
Das entspricht als Dreiexzeß-Codierung der dezimalen 9, d. h. ohne Übertrag kann im Dreiexzeß-Code bei der Addition keine Pseudotetrade entstehen. Eine besondere Prüfung auf Pseudotetraden ist also nicht erforderlich, der eventuell entstehende Übertrag, der sowieso zur Rechnung benötigt wird, zeigt gleichzeitig und in allen Fällen die Pseudotetrade an.
Es ergeben sich folgende Korrekturregeln für die Addition im Dreiexzeß-Code:

Ohne Übertrag:	3 subtrahieren	(- O O L L)
Mit Übertrag:	3 addieren	(+ O O L L).

Soll die Subtraktion vermieden werden, so ist statt 3 (OOLL) zu subtrahieren, (16 - 3) = 13 (LLOL) zu addieren. Da die 4 bit der Tetrade einen 16er Zählring darstellen, ist leicht einzusehen, daß 3 Schritte rückwärts an die gleiche Stelle führen, wie (16 - 3) = 13 Schritte vorwärts. Der hierbei entstehende Übertrag durch die Korrektur ist bedeutungslos, da er die Rechnung nicht betrifft.

Beispiel:

2		O L O L		
+6		+ L O O L		
	Kein Übertrag	L L L O		L L L O
	Korrektur	- O O L L	oder	+ L L O L
=8		L O L L		L O L L

Dreiexzeß- und Aiken-Code sind wie die duale Codierung monoton wachsend, der größeren Dezimalziffer entspricht der größere Dualwert der Tetrade, und gerade und ungerade Ziffern sind gut unterscheidbar (L,O bzw. O,L in der letzten Tetradenstelle).
Die Ziffern kleiner 5 haben in Dreiexzeß- und Aiken-Code eine O in der ersten Tetradenstelle, die Ziffern gleich und größer 5 ein L, so daß ein gutes Rundungskennzeichen gegeben ist.
Die Tetraden (O O O O) und (L L L L) kommen beim Dreiexzeß-Code nicht vor, was von Vorteil sein kann, wenn man je nach Arbeitsweise des Rechners annehmen darf, daß gewisse Fehler zur Bildung von lauter Nullen oder Einsen führen und so entdeckt werden können.
Der Aiken-Code hat gegenüber dem Dreiexzeß-Code den Vorteil, daß seine Stellen direkt bewertet sind (2 – 4 – 2 – 1), so daß sich die dargestellte Dezimalziffer sofort ergibt. Beim Dreiexzeß-Code muß zunächst mit der dualen Bewertung (8 – 4 – 2 – 1) gerechnet und dann (3 dezimal) subtrahiert werden.

Beispiel:

Aiken-Code 2 – 4 – 2 – 1

L O L L $\triangleq 1 \cdot 2 + 0 \cdot 4 + 1 \cdot 2 + 1 \cdot 1 = 5$

Dreiexzeß-Code (8 – 4 – 2 – 1)

L O L L $\triangleq 1 \cdot 8 + 0 \cdot 4 + 1 \cdot 2 + 1 \cdot 1 - 3 = 11 - 3 = 8$

5.4. Rechenwerk

Das Rechenwerk dieser Automaten enthält im allgemeinen 3 Register mit voller Stellenkapazität, nämlich

Eingabe-Register,
Multiplikations-/Divisions-Register,
Akkumulator-Register (AC).

Diese 3 Register entsprechen in ihren Funktionen in etwa den 3 bekannten Registern der mechanischen Tischrechenmaschinen:

Elektronische Tischrechenmaschinen	*Mechanische Tischrechenmaschinen*
Eingabe-Register	Einstell-Werk
Mult./Div.-Register	Umdrehungszählwerk
Akkumulator-Register	Resultatwerk

Auf die spezielle Unterscheidung *Multiplikanden-Register MD* und *Multiplikator-Quotienten-Register MQ* wird hier absichtlich verzichtet, da in dieser Hinsicht die Abläufe zu verschiedenartig sind.

Jede eingetastete Ziffer geht sofort oder nach kurzer Zwischenspeicherung in das Eingabe-Register, und zwar in die niedrigste Wertstelle. Bereits vorhandener Inhalt wird zuvor um 1 Stelle nach links geshiftet, wie es die Sichtanzeige nichtdruckender Automaten sehr deutlich zeigt, siehe Fig. 5/4. Die Betätigung der 1. Funktionstaste nach Eintastung der Zahl überträgt normalerweise den Inhalt des Eingabe-Registers, gleichgültig ob Summand, 1. Faktor oder Dividend, in den Akkumulator. Beim Eintasten der 1. Ziffer einer neuen Zahl wird das Eingabe-Register automatisch gelöscht. Die Betätigung der 2. Funktionstaste verknüpft die Inhalte von Eingabe-Register und Akkumulator gemäß der gewählten arithmetischen Funktion. Für Multiplikation und Division steht dazu das Multiplikations/Divisions-Register in bekannter Weise zur Verfügung, und zwar als Hilfsregister zur Durchführung der Operation und zur schrittweisen Aufnahme der Überlaufstellen, wenn die Eingabe-Kapazität n für beide Faktoren uneingeschränkt gilt und so das Produkt, entsprechend auch ein Quotient, zu erlaubter Kapazitätsüberschreitung führt.

Einzugeben ist: 3,14159

EINTASTEN	SICHTANZEIGE
	0000000000000000
3	0000000000000003
,	000000000000003 ,
1	00000000000003, 1
4	0000000000003, 14
1	000000000003, 141
5	00000000003, 1415
9	0000000003, 14159

Fig. 5/4. Zahleneingabe bei nichtdruckenden Automaten

Transport vom Eingabe-Register zum Akkumulator und logische Verknüpfung der Inhalte im Sinne der arithmetischen Operationen erfolgen über das Addierwerk. Da Multiplikationen und Divisionen in der binären Technik nur Multiplikationen und Divisionen mit 0 oder 1 (L) sind, reduzieren sie sich zu Additionen und Subtraktionen mit schrittweiser Stellenverschiebung, können also ebenfalls durch das Addierwerk ausgeführt werden. Meist wird mit indirekter Subtraktion gearbeitet, d. h. statt zu subtrahieren, wird der Komplementwert addiert. Damit reduzieren sich die Rechenoperationen der Vierspezies auf einige wenige Mikrobefehle für Addition und Komplementierung. Von dieser vereinfachenden Operationensteuerung wird gerade in elektronischen Tischrechenautomaten weitgehend Gebrauch gemacht.

Darüberhinaus wird das Addierwerk häufig für alle Transportoperationen überhaupt, auch zwischen Speicher und Arbeitsregistern und umgekehrt, eingesetzt, ebenso für Inhaltsvergleiche, Prüfziffer-Rechnung, Kommarechnung, Löschen von Inhalten, Komplementierung von Werten, Prüfung auf Vornullen, Nachnullen, usw.

Soll eine neue Rechnung begonnen werden, so muß der alte Inhalt des Akkumulators zunächst gelöscht, d. h. auf Null gestellt werden, falls dies durch die Ausgabe nicht automatisch erfolgte.
Im Prinzip arbeiten auch hier alle Speicher und Register intern, d. h. unabhängig von den betätigten Tasten, wie bekannt:

> Ausgabe aus einem Speicher/Register läßt seinen Inhalt unverändert. Eingabe in einen Speicher/Register löscht automatisch den alten Inhalt des aufnehmenden Speichers/Registers, indem sie Stelle für Stelle durch die neuen Werte ersetzt.

Dies gilt für den Akkumulator ebenso, wie für die sogenannten *rechnenden* Speicher. Das scheinbare *Zuaddieren* zu seinem Inhalt, *Multiplizieren* seines Inhaltes, usw. erfolgt über normale Ausgabe seines Inhaltes in das Addierwerk, Verknüpfung im Addierwerk mit dem Inhalt des Eingabe-Registers und erneuter Eingabe in den Akkumulator unter Löschung seines alten Inhaltes.

Als Betriebsart bietet sich, in Verbindung mit binär-codierter Dezimaldarstellung, der *Serien-Parallel-Betrieb* an. Er verlangt wesentlich geringeren Aufwand als Parallelbetrieb und die erreichbare Geschwindigkeit ist für Tischrechenautomaten mit manueller Eingabe ausreichend. Die Dezimalstellen werden dabei Stelle für Stelle, mit der niedrigsten Wertstelle beginnend, serial verarbeitet, ihre jeweilige 4 bit-Codierungstetrade jedoch parallel. Das Addierwerk braucht also nur für die Verarbeitung von 2 mal 4 bit, Übertrag und eventuelle Korrektur ausgelegt zu sein.

Die additive Verknüpfung für jede der 4 Tetradenstellen A_i, B_i verläuft mit und ohne Übertrag $Ü_i$ nach der bekannten Funktionstabelle (Logiktafel), Fig. 5/5,

S_i ist die entstehende Summe und $Ü_{i+1}$ der neue Übertrag für die nächste Tetradenstelle (i + 1), wobei $Ü_5$ durch zyklische Zählung zu $Ü_1$ für die nächste Ziffernstelle wird. Fig. 5/6 bringt ein Beispiel für die Parallel-Addition der zwei Dezimalziffern 3 und 5, dual codiert.

$Ü_i$	A_i	B_i	$Ü_{i+1}$	S_i
O	O	O	O	O
O	O	L	O	L
O	L	O	O	L
O	L	L	L	O
L	O	O	O	L
L	O	L	L	O
L	L	O	L	O
L	L	L	L	L

Fig. 5/5. Funktionstabelle für die binäre Addition

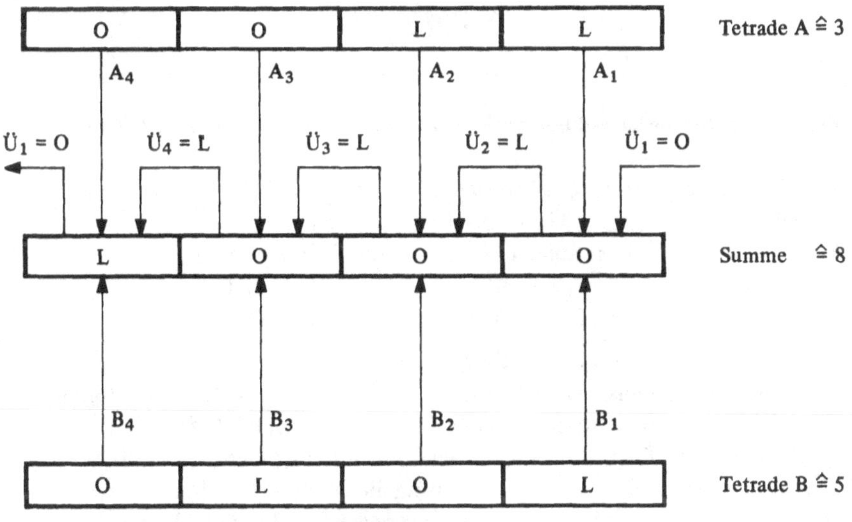

Fig. 5/6. Addition zweier Tetraden (Dual-codierte Dezimalziffern)

Tetrade A kann eine Ziffernstelle des Eingabe-Registers, Tetrade B die stellenmäßig entsprechende Ziffernstelle des Akkumulators sein. Die Summe geht dann nach eventueller Korrektur als neuer Inhalt in die gleiche Ziffernstelle des Akkumulators. Die zu addierenden Tetraden A und B können aber auch in zwei Hilfsregister des Addierwerkes, bestehend aus je 4 Flipflops, übernommen werden.

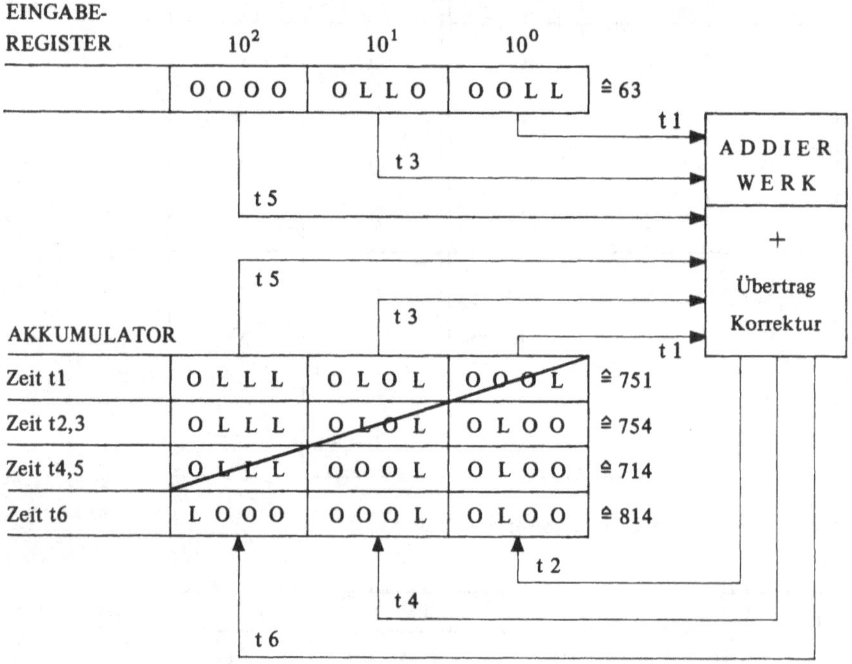

Fig. 5/7. Serien-Parallel-Addition zweier Dezimalzahlen mit dual-codierten Ziffern

Fig. 5/7 zeigt den ziffernmäßig serialen Ablauf der Addition für die Aufgabe 751 + 63 = 814, dual codiert.
Die Addition der beiden Stellen 10^1 ergibt eine Pseudotetrade.

6	≙	O L L O
+ 5	≙	+ O L O L
= 11	Pseudotetrade	L O L L

Das Additionsergebnis „11" ist zwar richtig, kann aber im Dezimalsystem mit den Ziffern 0 . . . 9 nicht an der Stelle 10^1 als Ziffer „11" stehen. Es muß aufgeteilt werden in einen Übertrag für die Stelle 10^2 und eine „1" an die Stelle 10^1. Das Addierwerk muß bei dualer Codierung die entstehenden Summentetraden auf solche Pseudotetraden prüfen und gegebenenfalls durch Addition von 6 korrigieren.

Damit wird z. B. aus der entstandenen

Pseudotetrade	L O L L
Korrektur	+ O L L O
	L O O O L

der Übertrag L und die echte Tetrade OOOL, die der Dezimalziffer 1 entspricht.

Wird ein Arbeitsregister mit 4 bit-Stellen für Zähloperationen (Stellenzähler u. ähnliches) eingesetzt, so wird möglichst seine volle Kapazität 0 . . . 15 ausgenutzt, also inclusive der „Pseudotetraden". Diese Zähler arbeiten dann zyklisch als 16er Zählring ohne Rücksicht auf entstehende Überträge.

Die Befehle Multiplikation bzw. Division prüfen bei dieser Art des Ablaufs zunächst den Inhalt ⟨. . .⟩ des Akkumulators AC auf Null.
Ist ⟨AC⟩ = 0, so handelt es sich um die Eingabe des 1. Faktors bzw. Dividenden. Die Eingabe erfolgt trotz Multiplikations- oder Divisions-Befehl additiv in den Akkumulator.

Ist ⟨AC⟩ ≠ 0, so wird der Inhalt des Akkumulators multipliziert mit bzw. dividiert durch den Inhalt des Eingabe-Registers.

Es finden sich bei den verschiedenen Modellen außer den bis jetzt genannten Arbeitsregistern noch weitere Register für Sonderaufgaben, wie

Hilfsregister,
Komma-Register,
Kennzeichen-Register,
Ausgabe-Register (Druck-Register),
Druckwiederholungs-Register.

Hilfsregister dienen zum Radizieren, Speichern von Kennzeichen und nehmen eventuelle Überläufe auf, wenn keine besonderen Kennzeichen-Register und keine Überlauf-Register (Multiplikations/Divisions-Register) zur Aufnahme von Kapazitätsüberschreitungen in der Rechnung vorgesehen sind.

Komma-Register speichern bei Festkomma die vorgewählte Komma-Positionierung, die Zahl der eingetasteten Nachkommastellen für die Operanden und der errechneten Nachkommastellen für Resultate, usw.

Kennzeichen-Register enthalten

Komma-Positionierung, Kommabefehle und Ergebnisse der Kommarechnung,
Merkmale für Eingabe und Kapazitätsüberschreitung,
Merkmale für Multiplikation, Division, Druckwiederholung,
Merkmale für Vorrangfunktionen,
Zählerstände,
Kennzeichen für Symbole, Farbdruck (Rotdruck), usw. parallel angesteuert zu den Operationen als Vormerkung für die Ausgabe.

Außer den Arbeitsregistern mit voller Stellenzahl gibt es 4 bit-Flipflop-Register als *Wort-Adreß-Register* zur Auswahl der Arbeitsregister und Speicher und als *Stellen-Adreß-Register* zur Ansteuerung der Stellen im Arbeitsregister/Speicher bei der serialen Verarbeitung. Schließlich finden sich eine Anzahl 1 bit-Flipflop-Register als *Merker-Register* für Rechnungsablauf, Vorzeichen, Kapazitätsüberschreitung, usw.

Die Ausgabe von Operanden und Resultaten erfolgt aus dem Akkumulator nach Betätigung einer Ausgabe-Taste oder automatisch in Verbindung mit einer Operationstaste. Der Inhalt des Akkumulators geht dabei in nichtdruckenden Automaten direkt oder über das Eingabe-Register in die Sichtanzeige. Bei serialer Verarbeitung der Dezimalziffern in binär-codierter Dezimaldarstellung im Rechenwerk wird auch die Ausgabe in die Sichtanzeige serial erfolgen. Durch entsprechende Schaltungsmaßnahmen kann ein eventuelles Sichtbarwerden der ziffernweisen Einstellung (Flimmern) unterdrückt werden, bis die letzte Ziffer der betreffenden Zahl in die Sichtanzeige gegeben ist.

Druckende Automaten müssen die auszugebende Zahl vom Akkumulator/Resultatwerk, die Symbole von einem Kennzeichen-Register, in das Druckwerk geben. Meist gehen sie jedoch über ein gesondertes Ausgabe-Register. Dieses muß also stellenmäßig größer sein als die anderen Register, da es außer voller Zahlenkapazität noch zusätzliche Stellen für den Druck von Komma und Symbolen benötigt. Das Ausgabe-Register kann mit seinem Ziffernteil gleichzeitig Druckwiederholungs-Register sein, wenn dafür kein besonderes Register vorhanden ist. Drukkende Automaten, die intern dezimal-serial arbeiten, geben auch direkt serial aus, wenn sie mit Seriendrucker arbeiten.

Die meisten druckenden Automaten besitzen jedoch ein *Paralleldruckwerk*, das keine direkte Serialausgabe aus der Elektronik gestattet. Es muß ein elektromechanischer Pufferspeicher zwischengeschaltet sein. Die Ausgabe in Paralleldruckwerke erfolgt in Übereinstimmung mit der Mechanik und dem Antrieb der Typenträger meist *parallel-serial*, auch *quasiparallel* genannt. Die Ziffernwerte 0 . . . 9 (und die ihnen entsprechenden Symbole) werden dabei serial ausgegeben, aber sofort, also parallel, für alle Dezimalstellen. Die Abfrage lautet:

In welchen Dezimalstellen wird eine 0 benötigt?
In welchen Dezimalstellen wird eine 1 benötigt?
usw.

Der erste Abruf (Serialschritt) erfolgt für die Null, da der Befehl *kein Abruf* für die Vornullen und sonstige Leerstellen benötigt wird, die nicht gedruckt werden. Fig. 5/8 gibt ein Beispiel für die quasiparallele Ausgabe.

Die Taktung des zeitlichen Ablaufs der Operationen oder gewisser Teiloperationen erfolgt durch einen oder mehrere Taktgeber, die *Taktgeneratoren*. Die erzeugten Impulsfrequenzen liegen zwischen 10 kHz und 1 MHz.

Inhalt Ausgabe-Register: ØØ37204571,683952

Serialschritt															
0				0											
1								1							
2			2												2
3	3											3			
4					4										
5						5								5	
6										6					
7		7					7								
8											8				
9													9		
,									,						

Die Typenträger sind eingestellt.
D R U C K : 37204571,683952

(Ø = Vornullen)

Fig. 5/8. Quasiparallele Ausgabe druckender elektronischer Tischrechenautomaten

Übersicht 3 im Anhang nennt die Rechengeschwindigkeiten, und zwar getrennt für Addition und Subtraktion, Multiplikation, Division.

Einige Automaten gehen für Addition/Subtraktion einerseits und Multiplikation/ Division andererseits völlig getrennte Wege. Fig. 5/9 zeigt den prinzipiellen Zusammenhang für diesen Fall.

Andere Maschinen arbeiten mit 2 Akkumulatoren für Additionen und Subtraktionen. In zwei voneinander unabhängigen akkumulierenden Summenregistern *(Adder)* können Summen und/oder Differenzen getrennt berechnet und in die weitere Rechnung übernommen, getrennt abgerufen oder gelöscht werden. Entsprechende Schalterstellungen bestimmen darüberhinaus diese beiden Register zur automatischen Akkumulation von Produkten und Akkumulation von 1. und 2. Faktoren. Ein Produkt-Register, das wiederum unabhängig von den beiden Summenregistern arbeitet, liefert hierbei die Ergebnisse von Multiplikationen und Divisionen.

Ein Automatentyp ist mit 3 Multiplikations-Tasten für 3 verschiedene Wege zur Produktbildung und Eingabe in den Akkumulator ausgestattet (Fig. 5/10):

CLEAR & MULT	=	Löschung ⟨AC⟩ und Übertrag des Produktes,
MULT +	=	Addition des Produktes zum ⟨AC⟩,
MULT –	=	Subtraktion des Produktes vom ⟨AC⟩.

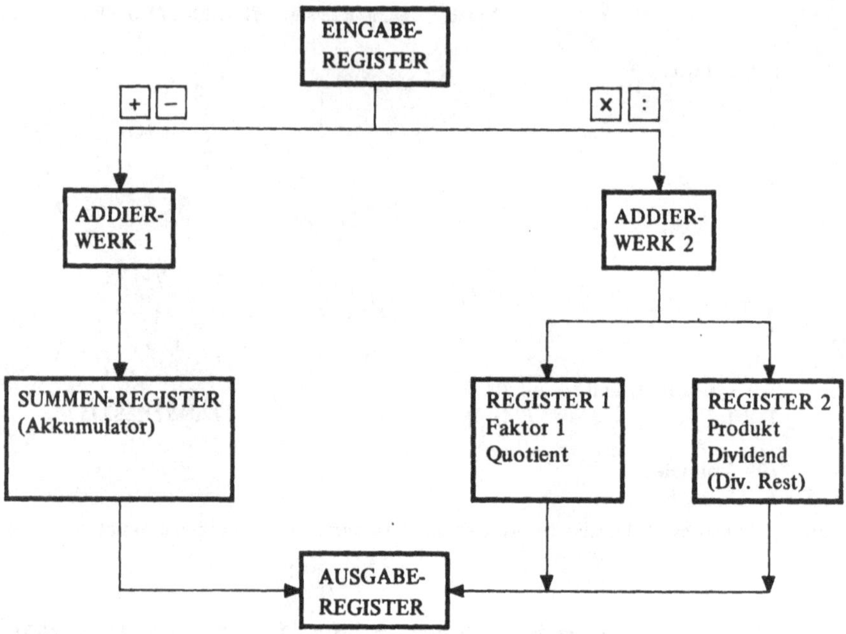

Fig. 5/9. Rechenwerk mit zwei Addierwerken

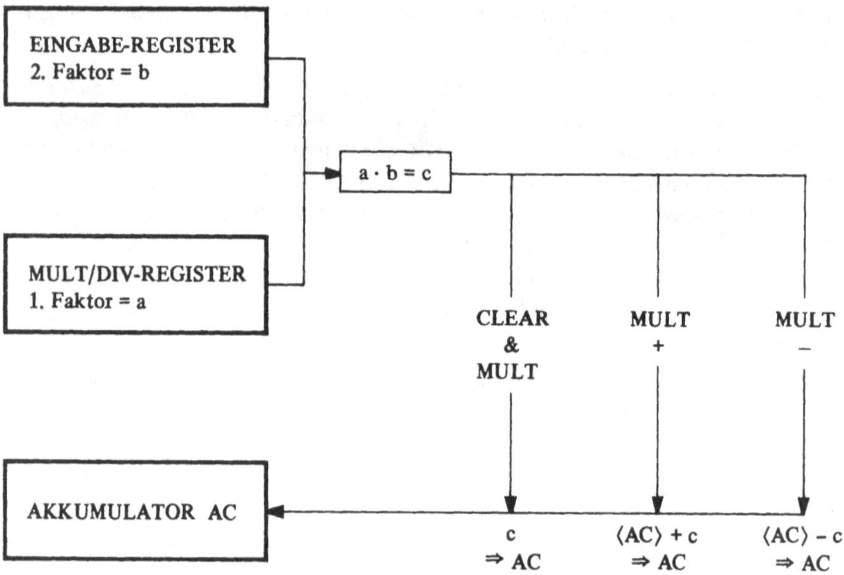

Fig. 5/10. Drei verschiedene Multiplikationsbefehle

Einen interessanten Ablauf bieten die Automaten, die intern teilweise mit logarithmischer Zahlendarstellung arbeiten. Sie bilden für Multiplikation und Division die natürlichen Logarithmen der eingegebenen Zahlen und rechnen damit. Diese Automaten kommen mit 3 Arbeitsregistern für Grundoperationen und auch höhere mathematische Operationen aus. Fig. 5/11 zeigt das Rechenwerk einer solchen Maschine im Schema.

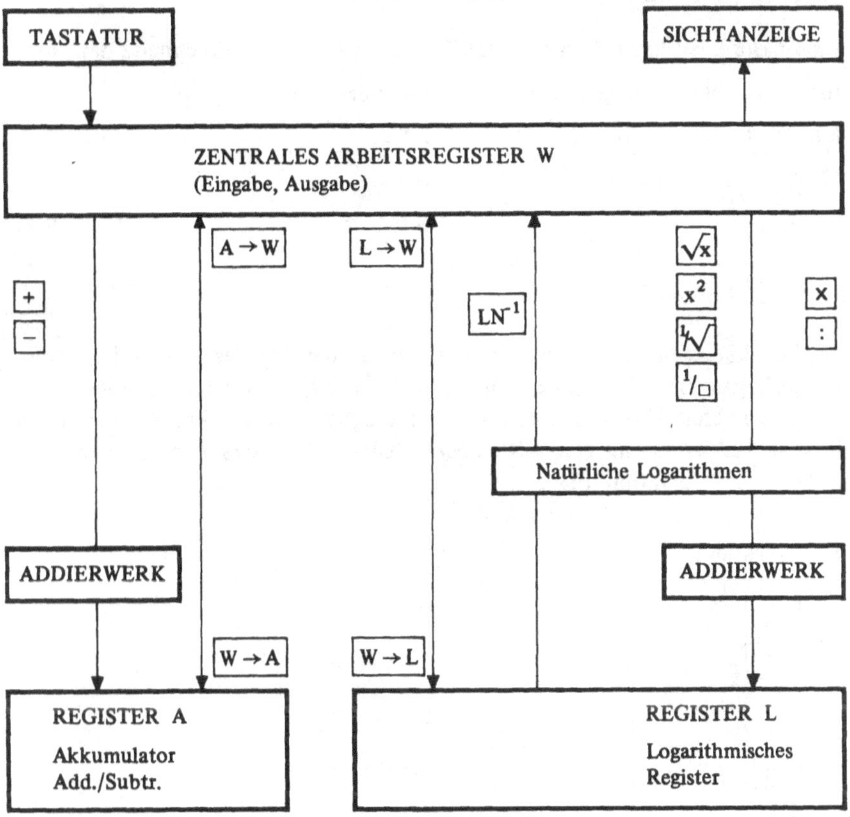

Fig. 5/11. Rechenwerk mit logarithmischem Register

W → A	überträgt den Inhalt von W nach A. Der Inhalt von W bleibt erhalten, der alte Inhalt von A wird gelöscht. Entsprechend arbeiten
A → W	und W → L .
L → W	löscht den Inhalt von L.

Zwecks Bildung einer algebraischen Summe wird der 1. Summand zur Löschung des Registers A mit [W → A] nach A gebracht, die folgenden Summanden mit [+] bzw. [-]. Bei Multiplikation und Division werden durch Betätigung von [x] und [:] in Register L sofort die natürlichen Logarithmen gebildet und addiert bzw. subtrahiert. In diesem Register L steht dann z. B. bei der Multiplikation (a · b) der natürliche Logarithmus von (a · b).

Eine Taste „Antilogarithmus" [LN^{-1}] gibt wieder zurückrechnend den Numerus (a · b) über das Arbeitsregister in die Anzeige. Ablauf:

Eintasten	*Anzeige*	*Register L*
a [x]	a	ln a
b [x]	b	ln a + ln b = ln (a · b)
[LN^{-1}]	(a · b)	0

Die Maschine stellt automatisch für jeden Inhalt des Registers W = w den natürlichen Logarithmus (ln w), dazu den doppelten (2 ln w) und halben Betrag ($^1/_2$ ln w) bereit. Das Addierwerk verbindet den entsprechenden Wert addierend bzw. subtrahierend mit dem seitherigen Inhalt des Registers L = ⟨L⟩, je nach gewünschter Operation. Fig. 5/12.

Tastenfunktion	Ausführung
[x]	⟨L⟩ + ln w ⇒ L
[:]	⟨L⟩ − ln w ⇒ L
[x^2]	⟨L⟩ + 2 ln w ⇒ L
[$^1/x^2$]	⟨L⟩ − 2 ln w ⇒ L
[$\sqrt{x}$]	⟨L⟩ + $^1/_2$ ln w ⇒ L
[$^1/\sqrt{x}$]	⟨L⟩ − $^1/_2$ ln w ⇒ L

⟨L⟩ = Inhalt des Logarithmischen Registers L

w = Inhalt des Arbeits-(Eingabe-)Registers W

Fig. 5/12. Logarithmische Rechnung

Einen anderen Weg in der Organisation des Rechenwerkes, der auch die praktische Arbeitsweise entscheidend beeinflußt, beschreiten die Automaten, die nach der sogenannten *Stapelmethode* arbeiten. Diese Arbeitsweise ist an einer nichtdruckenden Maschine gut erkennbar, die 4 Register besitzt, deren Inhalte auf dem Katodenstrahlschirm gleichzeitig sichtbar sind. Fig. 5/13.

	REGISTER 4	für Operanden und Zwischenergebnisse (Register 4, 3, 2)
	REGISTER 3	
ARITHMETISCHE OPERATION (Register 2, 1)	REGISTER 2	
	REGISTER 1	für Eingabe u. Resultat (Arbeitsregister)

Fig. 5/13. Darstellung der gleichzeitig sichtbaren Registerinhalte auf einem Katodenstrahlschirm

Eine eingetastete Zahl erscheint sofort in Register 1. Jede weitere Eingabe verschiebt („stapelt") bereits vorhandene Werte nach oben in Richtung Register 2, 3, 4. Sind alle 4 Register besetzt, dann führen weitere Eingaben zum Überlauf des Registers 4. Die überlaufenden Inhalte sind gelöscht. Die arithmetischen Operationen verknüpfen grundsätzlich die Inhalte von Register 1 und 2 als Operanden und bringen das Ergebnis nach Register 1. Der alte Operand in Register 1 wird zuvor gelöscht, ebenso der in Register 2. Durch das dabei freiwerdende Register 2 werden die Inhalte von Register 3 und 4 unverändert automatisch um *einen* Schritt nach unten verschoben. Register 1 ist also Eingabe-Register und Akkumulator gleichzeitig. Ein Beispiel zeigt die Arbeitsweise am besten Fig. 5/14.

ANZEIGE								
				a				REGISTER 4
			a	b	a			REGISTER 3
		a	b	c	b	a		REGISTER 2 } Arithmet. Operation
	a	b	c	d	c + d	b + c + d	a + b + c + d	REGISTER 1 }
EINTASTEN:	a	b	c	d	+	+	+	

Zweckmäßigere Ausführung:

ANZEIGE								
		a		a + b		a + b + c		REGISTER 2
	a	b	a + b	c	a + b + c	d	a + b + c + d	REGISTER 1
EINTASTEN:	a	b	+	c	+	d	+	

Fig. 5/14. Rechnung a + b + c + d = f nach der Stapelmethode

5.5. Leitwerk

Das Leitwerk enthält den *Festprogrammspeicher* mit Taktgeber, Treiberstufen und Leseverstärkern, dazu *Befehlsadressen-Register, Rücksprungadressen-Register, Befehls-Register, Dekodierschaltungen* (Entschlüsselung), die die entsprechenden Impulsfolgen zur Steuerung des Rechenwerkes bereitstellen und die logischen Schaltungen für die Abläufe im Leitwerk selbst. Die Stellenzahl dieser Register ist den Befehlen und Befehlsadressen angepaßt.

Alle elektronischen Tischrechenautomaten haben einen fest geschalteten oder verdrahteten Programmspeicher. Bevorzugt wird der induktive Festwertspeicher (Read Only Storage) aus Ferritringkernen. Bei einem Ringdurchmesser von etwa 6 mm ist das Durchfädeln einer größeren Anzahl von Programmdrähten möglich. Materialaufwand und Raumbedarf sind für einen solchen Festwertspeicher minimal, seine Zugriffszeit ist sehr klein. Er bietet hohe Sicherheit, da Fehler in Bedienung und Maschine die Programmierung – auch versehentlich – nicht verändern können. Das Fädeln des Speichers erfordert einige Übung und entsprechende Betriebsmittel.

Die üblichen Festprogrammspeicher enthalten zwischen 10.000 und 32.000 bits.

Ein Satz von 20–30 *Mikrobefehlen* steuert entschlüsselt direkt die Elementaroperationen, d. h. diese Mikrobefehle sind die Elementaroperationen selbst. Es handelt sich um

Transportbefehle incl. Ausgabe,
Elementare Additionsbefehle (Addiere „1"),
Sprungbefehle,
Bedingte Sprungbefehle.

Diese Mikrobefehle sind verschlüsselt im Operationsteil der Befehle. Sie können direkt adressiert sein:

Addiere 1 in Register A,
Addiere 1 in Register B, usw.

Dann enthält der Adreßteil des Befehls die Folgeadresse, wo der nächste Mikrobefehl im Festprogrammspeicher zu finden ist. Fig. 5/15.

Die Programmierung wird jedoch flexibler, wenn die Mikrobefehle weitgehend adressenlos gehalten werden. Die Adressen der Operanden, mit denen die Mikrooperationen auszuführen sind, befinden sich dann im Adreßteil des Befehls. Für die Befehlsfolge ist ein *Befehlsadressen-Zählregister* vorhanden, dessen Inhalt nach jedem Auslesen eines Befehls aus dem Festprogrammspeicher in das Befehlsregister automatisch um jeweils „1" erhöht wird.
Ausnahme: Bei einem Sprungbefehl ist die Operandenadresse die neue Befehlsadresse, unter der im Festprogrammspeicher der nächste Befehl zu finden ist. Fig. 5/16.

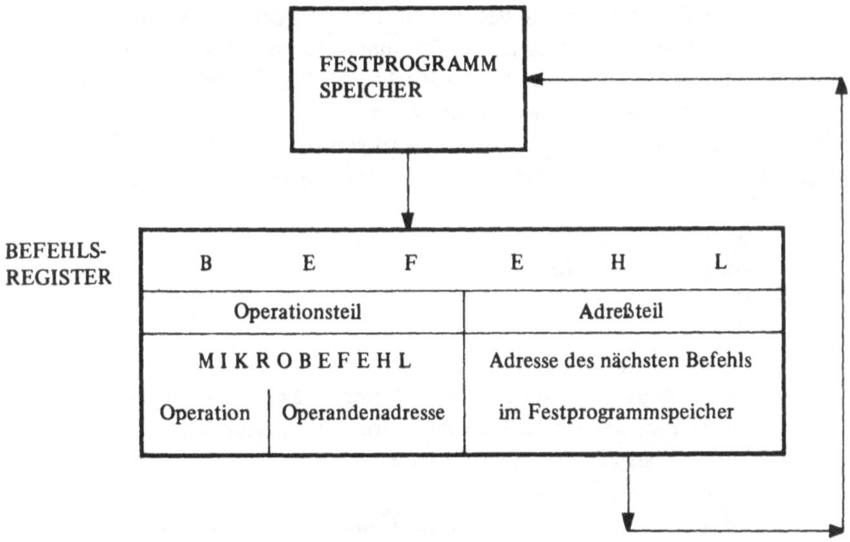

Fig. 5/15. Befehlsstruktur A

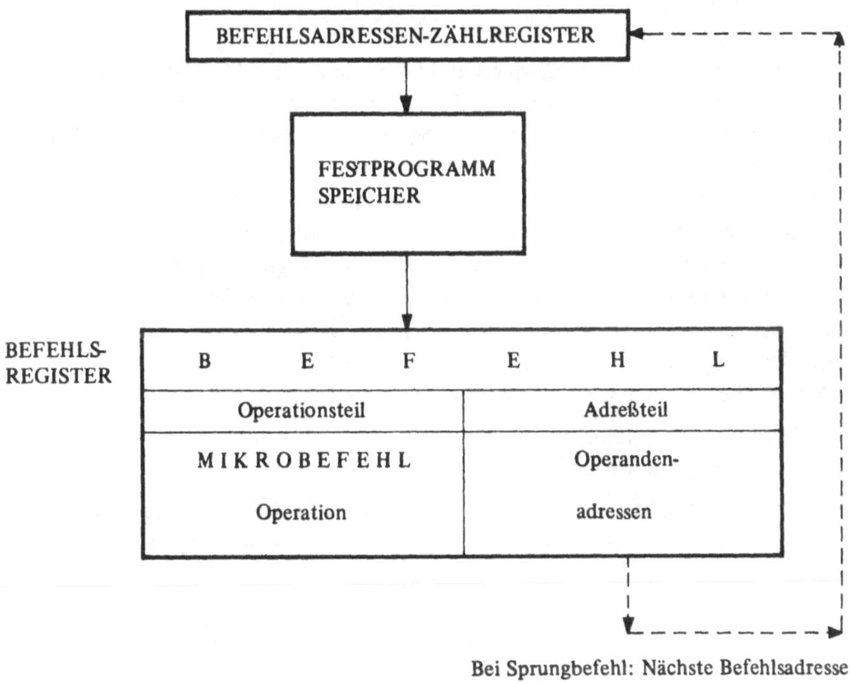

Fig. 5/16. Befehlsstruktur B

Die neue Befehlsadresse geht in das Befehlsadressen-Zählregister und unterliegt nunmehr ebenfalls der automatischen Zählung + 1. Die alte Befehlsadresse (+ 1) im Befehlsadressen-Zählregister wird gelöscht oder bei Sprüngen ins Unterprogramm in einem anderen Register aufbewahrt.
Häufig wiederkehrende und in verschiedenartigen Arbeitsabläufen auftretende Befehlsfolgen werden zu Unterprogrammen zusammengefaßt. Solche Unterprogramme können sein:

Warte auf Korrektur (durch Löschtaste),
Ausgabemagnete löschen,
Register/Speicher löschen,
Tastatur-Abfrage,
Inhalt Register A nach Register B bringen,
Inhalt Register A nach Speicher 1 bringen (Speicher-Eingabe),
Inhalt Speicher 1 nach Register A bringen (Speicher-Ausgabe),
Inhalt Register A komplementieren,
Inhalt Register A um eine Stelle nach links oder rechts shiften,
Inhalt Register A testen, ob Null, kleiner Null, größer Null,
Test auf Vorzeichen,
Prüfung auf Vornullen,
Prüfziffer bestimmen,
Runden, usw.

Erst aus solchen Unterprogrammen und zusätzlichen Befehlen (Mikrobefehlen) setzen sich die Oberprogramme der Tastenfunktionen für Addition, Multiplikation, usw. zusammen. Da diese Unterprogramme bei den verschiedensten Oberprogrammen und bei gleichem Oberprogramm mehrfach benutzt werden, kann die Rücksprungadresse nicht im Unterprogramm als Schlußbefehl gespeichert werden, sondern muß in einem gesonderten Register „Rücksprungadressen" aufbewahrt bleiben. Der letzte Befehl in jedem Unterprogramm lautet dann neutral:

„Springe zurück in die gespeicherte Rücksprungadresse des Oberprogramms."

Die Rücksprungadresse geht dann wieder in das Befehlsadressen-Zählregister und ruft den entsprechenden Befehl aus dem Festprogrammspeicher ab, wobei sie dann wieder der automatischen Zählung + 1 unterliegt.

Die Mikrobefehle vereinfachen die Struktur der Automaten und gestatten trotzdem sehr komplexe Oberprogramme.

Leitwerk und Rechenwerk sind dadurch aufbaumäßig bei diesen Automaten sehr eng verflochten. Die geschickte Steuerung bei möglichst geringem Aufwand ist für diese Automaten von fundamentaler Bedeutung.

5.6. Ein Beispiel für die Organisation eines elektronischen Rechners

Es kann nicht Aufgabe dieses Buches sein, die Möglichkeiten einer Minimisierung des Aufwandes für die Elektronik solcher Tischrechner umfassend zu untersuchen und die verschiedenartigen und vielfältigen Lösungen einzeln zu beschreiben. Jedoch soll an einem sehr typischen Beispiel eine mögliche Organisation und Ablaufsteuerung in ihren Grundsätzen aufgezeigt werden. Außerdem werden einige Programmabläufe als Muster behandelt.

Angenommen wird

Druckender Tischrechenautomat,
Festkomma,
Binär-codierte Dezimaldarstellung,
Serien-Parallel Betrieb,
Ferritkernspeicher gemäß Fig. 5/2, davon 5 Arbeitsregister,
Festprogrammspeicher: Induktiver Festwertspeicher.

5.6.1. Festprogrammspeicher

64 Programmdrähte (0 . . . 63) durchlaufen mäanderförmig die 16 Zeilen (0 . . . 15) einer Kernmatrix zu je 14 Kernen pro Zeile. Fig. 5/17. In der Figur sind die 64 Programmdrähte zusammen schematisch *durch* die Kerne gezeichnet. In Wirklichkeit ist jeder Draht für sich durch die Kerne gefädelt für die Information 1 (L) und an den Kernen außen vorbeigeführt für die Information 0.
Die 14 Kerne pro Zeile ergeben die 14 bit eines Befehls. In jeder Zeile sind also 64 Befehle gespeichert. Bei 16 Zeilen ergeben sich damit 16 x 64 = 1024 Befehle à 14 bit. Die Speicherkapazität beträgt 1024 x 14 = 14.336 bit bei 14 x 16 = 224 Kernen.

Die Ansteuerung des Programmdrahtes (1 aus 64) und der Zeile (1 aus 16) ergibt über die Lesedrähte und Leseverstärker den gesuchten Befehl.

Der Löschdraht, der durch alle Kerne läuft, wurde aus Übersichtsgründen weggelassen. Er ist ebenso mäanderförmig gefädelt wie die Programmdrähte, aber diesen stets entgegengesetzt, beginnt also rechts oben und endet rechts unten.

5.6.2. Befehlsadressen

1024 Befehle steuern also den gesamten Ablauf von der Eingabe über die Rechnung bis zur Ausgabe einschließlich.

Die Speicherung ihrer fortlaufend von 0 bis 1023 dual gezählten Adressen erfordert 10 bit (2^{10} = 1024) und erfolgt im *Befehlsadressen-Register,* bestehend aus

Flipflops, als Befehlsadressen-Zähler eingerichtet. Jeder gelesene Befehl erhöht sofort automatisch den Inhalt des Befehlsadressen-Register um 1. Im Befehlsadressen-Register steht also immer die Befehlsadresse, die als nächste gelesen werden muß.

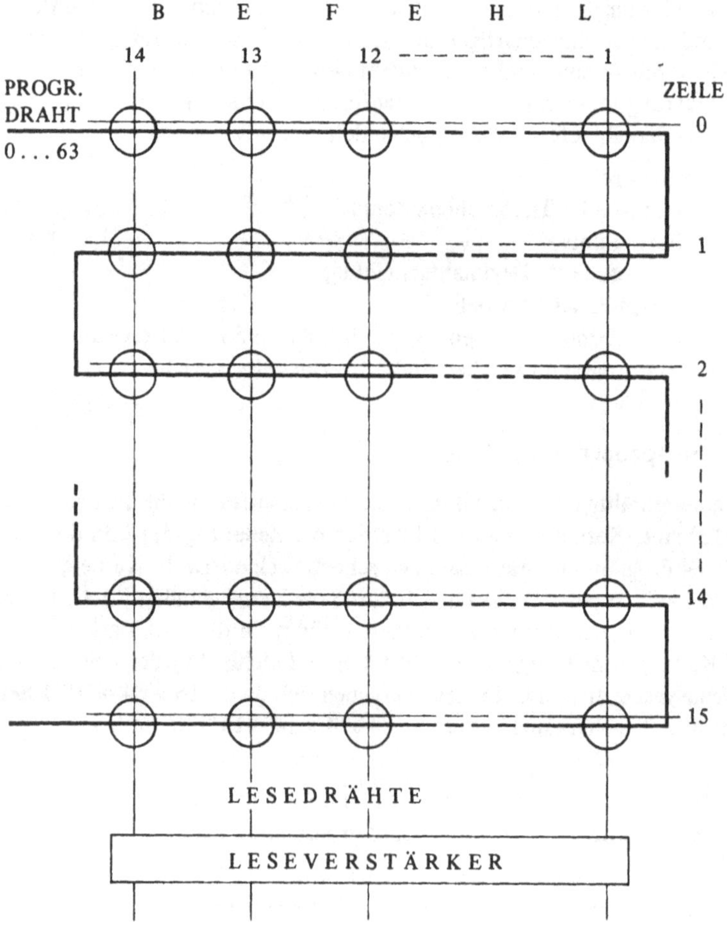

Fig. 5/17. Gefädelter Festprogrammspeicher

Fig. 5/18 gibt die Zuordnung der 10 bit der Befehlsadresse zu Programmdraht und Zeile des Festprogrammspeichers.

Die niedrigsten 4-bit-Stellen der Befehlsadresse wählen zum Lesen die Zeile 0 . . . 15 aus, die übrigen 6 bit wählen den Programmdraht 0 . . . 63.

Die Programmdrähte 0 . . . 31 enthalten die 512 Befehle des Oberprogramms, die Programmdrähte 32 . . . 63 die 512 Befehle des Unterprogramms.

Die höchste bit-Stelle der Befehlsadresse codiert also direkt die Unterscheidung in Ober- und Unterprogramme:

O . . . . Oberprogramm.
L . . . . Unterprogramm.

BEFEHLSADRESSEN-REGISTER										Befehls-adresse
O	O	O	O	O	O	O	O	O	O	≙ 0
O	O	O	O	O	O	O	O	O	L	≙ 1
O	O	O	O	O	O	O	O	L	O	≙ 2
L	L	L	L	L	L	L	L	L	L	≙ 1023

	Progr.-draht	PROGRAMMDRAHT						ZEILE				Zeile
OBER-PROGRAMM	0 ≙	O	O	O	O	O	O	O	O	O	O	≙ 0
	0 ≙	O	O	O	O	O	O	O	O	O	L	≙ 1
	0 ≙	O	O	O	O	O	O	L	L	L	L	≙ 15
	1 ≙	O	O	O	O	O	L	O	O	O	O	≙ 0
	31 ≙	O	L	L	L	L	L	L	L	L	L	≙ 15
UNTER-PROGRAMM	32 ≙	L	O	O	O	O	O	O	O	O	O	≙ 0
	63 ≙	L	L	L	L	L	L	L	L	L	L	≙ 15

Fig. 5/18. Zuordnung der Befehlsadresse zum Programmspeicher

Fig. 5/19 verdeutlicht an einem Beispiel das Auslesen eines Befehls aus dem Festprogrammspeicher. Die dual codierte Befehlsadresse für 21–5 liest die Programmierung von Programmdraht 21 in der Zeile 5. Jeder vom Programmdraht gefädelte Kern führt zur Information L. Der Inhalt des Befehlsadressen-Registers wird um 1 weitergezählt auf 21–6. Ist der Befehl ⟨21–5⟩ ausgeführt, wird ⟨21–6⟩ gelesen, usw.

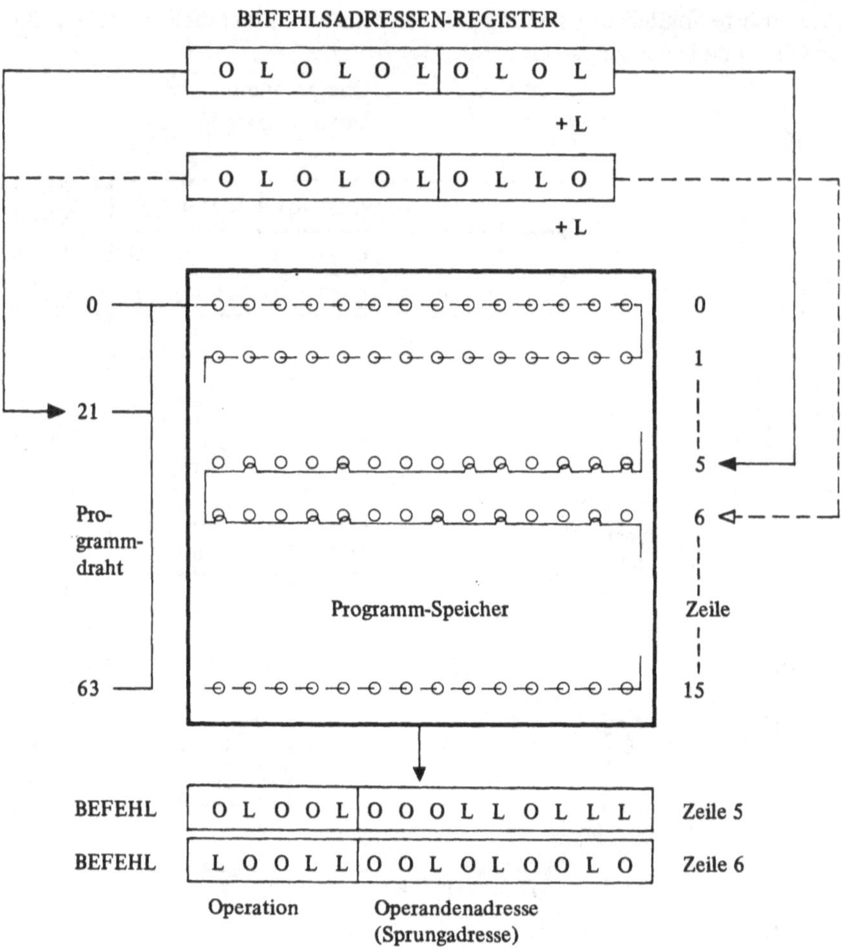

Fig. 5/19. Auslesen eines Befehls aus dem Festprogrammspeicher

5.6.3. Befehlsstruktur

Die ausgelesenen Befehle gehen über Leseverstärker in das *Befehls-Register.* Die Befehle bestehen entsprechend den 14 Zeilenkernen aus 14 bit.

5 bit sind der Operationsteil des Befehls und codieren die vorzunehmende Operation,

9 bit sind der Adressenteil und codieren den Operanden, die Operandenadresse oder die Sprungadresse.

Das Befehls-Register kann gesplittet sein in ein *Operations-Register* und ein *Operanden-Register.*

5.6.4. Operationsteil

Die 5 bit des Operationsteils der Befehle codieren bis zu 32 Mikrobefehle als Elementaroperationen, wovon in diesem Beispiel 28 benutzt sind.

Die Mikrobefehle enthalten:

Einschreiben von Werten (Konstante, variable Kontaktabfragen) in Arbeitsregister,
Transport der Inhalte zwischen Register und Speicher,
Komplementierung (B–1),
Ein- und Ausschaltung von Signallampen, Leuchtzeichen und Magneten (Tastatur, Ausgabe, Sperren),
Addiere „1",
Merker setzen, wenn Bedingung x erfüllt,
Unbedingte Sprungbefehle,
Bedingte Sprungbefehle, wenn z. B.
  Merker gesetzt/nicht gesetzt,
  Stellenzähler gleich oder ungleich 15 (16 Dezimalstellen 0 . . . 15),
  Ziffernstelle gleich oder ungleich 9 dezimal,
  Dezimalstelle gleich oder ungleich 0.

Alle Mikrobefehle beziehen sich als Elementaroperationen – von den Sprungbefehlen abgesehen – immer nur auf 1 Stelle, d. h. 1 Dezimalziffer bzw. 1 Tetrade.

5.6.5. Operandenteil (Adreßteil)

Die 9 bit des Operandenteils der Befehle codieren:

Adressen der Arbeitsregister,
Speicheradressen,
Befehlsadressen bei Sprungbefehlen,
Bedingungen für Merkersetzen und bedingte Sprungbefehle,
Kontaktabfragen für die gesamte Tastatur und für die Synchronisation zwischen Druckwerk und Rechner,
Stand von Signallampen und Magneten,
Konstante Dezimalziffern (Tetraden), die in ein Arbeitsregister einzuschreiben sind.

Enthält der Operationsteil einen Sprungbefehl, so enthält der Operandenteil die Sprungadresse, d. h. die neue Befehlsadresse, die den richtigen Folgebefehl gibt. Der Mikrobefehl im Operationsteil bewirkt dann die Übertragung der Sprungadresse in das Befehlsadressen-Register. Die Sprungadresse wird als nächste gelesen und dann auch fortlaufend um 1 erhöht bis eine neue Sprungadresse vorliegt. Obwohl das Befehlsadressen-Register 10 bit hat, genügen für die Sprungadresse die 9 bit des Operandenteils, da die Sprünge entweder innerhalb des Ober- oder

Unterprogramms erfolgen und somit die höchste Adressenstelle gemäß Fig. 5/18 unverändert bleibt oder bei Sprüngen vom Oberprogramm ins Unterprogramm und den umgekehrten Rücksprüngen der Operationsteil des Befehls die Anweisung „Sprung ins Unterprogramm"/„Rücksprung ins Oberprogramm" enthält und von hier aus die höchste bit-Stelle der Befehlsadresse verändert.

5.6.6. Unterprogramme

Teilprogramme, Folgen von Mikrobefehlen, die mehrfach in den Arbeitsabläufen benötigt werden, sind als *Unterprogramme* deklariert. Es sind dafür die Programmdrähte 32 . . . 63 reserviert, d. h. die höchste Wertstelle in der Befehlsadresse ist für Unterprogramme immer L.

Erfolgt mit der Befehlsadresse x (Oberprogramm) der Sprung in ein Unterprogramm, so wird die Oberprogramm-Adresse (x + 1) als Rücksprungadresse im *Rücksprungadressen-Register* gespeichert, das aus 9 Flipflops besteht. Da es nur Adressen des Oberprogramms speichert, für die die höchste Wertstelle in der Befehlsadresse stets O ist, genügen hier ebenfalls 9 bit. Der Mikrobefehl „Sprung ins Unterprogramm" verändert gleichzeitig die höchste Wertstelle im Befehlsadressen-Register von O in L. In jedem Unterprogramm lautet der letzte Befehl im Operationsteil „Rücksprung ins Oberprogramm", der Operandenteil bleibt leer.

„Rücksprung ins Oberprogramm" heißt, Rücksprung ins Oberprogramm an die im Rücksprungadressen-Register gespeicherte Adresse. Dieser Mikrobefehl bewirkt die Rückführung der Befehlsadresse (x + 1) von Rücksprungadressen-Register in das Befehlsadressen-Register und die Veränderung der höchsten Wertstelle im Befehlsadressen-Register von L in O. Der Befehl mit der Befehlsadresse (x + 1) wird gelesen und kommt als nächster zur Ausführung.

5.6.7. Oberprogramme

Die Oberprogramme, Programmdrähte 0 . . . 31, setzen sich aus Unterprogrammen und einzelnen Mikrobefehlen zusammen.

Während sich die Operationen der Mikrobefehle stets nur auf eine Stelle, d. h. 1 Dezimalziffer (Tetrade) beziehen, erfassen die Unterprogramme meist die geschlossene Befehlsfolge einer bestimmten Operation für ein Wort aus Arbeitsregister oder Speicher (Stellen 0 . . . 15).

Erst die Oberprogramme entsprechen den Tastenfunktionen des Automaten.

Beispiel:

Mikrobefehl M1: Komplementiere eine Dezimalstelle (Dezimalziffer, Tetrade).

Mikrobefehl M2: Addiere 2 Dezimalstellen (Dezimalziffern, Tetraden).
Unterprogramm U1: Komplementiere den Inhalt eines Arbeitsregisters (M1 angewendet auf alle Stellen 0 . . . 15).
Unterprogramm U2: Addiere 2 Registerinhalte (M2 angewendet auf alle Stellen 0 . . . 15).
Das Oberprogramm für Subtraktion benötigt u. a. U1 und U2.

5.6.8. Adressenmodifikation

Das verschiedenartige Zusammenwirken zwischen Befehlsadressen-Register, Rücksprungadressen-Register und Befehlen zeigt das Schema Fig. 5/20.

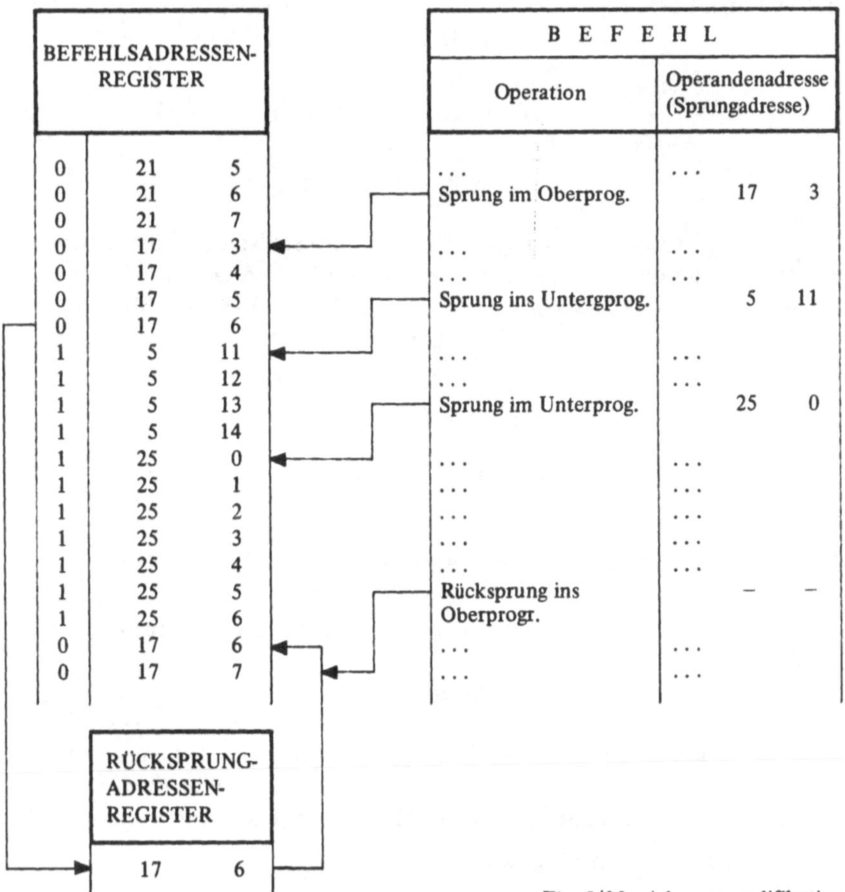

Fig. 5/20. Adressenmodifikation

5.6.9. Register- und Speicher-Organisation

Fig. 5/21 gibt einen Überblick über den gesamten Speicherplan der Maschine. „FF" steht als Abkürzung für Flipflop.

Ein eigentliches Addierwerk ist in diesem Beispiel nicht vorhanden, es wird mit Impulsaddition in den 4-bit-Registern A und B gearbeitet, die gleichzeitig allen Transport-, Shift- und Vergleichsoperationen als Zwischenspeicher und Zähler dienen.

Stellenadreß-Register S und Wortadreß-Register W arbeiten zyklisch, d. h. sie zählen, dual codiert,

$$0, 1, 2, \dots 14, 15, 0, 1, 2, \dots,$$

indem sie einen Übertrag, der beim Übergang von 15 auf 0 in der höchsten Stelle entsteht, nicht beachten.

$$\begin{array}{rcccc l}
 & L & L & L & L & \hat{=}\,15 \\
+ & & & & L & \\
\hline
(L) & O & O & O & O & \hat{=}\,0 \\
+ & & & & L & \\
\hline
 & O & O & O & L & \hat{=}\,1
\end{array}$$

Das Ausgabe-Register R besteht hier für 14 Dezimalstellen und 4 Symbolstellen nur aus 18 Flipflops. Es wird quasiparallel ausgegeben (siehe Abschnitt 5.4, Rechenwerk) und das Ausgabe-Register nimmt für jede aufgerufene Ziffer – Vornull, 0 . . . 9 – nur die Entscheidung für jede Stelle auf

O Ausgabemagnet nicht anrufen,
L Ausgabemagnet anrufen.

5.6.10. Ablauf eines Unterprogramms

Als Muster für die Arbeitsweise wird nunmehr ein wichtiges Unterprogramm beschrieben:

W-Co „*Warte auf Korrekturtaste*"

Beim Einschalten der Maschine und nach jedem Fehler in Bedienung und Verarbeitung springt die Ablaufsteuerung in dieses Unterprogramm, die Korrekturtaste (Fehlerlampe) leuchtet auf und die Maschine/Tastatur wird gesperrt bis die Korrekturtaste [C] betätigt wird.

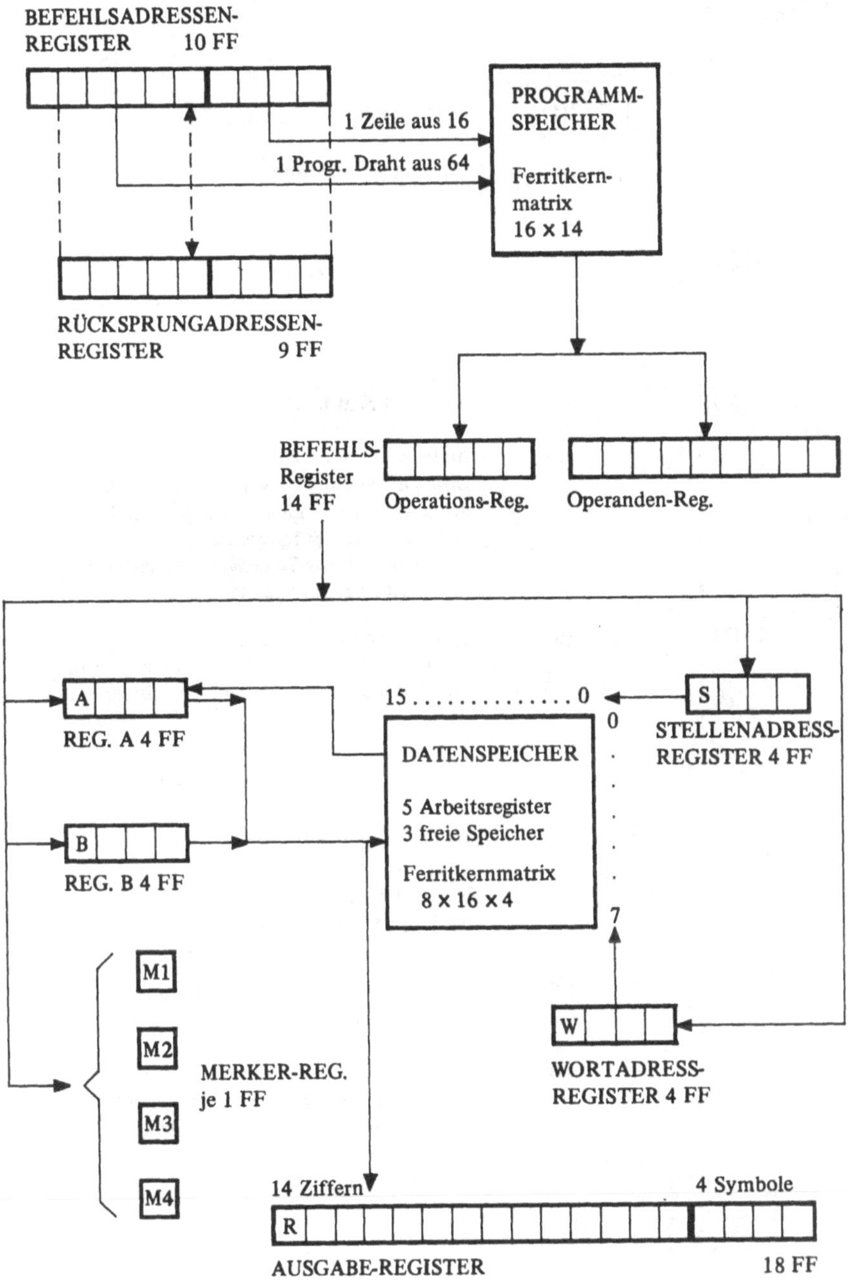

Fig. 5/21. Register- und Speicher-Plan

Programm-Ablauf:

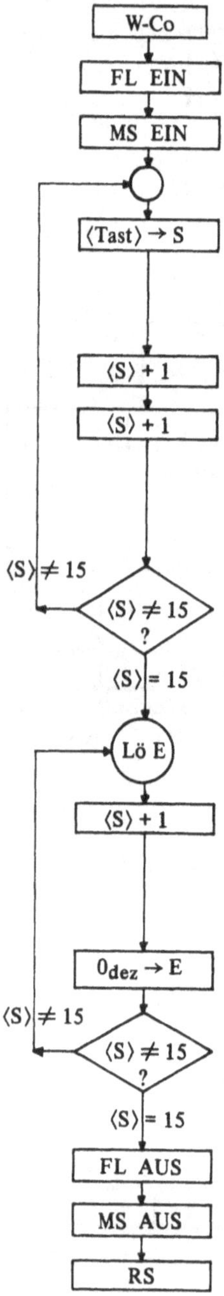

(Befehl)

(1) Fehlerlampe einschalten.

(2) Maschinensperre einschalten.

(3) Abfrage, wurde eine Taste betätigt?
Wenn ja, ihre Codierung nach Register S bringen.
Codierung der gewünschten Taste [C] ist (13)

(4) Addiere 1 zum Inhalt ⟨S⟩. (14)

(5) Addiere 1 zum Inhalt ⟨S⟩. (15)
Durch die zweimalige Addition von 1 läßt sich der sowieso vorhandene Sprungbefehl für die Stellenzahl ⟨S⟩ ≠ 15 benutzen. Deshalb wird hier auch das Stellenadreß-Register S für die Abfrage angewendet.

(6) Springe zur Tastenabfrage zurück, wenn ⟨S⟩ ≠ 15, d. h., wenn C *nicht* betätigt war, bis C gedrückt wird. Dann ist bei dieser Abfrage ⟨S⟩ = 15.

Es folgt das Löschen des Eingabe-Registers.

(7) Das Register S wird durch diese + 1 von 15 auf 0 gestellt.
Es arbeitet jetzt bei der stellenweisen Löschung des Eingabe-Registers E in seiner eigentlichen Funktion als Stellenadreß-Register.

(8) Register E wird in seiner niedrigsten Stelle, ⟨S⟩ = 0, gelöscht.

(9) Durch wiederholten Durchlauf dieser Schleife werden alle Stellen des Registers E gelöscht. Nach Löschung der höchsten Stelle ist ⟨S⟩ = 15.

(10) Fehlerlampe ausschalten.

(11) Maschinensperre ausschalten.

(12) Rücksprung ins Oberprogramm.
⟨Rücksprungadressen-Register⟩ → Befehlsadressen-Register.

Die Befehlsstruktur wird hier deutlich erkennbar:
Die Befehle 4, 5 und 7 haben gleichen Operationsteil (Mikrobefehl „Addiere 1”),
gleiche Operandenadresse (Register S), aber
3 verschiedene Befehlsadressen, da sie sich an
3 verschiedenen Plätzen dieses Programms befinden.

Ein Gleiches gilt für die bedingten Sprungbefehle 6 und 9. Die übrigen Befehle sind Transportbefehle mit gleichem Operationsteil (Mikrobefehl „Transportiere”), aber verschiedenen Operanden bzw. Operandenadressen (Fehlerlampe ein, Fehlerlampe aus, Maschinensperrmagnet ein, Maschinensperrmagnet aus, Inhalt Tastatur nach S, 0_{dez} nach E) und verschiedenen Befehlsadressen.

Die folgende Übersicht, Fig. 5/22 wiederholt den gleichen Ablauf mit den entsprechenden (freigewählten) Befehlsadressen und den zugehörigen Befehlen. Die Befehle sind in symbolischer Schreibweise wiedergegeben und nicht codiert. S/⟨S⟩ ≠ 15 bedeutet: Springe an die angegebene Befehlsadresse, wenn ⟨S⟩ ≠ 15. Einige Punkte im Ablauf dieses Unterprogramms sind absichtlich vereinfacht dargestellt, um das Wesentliche dieser Ablaufsteuerung deutlich zu machen.

BEFEHLSADRESSEN-REG.		BEFEHL		
Progr.Draht	Zeile	Operation	Operand/-Adresse	
L O O O L L	O O L O	Transport	1 nach FL	
L O O O L L	O O L L	Transport	1 nach MS	
L O O O L L	O L O O	Transport	⟨Tast⟩ nach S	←
L O O O L L	O L O L	Addiere 1	in S	⟨S⟩ ≠ 15
L O O O L L	O L L O	Addiere 1	in S	
L O O O L L	O L L L	S/⟨S⟩ ≠ 15	O O O L L O L O O	
L O O O L L	L O O O	Addiere 1	in S	←
L O O O L L	L O O L	Transport	0_{dez} nach E	⟨S⟩ ≠ 15
L O O O L L	L O L O	S/⟨S⟩ ≠ 15	O O O L L L O O O	
L O O O L L	L O L L	Transport	0 nach FL	
L O O O L L	L L O O	Transport	0 nach MS	
L O O O L L	L L O L	Rücksprg.	– –	

Fig. 5/22. Unterprogramm W – Co . . . „Warte auf Korrekturtaste”

5.6.11. Ablauf einer Komma-Rechnung

Die Komma-Rechnung ist bekanntlich immer ein besonderes Problem. Sie wird bei elektronischen Tischrechenautomaten sehr vereinfacht, wenn für sie ein oder zwei Stellen des Kennzeichen-Registers reserviert werden. Diese Stellen arbeiten dann als Kommazähler. Die Komma-Codierung erscheint in diesem Falle nicht in den Registern. Jedoch werden alle Zahlenwerte – vom Kommazähler gesteuert – stellenrichtig in die verschiedenen Register gegeben, so daß die stellengerechte Verknüpfung gesichert ist.

Vereinfacht dargestellt ergibt sich z. B. für die Kommarechnung bei einer Addition folgender Ablauf:

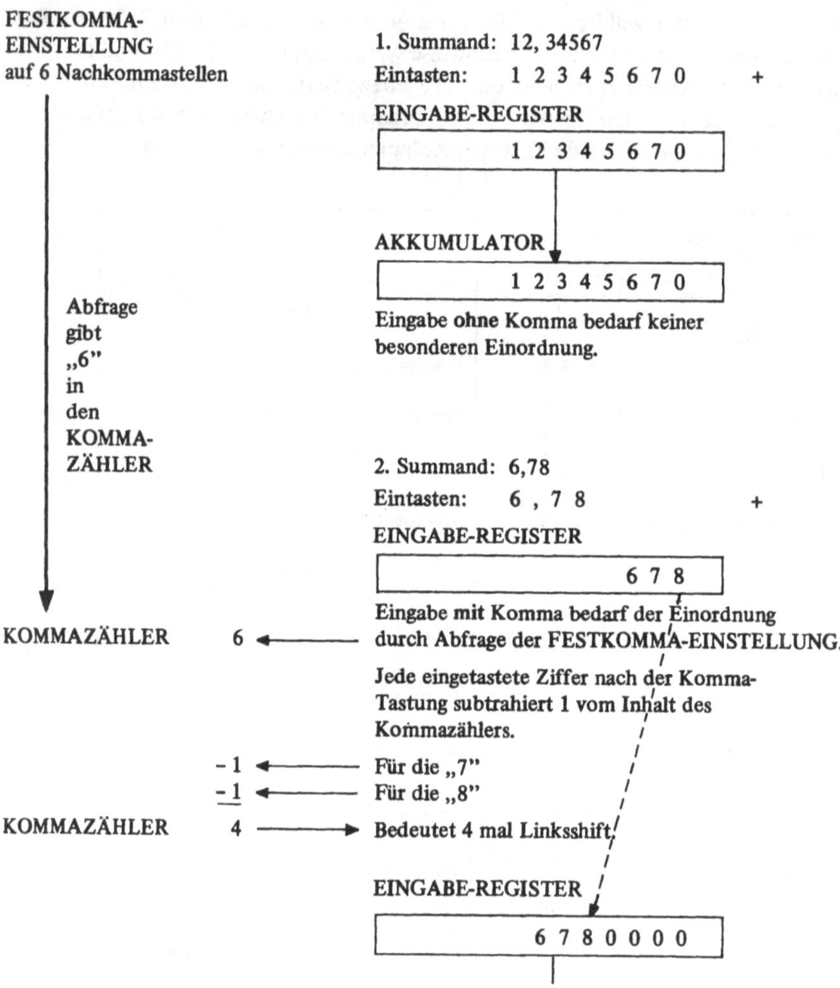

Die Inhalte von Eingabe-Register und Akkumulator können nunmehr ohne Rücksicht auf Komma stellenweise addiert werden.

AKKUMULATOR

1 2 3 4 5 6 7 0

AKKUMULATOR

1 9 1 2 5 6 7 0

Das Resultat kann aus AC ausgegeben werden. Es geht beim Druck stellengerecht in die

DRUCKSTELLEN 1 9 , 1 2 5 6 7 0

Erneute Abfrage der FESTKOMMA-EINSTELLUNG gibt die richtige Kommasetzung. 6 5 4 3 2 1 0

Die gezeigte Rechnung (6 - 2 = 4) für den Linksshift wird praktisch in Verbindung mit jeder Ziffereingabe nach Betätigung der Kommataste direkt getätigt. Wird allgemein mit indirekter Subtraktion gearbeitet, dann wird auch in diesem Fall „addiert".

Wird z. B. die Komma-Position 6 mit „2" codiert und jede Ziffereingabe nach der Kommabetätigung addiert „1" dazu, so steht der Kommazähler nach der Eingabe von den maximal erlaubten 6 Nachkommastellen auf „8". Die 7. Nachkommastelle setzt ihn auf „9". Man wird mit der „9" also das Signal „Kapazitäts-Überschreitung" verbinden. Maximal zulässige Position ist in diesem Falle also stets „8". Da der Linksshift natürlich nicht bei jeder Einordnung zu einer Kapazitäts-Überschreitung führen darf, begrenzt man ihn durch die Bedingung:

Linksshift solange (⟨KOMMAZÄHLER⟩ + 1) kleiner 9 ist.

Codiert man die gewählte Festkomma-Position grundsätzlich durch das Komplement zur dezimalen „8", wie es die Tabelle in Fig. 5/23 zeigt, so verläuft der Vorgang auch für andere Komma-Positionen völlig gleichartig, wie sich leicht an einem Beispiel verifizieren läßt.

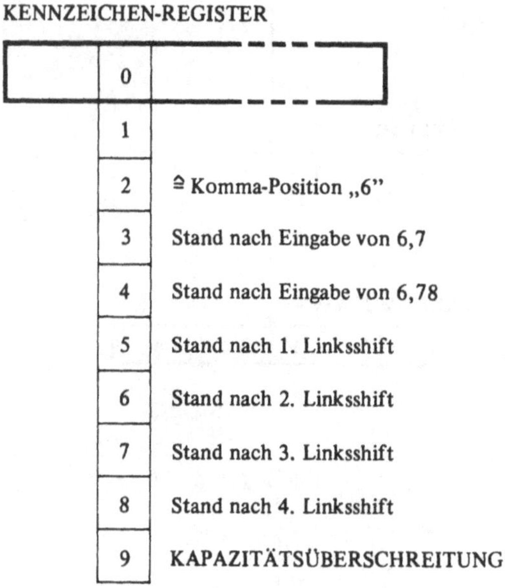

Komma-Position	Codierung (dezimal)
0	8
1	7
2	6
3	5
4	4
5	3
6	2

Fig. 5/23. Eine Stelle des Kennzeichen-Registers als Kommazähler (Dezimaldarstellung)

5.6.12. Ablauf und Steuerung des Gesamtprogramms

Für das Gesamtprogramm der Maschine ergibt sich in großen Zügen folgender Arbeitsablauf, Fig. 5/24. Dabei sind die dargestellten Schritte keine Mikrobefehle mehr, sondern komplexe Befehlsfolgen.

Die benutzten Register sind bekannt bis auf das

HAUPTARBEITS-REGISTER H,

das zwischen Eingabe-Register und Akkumulator, wie auch zwischen Akkumulator und Ausgabe-Register, eingesetzt wird. Da es vor dem Druck seinen Inhalt an das Ausgabe-Register R überträgt, wobei – wie üblich – sein eigener Inhalt unverändert bleibt, dient es gleichzeitig als Druckwiederholungs-Register.

Beim Einschalten der Maschine wird das Befehlsadressen-Register automatisch auf Null gestellt. Der erste Befehl, codiert also für Programmdraht 0 in Zeile 0, ergibt sofort den schon bekannten Sprung ins Unterprogramm „Warte auf Korrekturtaste". Nach Betätigung der Korrekturtaste, wird das Eingabe-Register E gelöscht, alle Flipflop-Register werden auf Null gestellt, es erfolgt Rücksprung in das Oberprogramm.

Das Programm geht nun in eine neue Schleife mit den beiden Abfragen:

„Wurde eine Zifferntaste betätigt?"
„Wurde eine Funktionstaste betätigt?"

Es durchläuft ununterbrochen diese Schleife bis eine Funktionstaste betätigt wird. Eingetastete Ziffern werden dabei einzeln in das Eingabe-Register übertragen, d. h. bei jedem Schleifendurchlauf 1 Ziffer mit der jeweils anschließenden Frage, ob eine Funktionstaste betätigt wurde. Erst die Funktionstaste beendet die Ziffereingabe. Auch die Betätigung einer Funktionstaste ohne vorhergehende Ziffereingabe veranlaßt das Verlassen der Schleife.

Der Automat registriert: *Operation befohlen.*
Damit stellt sich sofort die Frage: *Welcher Operand?*

Die zur Klärung dieser Frage folgende Abfrage nach dem Operanden entspricht der üblichen Vorrangordnung:

1. Wurde Speicher-Ausgabe befohlen durch Taste für Speicher-Endsumme (*) oder Taste für Speicher-Zwischensumme (◇) ? (Funktionszeichen im Kreis sind Speicher-Funktionen.) Bejahendenfalls wird der *Inhalt des Speichers* x_i in das Register H als *Operand* übertragen.

   Wurde Speicher-Endsumme abgerufen, wird außerdem der Inhalt des Speichers x_i gelöscht durch $0 \rightarrow x_i$.

   Wurde keine Speicherausgabe befohlen, so folgt die nächste Abfrage.

2. Ist eine Ziffereingabe – in der ersten Schleife nämlich – erfolgt? Prüfung durch Test $\langle E \rangle \neq 0$ oder gesetzten Merker. Ist *Ziffereingabe* erfolgt, so wird der Inhalt des Eingabe-Registers E als *Operand* nach Register H gebracht.

   Ist auch keine Ziffereingabe erfolgt, so wird der von der letzten Druckausgabe vorhandene Inhalt des Registers H unverändert – ausgenommen eventuelle Vorzeichenkorrektur – als Operand benutzt, also

3. *Druckwiederholung.*

Der Automat hat im Punkt (2) registriert:
Operation befohlen.
Operand in Register H.

Es stellt sich als nächste Frage: *Welche Operation?*
Siehe dazu Fig. 5/25.

Falls Multiplikation oder Division befohlen wurde, folgt nun die Abfrage, ob es sich um die 1. Eingabe nach Ausgabe eines Resultats handelt. Test $\langle AC \rangle = 0$. In diesem Fall wird der Inhalt des Registers H nach AC gegeben.
Über Punkt 5 geht dann, s. Fig. 5/26, der Operand $\langle H \rangle$ in das Ausgabe-Register R und wird nach erfolgter Druckprüfung ausgedruckt.

Ist aber ⟨AC⟩ ≠ 0, so wird der Inhalt AC multipliziert mit bzw. dividiert durch Registerinhalt H. Wurde statt Multiplikation/Division jedoch Addition bzw. Subtraktion gewählt, so wird der Inhalt des Registers H zum Inhalt AC addiert bzw. von ihm subtrahiert.

Register H behält bei allen Operationen dieser Art seinen Inhalt, nämlich den Operanden, unverändert.

Nach Ausführung einer der 4 Spezies befindet sich das Programm nun in Punkt ③. Bevor es über Punkt ⑤ zum Ausdrucken des Operanden geht, durchläuft es zwischen Punkt ③ und ④ noch die Abfrage:

„Wurde eine Speicher-Adresse zur Eingabe vorgewählt?"

Diese Abfrage ist typisch für die sogenannte „DUPLEX-EINGABE". Ein Operand geht in *einem* Arbeitsgang in die laufende Rechnung ein und gleichzeitig in einen Speicher x_i für spätere Rechnung oder Akkumulation.

Wurde die zusätzliche Speicher-Eingabe vorgewählt, so läuft das Programm von Punkt ③ über ⑥ und ⑦ nach ④ und ⑤. Der Operand ⟨H⟩ wird vorzeichengerecht zum Speicherinhalt $\langle x_i \rangle$ addiert.

Über Punkt ⑤ geht dann der Operand ⟨H⟩ in die Druckausgabe.

Wird statt einer der 4 Spezies *nur* additive oder subtraktive Speicher-Eingabe ⊕ ⊖ gewählt, so erfolgt zwischen Punkt ⑥ und ⑦ die schon bekannte Speichereingabe und über Punkt ⑤ die Druckausgabe.

War als Funktion „Nichtrechnen" ≠ gewählt, so wird der Operand ⟨H⟩ ohne jegliche Verrechnung über die Punkte ⑦, ④, ⑤ zur Druckausgabe gebracht. Wird irgendwann Ergebnis = oder Zwischenergebnis ◇ verlangt, so läuft das Programm von Punkt ⑧ nach Punkt ⑨ wie folgt:

> Der Inhalt des Akkumulators AC wird nach Register H übertragen. War Ergebnis = verlangt, so wird zusätzlich ⟨AC⟩ gelöscht, bei Zwischenergebnis ◇ bleibt ⟨AC⟩ erhalten für die Weiterrechnung. Es wird geklärt, ob gerundet werden soll oder muß und ähnliche Fragen.
> Soll das Ergebnis gleichzeitig gespeichert/akkumuliert werden, so erfolgt das in bekannter Weise bei der Frage „Speicher-Vorwahl".

Schließlich geht der Inhalt des Registers H – jetzt also gleich dem Inhalt des Akkumulators – in die Druckausgabe. Von der Druckausgabe springt das Programm zurück zum Punkt ① in Fig. 5/24 für neuen Durchlauf.

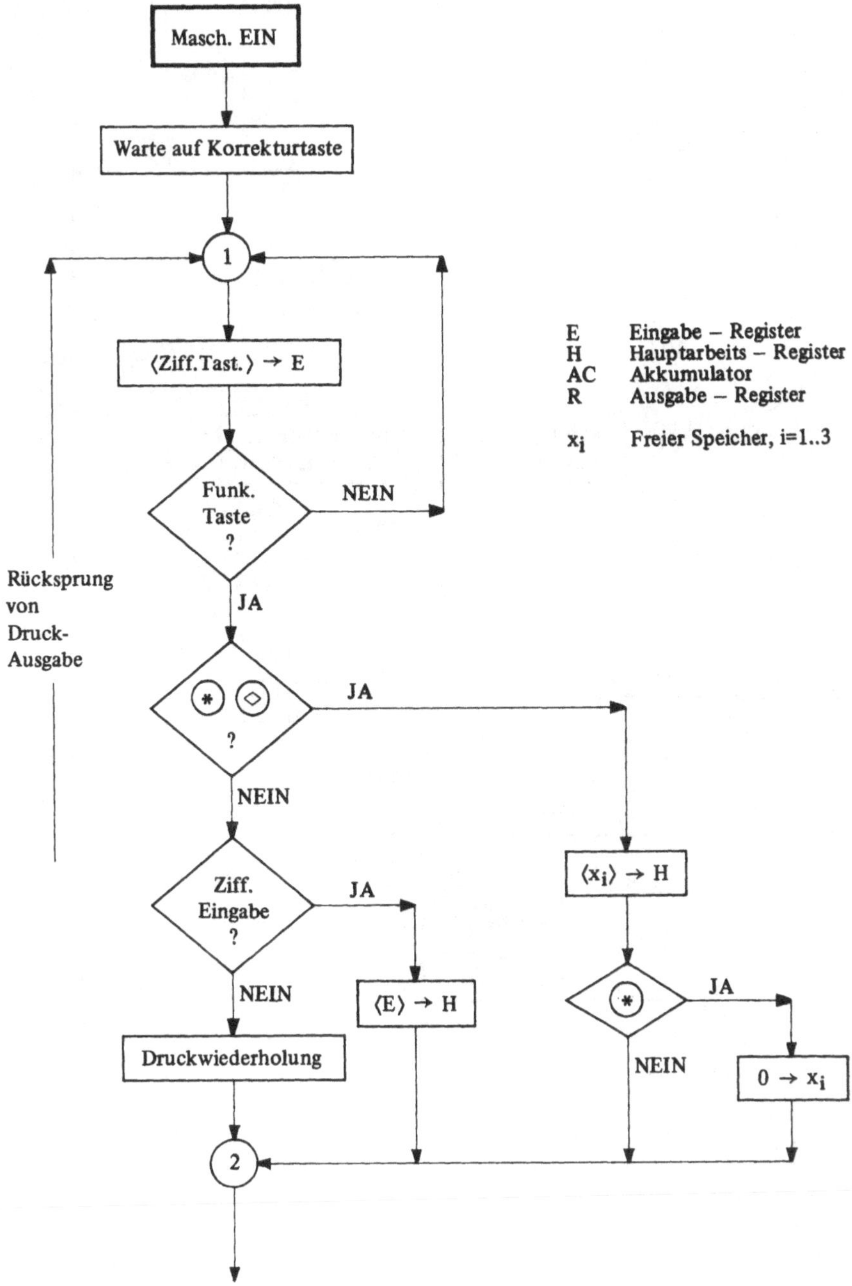

Fig. 5/24. Ablauf und Steuerung des Gesamtprogramms (1)

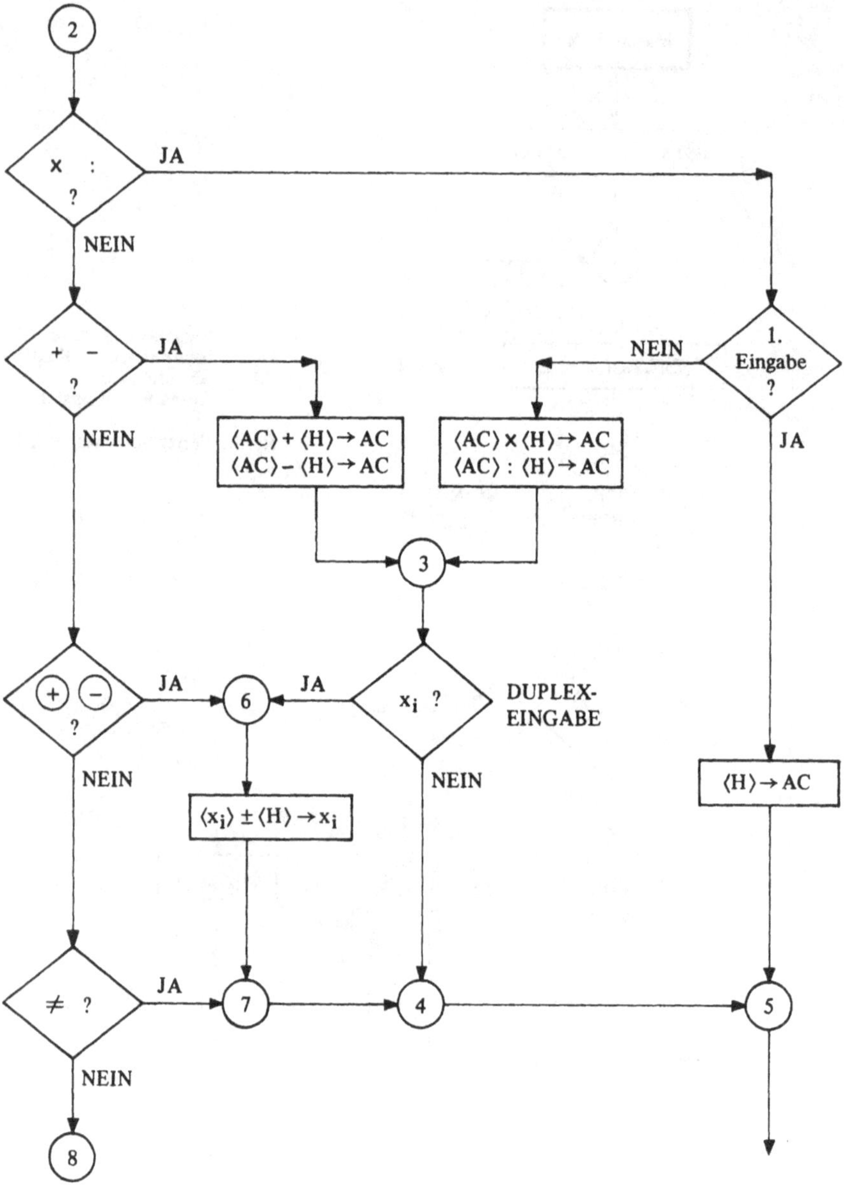

Fig. 5/25. Ablauf und Steuerung des Gesamtprogramms (2)

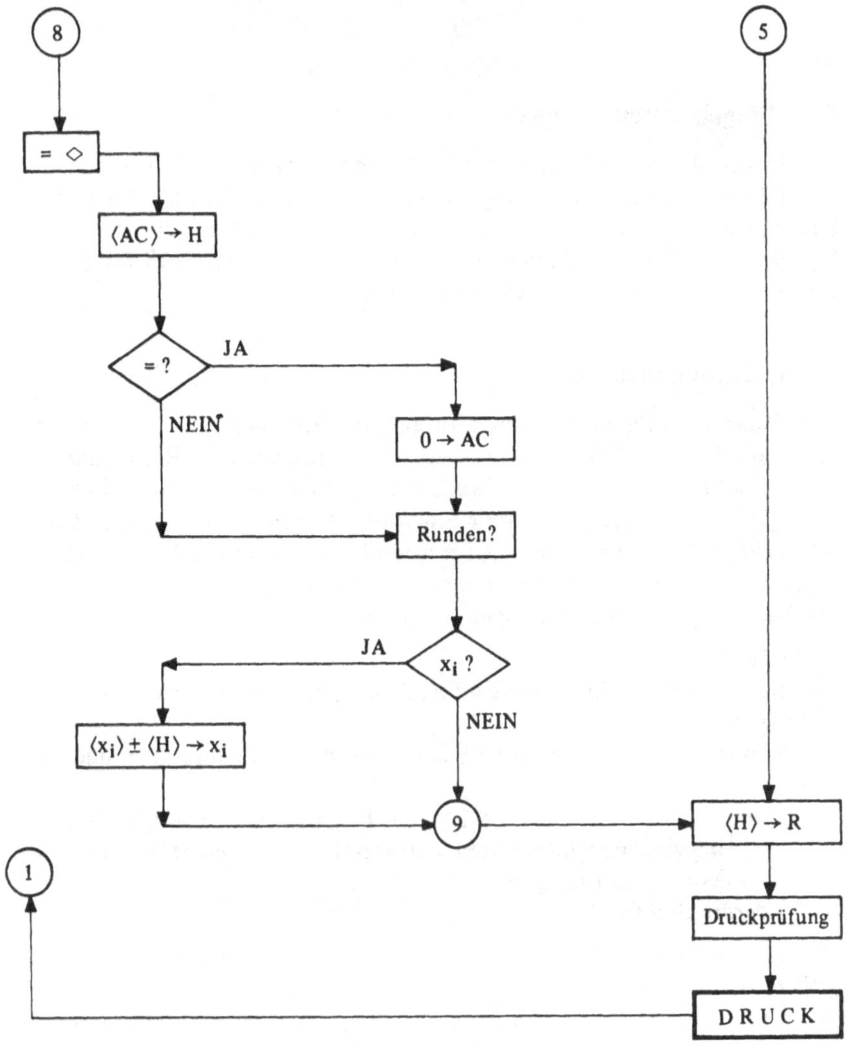

Fig. 5/26. Ablauf und Steuerung des Gesamtprogramms (3)

6. Eingabevorrichtungen und Eingabe

6.1. Eingabevorrichtungen

Das Eingabe-Aggregat der elektronischen Tischrechenautomaten, Tastatur genannt, besteht aus dem Bedienungsfeld zur manuellen Eingabe mit Tastenfeld, Schalt-, Kontroll- und Einstellgliedern und der Tastenmechanik zur Umwandlung des manuellen Tastendrucks in elektrische Kontaktgabe durch Schließen, Öffnen und/oder Umschalten von Kontakten.

6.1.1. Bedienungsfeld

Dem Bedienungsfeld wird bezüglich Tastenform, Anordnung, Kennzeichnung und Farbgebung bei elektronischen Tischrechenautomaten mit Recht ganz besondere Beachtung geschenkt. Dies geschieht im Hinblick auf Übersichtlichkeit, Häufigkeit der Benutzung, sinnvolle Funktionszusammenhänge, griffgünstige und folgerichtige Aufteilung, da gerade bei dieser Maschinenart die Arbeitsgeschwindigkeit praktisch nur noch eine Funktion der manuellen Eingabe ist.
Das Bedienungsfeld dient folgenden Aufgaben:

Zahlen-Eingabe,
Eingabe der Operationsbefehle für Rechnung, Speicherung, Ausgabe und evtl. Programmierung,
Überwachung von Betriebsbereitschaft, Eingabe, Rechnungsablauf und Ausgabe,
Löschung von Eingaben und Speicherinhalten als Teil- und Gesamtlöschungen,
Aufhebung von Maschinensperren und/oder Tastensperren bei Fehlern in Eingabe, Rechnung und Ausgabe,
Sonderfunktionen.

Die Zahl der Tasten ist gegenüber mechanischen Rechenmaschinen nicht kleiner geworden.
Die Elektronik vereinfacht viele Rechenvorgänge. Der Druck auf eine Taste vermag über den damit angesteuerten Programmablauf der Elektronik mehr Funktionsabläufe gleichzeitig durchzuführen als dies über die bisherige Mechanik möglich war. Diese größere Vielfalt der Möglichkeiten möchte man aber auch weitgehend nutzbar machen. Es ist durchweg der deutliche Trend erkennbar, nicht die Mechanik der traditionellen Tischrechenmaschinen durch Elektronik zu ersetzen, sondern die Möglichkeiten der Elektronik voll zu nutzen, d. h. zu neuen Konzeptionen bezüglich Vereinfachung des Rechnungsablaufs zu gelangen. Damit liegt die Zahl der Tasten allgemein relativ hoch. Siehe Anhang, Übersicht 3.

Ohne Tasten für Ziffern, Komma, Komma-Position und Ein-/Ausschaltung haben die Automaten – vorwiegend also für Operationsbefehle – zwischen 8 und

54 Tasten, im Mittel 18 Tasten. Für druckende Automaten liegt der Mittelwert mit 22 Tasten am höchsten, für nichtdruckende sind es 17 Tasten. Vergleichsweise hat eine der höchstentwickelten mechanischen Vierspeziesmaschinen bei gleicher Zählung, d. h. ohne Zifferntasten, nur 12 Tasten, davon allein 4 Speichertasten.

Da bei den elektronischen Tischrechenautomaten die Tastaturen elektrische Kontakte betätigen, also über Kabelstränge in die Elektronik führen, ist die Aufgliederung des Tastenfeldes nicht mehr vom Aufbau und Raumbedarf einer umfangreichen inneren Mechanik – geschlossen von Taste bis Drucktype – abhängig, sondern kann konstruktiv wesentlich freier gestaltet werden, mechanisch nur noch abhängig vom einzelnen Tastenelement und den erforderlichen Sperren.

Der mathematisch-logische Ablauf der Rechnungen kann dabei weitgehend beachtet werden, und zwar einmal in Hinsicht auf das kommerzielle Rechnen mit schneller Eingabe großer Datenmengen bei relativ wenig arithmetischen Operationen, zum andern für das wissenschaftlich-technische Rechnen mit weniger Zahlen, aber vielfältigen Rechenfunktionen. Dies führt zu günstigem Kompromiß oder zu verschiedenen Modellen.

6.1.2. Tasten

Bezüglich der Tasten besagen

DIN 9753 Büromaschinen/Zehner-Blocktastatur und

DIN 9755 Rechenmaschinen/Tastenfeld für Zweispezies-Rechenmaschinen

folgendes:

„Die Wahl von Form und Farbe der Tastenknöpfe bleibt dem Hersteller überlassen, da die Tastatur einer Büromaschine deren Formschönheit ausschlaggebend beeinflußt."

Die vor allem unterschiedliche Farbwahl für die verschiedenen Tastenblöcke, wie Zahleneingabe, arithmetische Operationen, Speicher, usw., erhöht die Übersichtlichkeit und trägt so wesentlich zur Sicherheit und Schnelligkeit der Bedienung bei.

„Die Tastenfläche soll so beschaffen sein, daß die Möglichkeit des Abrutschens der Finger während der Betätigung auf ein Mindestmaß verringert wird."

Die Tastenoberflächen werden konkav gewölbt, d. h. den Fingerkuppen angepaßt.

„Tastentiefgang 5 ± 1 mm".

Der Tastentiefgang, Tastenhub, darf unter keinen Umständen höher sein, um schnelles und leichtes Arbeiten zu gewährleisten. Er wird mehr und mehr verringert und beträgt z. B. bei einigen Automaten nur 0,7 mm zur Betätigung von Mikroschaltern. Aus Gründen der Bedienungssicherheit soll jedoch die erfolgte

Kontaktgabe für den Benutzer erkennbar bleiben durch Druckpunkt, Klickgeräusch und dgl.

„Die Kraft zur Betätigung der Zifferntasten und der Taste [+] , als meist benutzte Funktion, darf 200 p nicht übersteigen."

In der Praxis versucht man möglichst unter 100 p zu bleiben.
Die Tastenknöpfe werden aus Kunststoff hergestellt und sollen blendfrei sein, also ohne Glanz, um ihre Beschriftung deutlich erkennen zu lassen. Bei einem Modell haben mehrere Tasten seitliche Griffmulden, die so ergänzend angeordnet sind, daß nebeneinanderliegende Tasten bei bestimmten Operationen durch einen Fingerdruck gleichzeitig bedient werden können. Es vereinfacht die Tastatur und beschleunigt die Bedienung als Paralleleingabe von Operationsbefehlen. Von der Kontaktfunktion her sind folgende Tastenarten zu unterscheiden:

Kontaktgabe ist ein elektrischer Taster.

Rückstelltasten, Drucktasten

Sie geben nur Kontakt, solange die Taste niedergedrückt wird und gehen beim Loslassen sofort wieder in die Ruhelage/Grundstellung zurück. Auf diese Weise arbeiten die Zifferntasten der Zehner-Blocktastatur, Kommataste, Löschtasten und die Einblicktasten der nichtdruckenden Maschinen, die für die Dauer der Betätigung den betreffenden Registerinhalt in der Anzeige erscheinen lassen.

Kontaktgabe ist ein elektrischer Schalter.

Rasttasten zur Auslösung eines Arbeitsganges

Sie rasten beim Niederdrücken ein und bleiben beim Loslassen niedergedrückt bis der Arbeitsgang, den sie auslösten, sie zu einer gewissen Zeit wieder freigibt. Das *Einrasten* erfolgt meist durch eine von der Elektronik gesteuerte Sperre zur Sicherung der gewählten Funktion. Es sind die sogenannten motorisierten Tasten, die bei druckenden Maschinen den Kurbelzug für den Druck auslösen, und zwar sofort, wie die Tasten „Druck", „Nichtrechnen", „Zeilenschaltung", oder automatisch nach erfolgter Rechnung, wie „Addition", „Multiplikation", usw.

Rasttasten als Vorwahl für arbeitsgangauslösende Tasten

Sie rasten beim Niederdrücken mechanisch ein, lösen aber keinen Arbeitsgang aus. Nach Betätigung einer arbeitsgangauslösenden Taste werden sie zusammen mit dieser wieder ausgelöst. Sie dienen der Vorwahl oder Voreinstellung, wie z. B. der Wahl der Speicheradresse. Ihre Auslösung durch den nächsten Arbeitsgang kann durch eine „Repetitionstaste" verhindert werden. Sie wird damit zur Dauerrasttaste, bis die „Repetitionstaste" manuell wieder ausgelöst wird.

Dauer-Rasttasten als Vorwahl für mehrere Arbeitsgänge

Sie bleiben solange niedergedrückt bis sie manuell durch erneuten Fingerdruck ausgerastet werden. Ein Beispiel ist die gerade genannte „Repetitionstaste".

Dauer-Rasttasten sind weiterhin die Tasten für Komma-Positionierung, Ein-/Ausschalttaste, Tasten für Speicher-Sonderfunktionen, Divisionsrest-Ausgabe, Rundung.

Wechseltasten

Wechseltasten sind 2 oder mehr Rasttasten, die gegenseitig so verriegelt sind, daß immer nur eine davon gerastet bleibt. Wird eine zweite gedrückt, so springt die erste gedrückte Taste automatisch in Grundstellung zurück. Es sind gegenseitig löschbare Tasten. Wechseltasten sind eine Sicherheitsmaßnahme für den Fall, daß die Wahl der einen Taste die andere ausschließen muß oder soll und wird z. B. bei der Speicherwahl angewendet, wenn mehrere Speicher zur Verfügung stehen. Wechseltasten mußten z. B. bei der Volltastatur die Zifferntasten 1. . . 9 sein, da jede Stelle nur einen dieser 9 Werte annehmen konnte, wenn sie nicht Null war.

Leuchttasten

Zu Kontrollzwecken werden oft einzelne Tasten als Leuchttasten ausgebildet, wie z. B. Lösch-(Fehleranzeige-)Tasten, Ein-/Ausschalter, Multiplikations-/Divisionstasten. Eine kleine Glühbirne im Tastenknopf beleuchtet von unten die durchscheinend eingeprägte Kennzeichnung der Taste oder einen besonderen Durchbruch.

Tasten werden im weiteren durch folgende Zeichen dargestellt:

Tasten, allgemein 

Dauerrasttasten 

Tasten, die gleichzeitig gedrückt werden können 

Tasten, die für eine bestimmte Operation gleichzeitig gedrückt werden müssen 

6.1.3. Tastenfeld

Zur Anordnung der Tastenfelder bestimmen die genannten DIN-Vorschriften:

„Tastenabstand horizontal und vertikal von Tastenmitte zu Tastenmitte 19 mm."

Damit ist auch bei unterschiedlichen Fingerdicken ein griffsicheres Anschlagen der richtigen Taste gewährleistet.

„Horizontaler Tastenabstand zum nächsten Tastenblock von Tastenmitte zu Tastenmitte 27 mm."

Das Tastenfeld wird meist in 3 Tastenblöcke gegliedert,
Zifferntasten (Zehner-Blocktastatur, Zahlentastatur),
Funktionstasten,
Speichertasten,
die durch obigen Sonderabstand und/oder Farbunterschied zusätzlich zur Beschriftung gekennzeichnet werden.

Durchweg wird die Zifferntastatur in die Mitte gesetzt, die Funktionstasten befinden sich meist rechts und die Speichertasten links. Dies ergibt sich aus folgenden Überlegungen:
Am häufigsten benutzt ist die Additionstaste. Man legt sie deshalb bevorzugt direkt rechts neben die Zifferntastatur, meist vergrößert auf 2–3 Tastengrößen und evtl. etwas erhöht, um sie bei Rechtshand-Bedienung mit dem kleinen Finger oder der rechten Handkante bedienen zu können. Zeige-, Mittel- und Ringfinger brauchen dann – vor allem beim Blindbedienen – kaum von der Zifferntastatur abgehoben zu werden. Aus der Lage der Additionstaste rechts ergibt es sich, alle arithmetischen Funktionen nach rechts zu legen und so bleibt für die weniger gebrauchten Speichertasten die linke Seite.
Die an verschiedener Stelle genannten Möglichkeiten der Doppelbedienung von Tasten gestattet sehr weitgehend die in Fig. 6/1 dargestellte interessante Tastenanordnung.

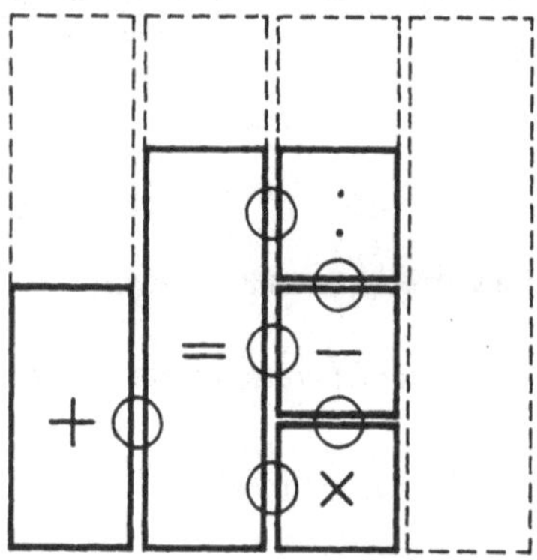

Fig. 6/1. Doppelbedienung von Tasten

Für die Neigung des Bedienungsfeldes zur Horizontalen verlangen DIN 9753 und 9755

$$15° \pm 5°.$$

Fig. 6/2. Angestrebt wird aus physiologischen Gründen, den Abstand x der geneigten Tastaturfläche von der Tischplatte klein zu halten, damit zur Bedienung der Tasten der Unterarm auf der Tischplatte möglichst ruhend aufliegen kann, um Ermüdungserscheinungen bei längerem Arbeiten zu verringern. Dem gleichen Zweck dient eine verlängerte Auflagefläche y vor der Tastatur zur Auflage des Handgelenkes. Die Zifferntasten sollen stufenförmig angeordnet sein, d. h. ihre Oberflächen sollen horizontal liegen.

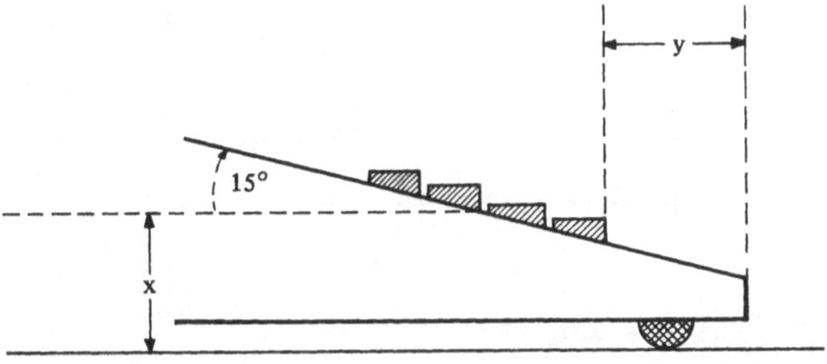

Fig. 6/2. Neigung der Tastatur

6.1.4. Kontaktabfrage

Die Kontaktabfrage

Wurde eine Taste betätigt?
Welche Taste wurde betätigt?

erfordert einen nicht unerheblichen Aufwand. Im allgemeinen wird jeder Tastenblock einzeln adressiert, z. B.:

T1 = Zifferntastatur,
T2 = Funktionstastatur,
T3 = Speichertastatur,
T4 = Komma-Positionierung.

Diese Adresse, codiert, wird nach ihrem Inhalt abgefragt, d. h. welche Taste ihres Bereiches wurde betätigt? Fig. 6/3. Durch die obige Unterteilung enthält keine Adresse mehr als 16 Kontakte, so daß der codierte Inhalt 4 bit nicht übersteigt. Die Kontaktgabe kann durch *einen* Arbeitskontakt pro Taste erfolgen, wie Fig. 6/4 zeigt.

Die Bewertung der Leitungen 0 . . . 15, dargestellt als dual-codierte Tetrade, entspricht der Komma-Rechnung in Abschnitt 5.6.11, codiert im Dreiexzeß-Code. Z. B. ergibt dieser Schaltplan für Komma-Position 6 den Leitungswert 5 ≙ dual codiert (O L O L). Das Komplement von 6 zur dezimalen 8 ist 2 ≙ im Dreiexzeß-Code (O L O L).

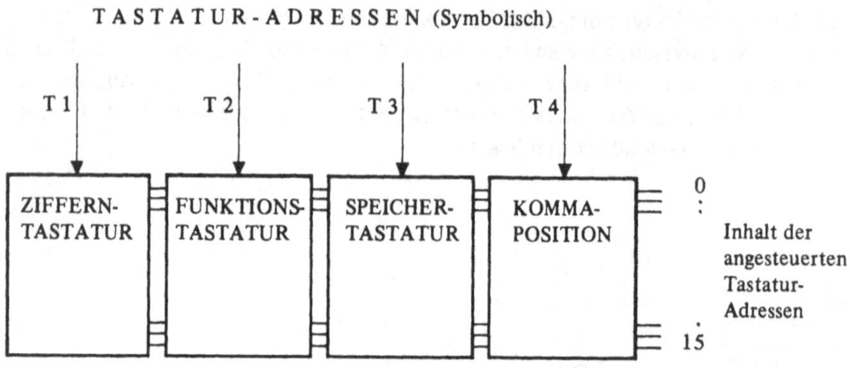

Fig. 6/3. Abfrageschema für die Gesamttastatur

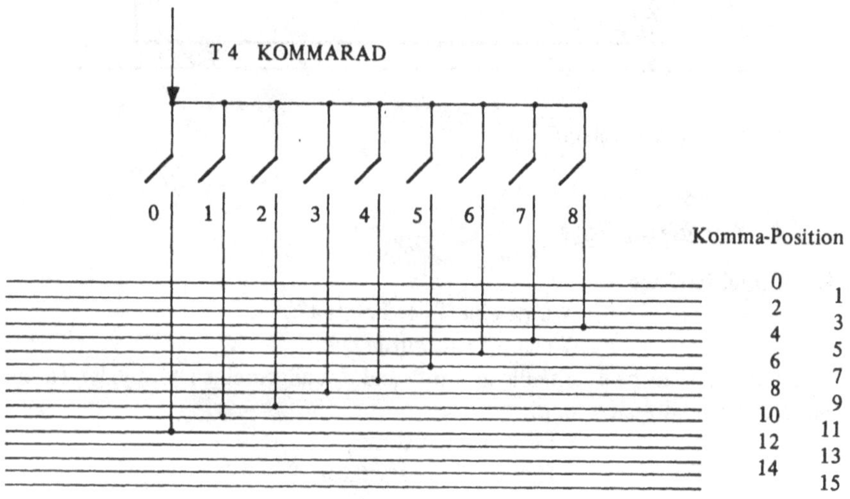

Fig. 6/4. Kontaktgabe der Komma-Positionierung

Vorteilhaft, nämlich sehr sicher, ist die ruheschleifenkontrollierte Schaltung der Kontakte, sie erfordert aber einen Ruhe- und einen Arbeitskontakt für jede Taste. Fig. 6/5.

Können oder sollen, wie dies bei einigen Automaten der Fall ist, mehrere Funktionstasten gleichzeitig betätigt werden oder sollen Gruppenabfragen erfolgen, z. B.

Wurde arithmetische Funktion getastet?
Wurde Speicherfunktion getastet?

so ist eine Koordinatenabfrage zweckmäßig, wie Fig. 6/6 darstellt. Die 4 Ausgänge rechts geben sofort die stellengerechte 4 bit-Codierung mit der Wertigkeit 8 – 4 – 2 – 1 als Inhalt der Abfrage. Die Dioden verhindern in dieser Matrizenform der Abfrage Rückwirkungen über geschlossene Tasten.

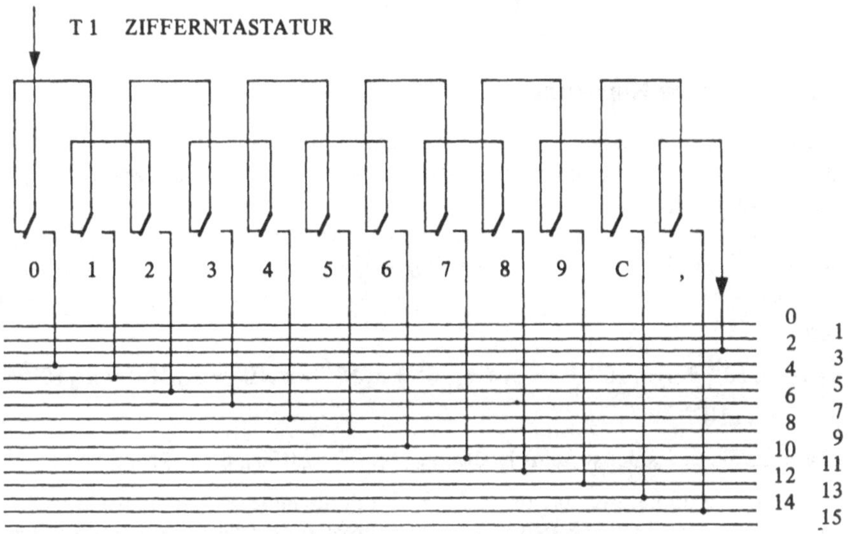

Fig. 6/5. Kontaktgabe bei der Schaltung mit Ruheschleifenkontrolle

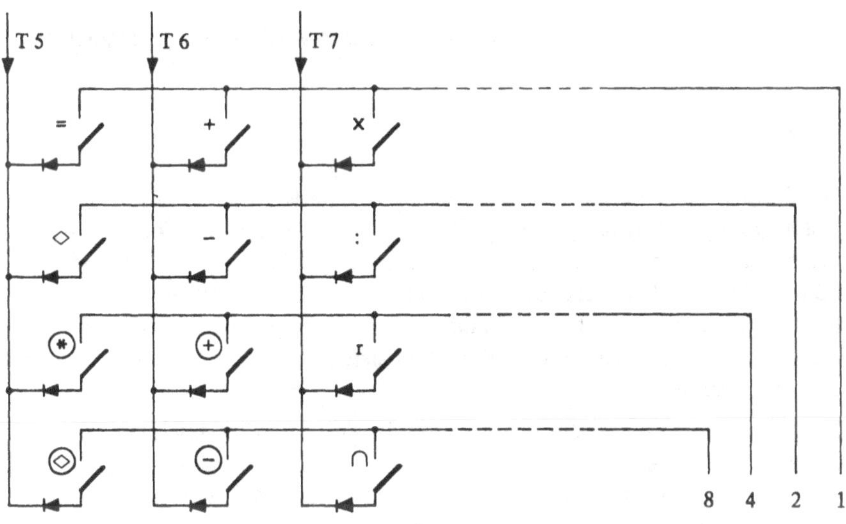

Fig. 6/6. Koordinatenabfrage der Operationstasten

6.2. Zahlen-Eingabe

Zur reinen Zahlen-Eingabe, noch ohne Funktion, stehen folgende Befehle zur Verfügung: Die Ziffern 0 bis 9,
Komma,
Sonderbefehle.

6.2.1. Eingabe-Kapazität

Die Zahlenein- und -ausgabe erfolgt bei Tischrechenautomaten – von Sondermodellen abgesehen – grundsätzlich im Dezimalsystem, in dem eine Zahl A dargestellt wird durch

$$A = \pm \sum_{n=-\infty}^{N} a_n 10^n \qquad \text{für } 0 \leqq a_n \leqq 9.$$

Also

$$|A| = a_N 10^N + a_{N-1} 10^{N-1} + \ldots + a_2 10^2 + a_1 10^1 + a_0 10^0 + a_{-1} 10^{-1} + a_{-2} 10^{-2} + + \ldots + a_{-\infty} 10^{-\infty}$$

Die Basis dieses Zahlensystems ist 10, a_n sind die Ziffern 0 . . . 9.

Es gilt die Vereinbarung, daß die Zahl A durch die nebeneinandergestellten Ziffern a_n vereinfacht dargestellt werden kann, wobei die Stellung der Ziffern dem Stellenwert 10^n eindeutig zugeordnet wird.

$$A = \pm a_N a_{N-1} \ldots a_2 a_1 a_0 , a_{-1} a_{-2} \ldots a_{-\infty}$$

Werden alle a mit negativem Index gleich Null, so wird aus der gebrochenen Zahl eine ganze Zahl:

$$A = \pm \sum_{n=0}^{N} a_n 10^n$$

Die Eingabe-Kapazität K ist – unabhängig von der Komma-Position – die maximal mögliche Stellenzahl pro Eingabe. Sie liegt gemäß Anhang, Übersicht 4, bei den bekannten Maschinen zwischen 9 und 24 Dezimalstellen, im Mittel bei 14 Stellen. Der Mittelwert liegt mit 15 Stellen bei druckenden Automaten etwas höher. Für mechanische Tischrechenmaschinen liegt die Eingabe-Kapazität im Mittel für den kleineren Faktor bei 9 Dezimalstellen, für den größeren Faktor bei 11 Dezimalstellen.

Die Erweiterung der Eingabe-Kapazität ist für elektronische Maschinen leichter durchführbar als für mechanische. Im Mittel von 14 Stellen spiegelt sich nicht nur der Bedarf, sondern auch die elektronisch im binären Arbeiten sinnvolle Zahl $16 = 2^4$ der Kernspeichermatrizen, verringert um 1 Stelle für Vorzeichen und 1 Stelle für Prüfziffer, siehe Fig. 5/2.

Die Kommaposition ist als Gleitkomma frei beweglich, d. h. es können Zahlen ohne Nachkommastellen bis zu Zahlen mit K Nachkommastellen – also volle Kapazität – verarbeitet werden. Gleitkommarechnung findet sich meist bei nichtdruckenden Automaten, siehe Abschnitt 6.2.3.1.

Bei druckenden Automaten ist die Kommaposition vorwiegend als Festkomma in einem gewissen Bereich einstellbar, siehe Abschnitt 6.2.3.2. Dieser Einstellbereich liegt zwischen 0 Nachkommastellen und einer maximalen Stellenzahl m nach dem Komma, die meist geringer ist als die Eingabe-Kapazität K.

Bei K = 12 Dezimalstellen Eingabe-Kapazität und m = 6 Nachkommastellen maximal, ordnet sich z. B. die Zahl A = 205,607814 wie folgt ein:

10^5	10^4	10^3	10^2	10^1	10^0	10^{-1}	10^{-2}	10^{-3}	10^{-4}	10^{-5}	10^{-6}
0	0	0	2	0	5	6	0	7	8	1	4

3 führende Nullen — 9 wesentliche Stellen

Führende Ziffer

Die erste von Null verschiedene Ziffer heißt die führende Ziffer. Hier ist „2" die führende Ziffer. Vor der führenden Ziffer liegen die führenden Nullen, hier 3 führende Nullen, auch *Vornullen* genannt, wenn sie nicht ausgedruckt werden müssen. Wesentliche Stellen sind sämtliche Ziffern mit Ausnahme führender Nullen. Obige Zahl hat 9 wesentliche Stellen bei 6 Nachkommastellen.

Die Zahl A = 0,0006354 hat demzufolge 7 Nachkommastellen und 4 wesentliche Stellen. „6" ist die führende Ziffer.
Nullen nach dem Komma, denen keine von Null verschiedene Ziffer mehr folgt, sind angehängte Nullen, gelegentlich auch *nicht-signifikante* Nullen, *Nachnullen* oder *nichtbedeutsame* Stellen genannt.
Im wissenschaftlich-technischen Rechnen können auch diese Nullen von Bedeutung sein, wenn z. B. 7,350 bedeutet, daß die 3. Stelle nach dem Komma gerechnet und gültig Null ist.
Der erfaßbare Zahlenbereich A ergibt sich bei

Eingabe-Kapazität K
maximale Nachkommastellen m

zu

$$(10^K - 1) \geqq |A| \geqq 10^{-m}$$

aus

$$A = \pm \sum_{n=-m}^{K-m-1} a_n 10^n .$$

Ein Rechner arbeitet auch in Ein- und Ausgabe mit Gleitkomma in halblogarithmischer Schreibweise, wobei eine Zahl Z dargestellt wird durch

$$Z = a \cdot 10^b.$$

Die Zahl a wird *Mantisse* genannt und besteht bei diesem Automaten aus bis zu 10 wesentlichen Ziffern in normierter Darstellung mit dem Komma unmittelbar hinter der führenden Ziffer, wie in Physik und Technik üblich.

Die zweistellige Zahl b ist der Exponent zur Basis 10.

Es bedeutet also z. B.:

SICHTANZEIGE

1234567890	03	=	$1{,}234567890 \cdot 10^3$
		=	1.234,567890
oder			
7043562891	- 04	=	$7{,}043562891 \cdot 10^{-4}$
		=	0,0007043562891

Der außergewöhnliche Zahlenbereich dieses Automaten geht hier von

$$10^{-98} \text{ bis } 10^{99}$$

bei maximal 10 wesentlichen Stellen. In den Übersichten wird die Kapazität in diesem Fall mit „10 + 2" angegeben und ist mit den anderen Kapazitätsangaben nicht direkt vergleichbar.

6.2.2. Ziffern-Eingabe

Die Eingabe einer Zahl verlangt für jede eingegebene Ziffer die Angabe des Stellenwertes.

Die Volltastatur hat dazu für jeden Stellenwert, entsprechend ihrer Eingabe-Kapazität, 9 Zifferntasten 1 . . . 9, als Rasttasten (Wechseltasten) ausgebildet. Nulltasten sind nicht vorhanden, Null wird automatisch eingegeben, wenn keine der Tasten 1 . . . 9 betätigt wurde. Bei den mechanischen Tischrechenmaschinen bewirkte der Tastendruck bei dieser Art der Eingabe sofort die Einstellung bzw. Voreinstellung des Typenträgers der betreffenden Dezimalstelle auf den eingetasteten Wert. Diese Mechanik konnte relativ einfach gehalten werden. Dieser Vorteil verschwindet bei elektronischen Tischrechenautomaten, da hier grundsätzlich der Weg der eingegebenen Information von der Tastatur zur Elektronik führt. Die noch verbleibenden Vorteile der Volltastatur

sichtbarer (Rasttasten !) Eingabespeicher,
ziffernweise korrigierbarer Eingabespeicher,
Nullen werden nicht getastet,
sichtbare Splitmöglichkeit der Eingabekapazität,

treten bei einem Vergleich mit der Zehner-Blocktastatur gegenüber folgenden Nachteilen zurück:

- Hohe Tastenzahl von 9 mal der Eingabe-Kapazität ergibt erhöhte Kosten und hohen Platzbedarf. Beide Nachteile sind für elektronische Tischrechenautomaten besonders kritisch.
- Die Stellenzahl der einzutastenden Zahl muß gedanklich festgestellt und in die richtigen Stellenwertreihen eingeordnet werden.
- Die Größe des Tastenfeldes gestattet keine Blindbedienung.

Die Volltastatur hat sich in den angelsächsischen Ländern am längsten gehalten. So kam auch der erste elektronische Tischrechenautomat von *Bell Punch* aus England noch mit dieser Tastatur.
Die Volltastatur hat für elektronische Tischrechenautomaten nur noch historisches Interesse, denn von diesen Anfangstypen abgesehen, sind alle elektronischen Tischrechenautomaten nur noch mit Zehner-Blocktastatur ausgestattet, auch die Nachfolgetypen der ersten Volltastatur-Maschinen.

Die Zehner-Blocktastatur hat sich gerade in Verbindung mit der Elektronik endgültig durchgesetzt. Sie hat 10 Tasten für die Ziffern 0 . . . 9.
Die Ziffern einer Zahl werden, beginnend mit der höchsten Dezimalstelle, serial eingetastet. Die Zahl braucht also nicht vorher gesamt gelesen zu werden, um sie in ihrer Größenordnung gedanklich zu erfassen. Das spart Zeit, verringert die Ermüdung und vermeidet Ziffernvertauschungen beim Eintasten, da der Verstand z. B. „Vierunddreißig" liest, aber 3 – 4 eingetastet werden müssen. Ihr bisheriger Nachteil gegenüber der Volltastatur, daß sie einen beweglichen Stellstückwagen mit Übertragungsmechanik benötigte, der automatisch den Stellenwert durch „Mitzählen" – pro Tastendruck ein Schritt – bestimmte, entfällt bei elektronischen Tischrechenautomaten. Er wird elektronisch nachgebildet durch die besondere Art der Eingabe in das Eingabe-Register, in dem jede neue Ziffer grundsätzlich in die niedrigste Wertstelle geht und zuvor der vorhandene Inhalt um eine Stelle nach links geshiftet wird.

Die Ziffern 1 . . . 9 sind in drei Gruppen zu je 3 Tasten angeordnet, normale Zählweise von links nach rechts, darunter die Nulltaste. Fig. 6/7.

Die Zehner-Blocktastatur gestattet die in Fig. 6/7 eingezeichnete Blindbedienung mit 3 Fingern, die nur eine Vertikalbewegung zwischen den Tastenreihen durchführen müssen.
Druckende Automaten werden mit der rechten Hand bedient.

Der Zeigefinger tastet	1 – 4 – 7,
der Mittelfinger tastet	2 – 5 – 8,
der Ringfinger tastet	3 – 6 – 9.

Die Nulltaste kann mit jedem der drei Finger angeschlagen werden. Beim Blindbedienen bleibt so der Blick auf die links liegenden Unterlagen und Belege gerichtet, die linke Hand bewegt die Belege.

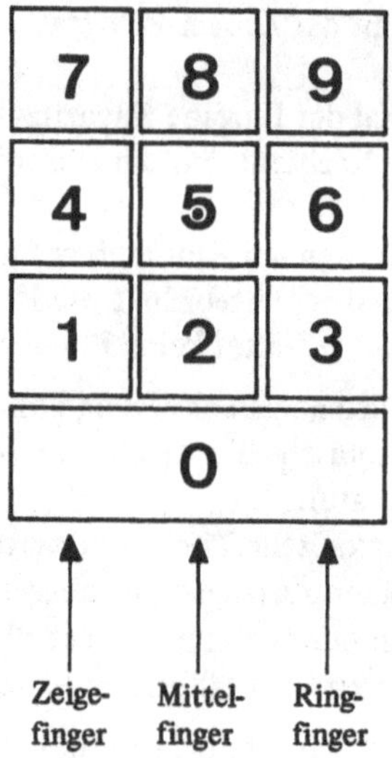

Fig. 6/7. Zehner-Blocktastatur nach DIN 9753

DIN 9753 bestimmt:

> „Zifferntaste 5 oder Zifferntasten 4 – 5 – 6 erhalten eine sich von den anderen Tasten fühlbar unterscheidende Tastfläche, um Blindbedienung zu erleichtern."

Dazu trägt die Taste 5 meist einen punktförmigen Fühlnocken in der Mitte als Leittaste oder die mittlere Tastenreihe 4 – 5 – 6 hat tiefere Mulden. Damit ist die Grundstellung der Hand auf der Tastenreihe 4 – 5 – 6 gut fühlbar und sicher.

Bei nichtdruckenden Automaten wird die rechte Hand das Abschreiben der angezeigten Ergebnisse übernehmen müssen, also auch das Bewegen bzw. Umblättern der Belege, so daß hier Linkshand-Bedienung am Platze ist.

Die Aufteilung der Nulltaste in zwei oder drei Tasten für 0 – 00 – 000 ist bei elektronischen Tischrechenautomaten nicht üblich. Es bereitet elektronisch keine Schwierigkeiten, verlangt aber zusätzlichen Aufwand, der im allgemeinen nicht gerechtfertigt erscheint. Mehrnullen-Tasten verlangen nämlich wie die Volltastatur das Abzählen der Nullen und ihre gedankliche Aufteilung auf die vorhandenen Nulltasten-Möglichkeiten. Der normale Rhythmus des Eintastens – Stelle für Stelle – ohne gedankliches Erfassen der Gesamtzahl wird unterbrochen. Vorteile würden diese Tasten nur beim Eingeben einer größeren Anzahl glatter Beträge, wie 5.000,00 oder 37.000 usw. bieten. Dies ist aber sicher selten der Fall. Außerdem erübrigt die Komma-Automatik fast aller elektronischer Tischrechenautomaten mit Festkomma das Eintasten angehängter Nullen nach dem Komma, siehe Abschnitt 6.2.3.2.

6.2.3. Komma-Eingabe

Beim serialen Eintasten einer Zahl wird das Komma wie eine Ziffer an seinem Platz zwischen den Stellen 10^0 und 10^{-1} eingetastet. Dazu wird die Zifferntastatur (Zehner-Blocktastatur) durch eine Kommataste, bei englischen, amerikanischen und japanischen Maschinen durch eine Punkttaste (Decimal point) ergänzt.

Beispiel:

Zahl 3,14 EINTASTEN [3] [,] [1] [4]

Für Zahlen kleiner 1, die also mit 0, . . . beginnen, wird bei fast allen Automaten die Null vor dem Komma nicht getastet. Sie wird in der Ausgabe bei der sogenannten ***Prüfung auf Vornullen*** automatisch aufgefüllt, bzw. im angelsächsischen Gebrauch sowieso weggelassen.

Zahl	EINTASTEN	AUSGABE
0,71	[,] [7] [1]	0,71 .71 (USA)

Diese Prüfung auf Vornullen erfolgt vor der Ausgabe. Im Ausgabe-Register befinden sich zwei Sorten von Nullen. Nullen, die wesentliche Stellen sind und gedruckt werden müssen und führende Nullen, die nicht gedruckt werden außer für Zahlen kleiner 1. Dazu wird das Ausgabe-Register in einer **UND**-Verknüpfung auf Null geprüft, mit der höchsten Wertstelle beginnend, bis zur führenden Ziffer. Ist eine Stelle gleich Null **UND** folgt nach dieser Stelle kein Komma, dann wird diese Null als *Vornull* gekennzeichnet, es entfällt für diese Stelle der Druck. Damit ist gleichzeitig sichergestellt, daß die Null vor dem Komma für Zahlen kleiner 1 immer gedruckt wird. Eine ähnliche Prüfung erfolgt für die Nachnullen, die nicht gedruckt werden sollen.

6.2.3.1. Gleitkomma

Nichtdruckende Automaten arbeiten oft mit Gleitkomma, auch Fließkomma genannt. Jede Zahl erscheint mit ihren eingetasteten Nachkommastellen in der Anzeige, das Resultat mit der sich mathematisch ergebenden Stellenzahl.

Beispiel: 1,23 × 4,567 = 5,61741

EINTASTEN		ANZEIGE
[1] [,] [2] [3]	[×]	0000000000001,23
[4] [,] [5] [6] [7]	[×]	000000000004.567
	[=]	0000000005,61741

Das Gleitkomma hat den Vorteil, daß keine zusätzlichen Komma-Positionierungen durch Hebel, Tasten oder Räder zu bedienen und zu beachten sind. Es hat aber gleichzeitig den Nachteil, daß bei Mehrfachmultiplikationen die Stellenkapazität schnell überschritten wird.
Eine Zahl mit drei Nachkommastellen, hoch vier gerechnet, hat schon zwölf Nachkommastellen. Diese Gefahr der Kapazitätsüberschreitung ist aber bei anzeigenden Maschinen in den sichtbaren Zwischenergebnissen leicht zu beobachten. Mit einer Shift-Taste [→] wird der angezeigte Wert so lange nach rechts verschoben – je Tastendruck eine Stelle – d. h. die jeweils letzte Stelle wird abgestrichen, bis ohne Kapazitätsüberschreitung weitermultipliziert werden kann.

Diese Shiftmöglichkeiten während und nach der Rechnung sind bei druckenden Automaten nicht gegeben. Hier muß mit Festkomma gerechnet werden.

6.2.3.2. Festkomma

Druckende Automaten besitzen im allgemeinen eine Festkomma-Einrichtung. Die je nach Aufgabe gewünschte Komma-Position wird mittels Komma-Rad, Komma-Schieber oder Rasttasten fest eingestellt. Diese Einstellung erfolgt schrittweise von 0 über Zwischenstufen bis zur maximal einstellbaren Stellenzahl nach dem Komma und befiehlt Berechnung und Abdruck der Operanden, Resultate, Zwischenergebnisse und Speicherinhalte mit der eingestellten Stellenzahl. Sie bewirkt gleichzeitig Stellenabstrich der überzähligen, nicht zum Abdruck kommenden Stellen, und zwar mit und ohne Rundung. Bezüglich der verschiedenen Stellenzahlen gibt die Übersicht 3 im Anhang Auskunft.

Diese eingestellte Zahl der Nachkommastellen wird unabhängig von der Zahl der durchgeführten Multiplikationen, Divisionen, usw. vom Resultat nie überschritten.

Beispiel: 4,157 x 5,889 = 24,480573
Komma-Position 3
Mit Rundung

EINTASTEN		DRUCK
[4] [,] [1] [5] [7]	[x]	4,157 x
[5] [,] [8] [8] [9]	[x]	5,889 x
	[=]	24,481 =

Die Festkomma-Einrichtung bestimmt und begrenzt aber nicht nur die Nachkommastellen in Rechnung und Ausgabe, sondern vereinfacht auch die Zahlen-eingabe. Eine ohne Komma eingetastete Zahl wird nämlich immer so eingeordnet, daß ihre zuletzt getastete Ziffer auf der letzten Nachkommastelle rechts erscheint. Abschnitt 5.6.11 brachte den Programmablauf dazu.

Z. B.: Komma-Position 3

ZAHL	EINTASTEN	DRUCK
12,345	[1] [2] [3] [4] [5]	12,345
0,506	[5] [0] [6]	0,506
0,007	[7]	0,007

Diese Zahlen können also ohne Komma eingetastet werden, die Komma-Automatik ordnet sie richtig ein. Wird trotzdem – zusätzlich – Komma eingetastet, so verändert das nichts.

Hat eine Zahl weniger Stellen nach dem Komma als der gewählten Komma-Position entspricht, so müssen Nullen aufgefüllt werden, damit das automatische Einordnen stellenrichtig erfolgen kann.

Z. B.: Komma-Position 3

ZAHL	EINTASTEN	DRUCK
3,1	[3] [1] [0] [0]	3,100

Statt Nullen aufzufüllen, kann auch das Komma eingetastet werden, die Maschine füllt dann automatisch Nullen bis zur vorgewählten 3. Stelle auf.

Z. B.: Komma-Position 3

ZAHL	EINTASTEN	DRUCK
3,1	[3] [,] [1]	3,100

Für ganze Zahlen ergibt sich daraus der Vorteil, daß nur das Komma nach der letzten Ziffer zu tasten ist:

Z. B.: Komma-Position 3

ZAHL	EINTASTEN	DRUCK
23	[2] [3] [,]	23,000

Es ergeben sich also für Festkomma zusammengefaßt die Eingabevereinfachungen, gemäß Fig. 6/8.

Beispiel: Gewählte Komma-Position 3

ZAHL		EINTASTEN	DRUCK
37,654		[3] [7] [6] [5] [4]	37,654
0,017		[1] [7]	0,017
0,003		[3]	0,003
18		[1] [8] [0] [0] [0]	18,000
	oder	[1] [8] [,]	18,000
0,5		[5] [0] [0]	0,500
	oder	[,] [5]	0,500

Fig. 6/8. Eingabe bei Festkomma

Die Wahl der Komma-Position erfolgt ausschließlich nach der erforderlichen Stellenzahl nach dem Komma in Rechnung und Ausgabe, gegebenenfalls unter Berücksichtigung der Gesamtkapazität der Maschine.
Die genannten Vorteile in der Eingabe kommen dann voll zum Tragen, wenn die Eingabewerte die gleiche Stellenzahl nach dem Komma haben, wie sie für Rechnung und Ausgabe nötig ist. Hierher gehören alle kommerziellen Rechnungen in Währungseinheiten.

Z. B.: Man wählt für DM-Rechnungen die Komma-Position 2.
Alle DM-Eingaben mit Pfennigbeträgen, wie

42,15
13,08
203,70

werden mit ihren 2 Stellen nach dem Komma, aber ohne das Komma selbst, eingetastet und das Ergebnis erscheint wieder mit 2 Stellen.

Benötigt man nun z. B. Ergebnisse mit 6 Stellen Genauigkeit nach dem Komma, so muß die Komma-Position auf 6 Stellen gesetzt werden. Haben die Eingabewerte jedoch durchweg weniger Stellen nach dem Komma, so verschwindet der Vorteil der Eingabevereinfachung mehr oder weniger.

Beispiel: $0{,}12 \times 4{,}23 \times 5{,}74 = 2{,}913624$
Komma-Position 6

ZAHL		EINTASTEN		DRUCK
0,12		[1] [2] [0] [0] [0] [0]		
	oder	[,] [1] [2]	[x]	0,120000 x
4,23		[4] [2] [3] [0] [0] [0] [0]		
	oder	[4] [,] [2] [3]	[x]	4,230000 x
5,74		[5] [7] [4] [0] [0] [0] [0]		
	oder	[5] [,] [7] [4]	[x]	5,740000 x
			[=]	2,913624 =

Es müssen also nicht-signifikante Nullen aufgefüllt werden oder die Zahl wird mit Komma eingetastet wie bei der normalen Gleitkomma-Eingabe.

Die Vorteile der Stellenbegrenzung und vereinfachter Eingabe kommen uneingeschränkt zur Geltung, wenn die Kommapositionen für Eingabe und Rechnung/ Ausgabe getrennt einstellbar sind, wie im Abschnitt 6.2.3.3 beschrieben wird.

Folgende Besonderheiten und Unterschiede in der Arbeitsweise sind bei Maschinen mit Festkomma-Einrichtung zu beachten:

Eingabe ohne Kommataste bedeutet bei einigen Automaten trotz Festkomma-Einrichtung grundsätzlich ganze Zahl.

In einem Fall bestimmt das Kommarad die Anzahl der Nachkommastellen, mit denen die Inhalte der Register niedergeschrieben werden, also reine Ausgabefunktion.

Im allgemeinen darf die gewählte Komma-Position während laufender Rechnung nicht geändert werden.

Eine planmäßige Veränderung der Komma-Position während der Rechnung ist bei einigen Automaten möglich und kann sinnvoll eingesetzt werden, wie folgendes Beispiel einer prozentualen Verteilungsrechnung zeigt.

GEGEBEN		GESUCHT
Hersteller	Verkaufte Stückzahl	Marktanteil in %
A	249	26,10
B	363	38,05
C	75	7,86
D	94	9,85
E	173	18,13
Summe	954	99,99

Voreinstellung: Register 4 auf Grand Total (Akkumulation der Resultate),
Automatische Endsumme nach [x] bzw. [:].

1. Teil: Komma-Position 0

EINTASTEN				DRUCK
[①]	249	[+]	Rechnung in Speicher 1	249 + ①
	363	[+]		363 + ①
	75	[+]		75 + ①
	94	[+]		94 + ①
	173	[+]		173 + ①
		[◇₁]		954 ◇ ①

2. Teil: Komma-Position 2

Damit wird bei Ausgabe des Speicherinhaltes 954 jetzt 9,54 gedruckt und die Quotienten ergeben sofort Prozentzahlen.

EINTASTEN				DRUCK
[②]	249	[,] [+]	Rechnung in Speicher 2	249,00 + ②
		[◇₁]	Zwischensumme aus Sp. 1	9,54 ◇ ①
		[:]	Druck-Wiederholung	9,54 : ②
			Resultat (★ = Grand Total)	26,10 * ② ★
	363	[,] [+]	Wie oben	363,00 + ②
		[◇₁]		9,54 ◇ ①
		[:]		9,54 : ②
				38,05 * ② ★

	75	[,] [+]	Rechnung in Speicher 2	75,00 + ②
		[$\diamond_1$]	Zwischensumme aus Sp. 1	9,54 ◇ ①
		[:]	Druck-Wiederholung	9,54 : ②
			Resultat (★ = Grand Total)	7,86 ∗ ② ★
	94	[,] [+]	Wie oben	94,00 + ②
		[$\diamond_1$]		9,54 ◇ ①
		[:]		9,54 : ②
				9,85 ∗ ② ★
	173	[,] [+]		173,00 + ②
		[$\diamond_1$]		9,54 ◇ ①
		[:]		9,54 : ②
				18,13 ∗ ② ★
[④]		[∗]	Endsumme aus Speicher 4 (Grand Total)	99,99 ∗ ④ ★

Nichtdruckende Automaten gehen mehr und mehr zum Festkomma für Rechnung und Ausgabe über. Eingabe erfolgt wie bei Gleitkomma. Auch wahlweises Arbeiten mit Gleitkomma oder Festkomma, wählbar durch entsprechende Schalterstellung, ist zu finden.

6.2.3.3. Festkomma mit Eingabe-Automatik

Die Festkomma-Einstellung eines Automaten mit 0, 1, 2, . . . 12 Stellen nach dem Komma für Rechnung und Ausgabe mit der beschriebenen Wirkungsweise wird ergänzt durch eine separate Festkomma-Einstellung für die Eingabe, die sich nur auf die Nachkommastellen der Eingabewerte bezieht und ebenfalls die Einstellung 0, 1, 2, . . . 12 gestattet.

Man wählt also die Komma-Position für Rechnung/Ausgabe nach der gewünschten Genauigkeit des Ergebnisses und die Komma-Position für die Eingabe nach der häufigsten Stellenzahl der Eingabewerte.

Die Komma-Position für die Eingabe darf dabei nur kleiner oder höchstens gleich der Komma-Position für Rechnung/Ausgabe sein.
Damit wird das Beispiel in Abschnitt 6.2.3.2 wie folgt ausgeführt:

Komma-Position Rechnung/Ausgabe 6
Komma-Position Eingabe 2

ZAHL	EINTASTEN		DRUCK	
0,12	[1] [2]	[×]	0,12	×
4,23	[4] [2] [3]	[×]	4,23	×
5,74	[5] [7] [4]	[×|=]	5,74	×
			2,913624	=

Es werden die Eintastvorgänge für Festkomma mit und ohne Eingabeautomatik verglichen:

ZAHL		EINTASTEN Kommaposition 6 **ohne** Eingabeautomatik	EINTASTEN Kommaposition 6 Eingabeautomatik 3
0,123		[1] [2] [3] [0] [0] [0]	
	oder	[,] [1] [2] [3]	[1] [2] [3]
4,236		[4] [2] [3] [6] [0] [0] [0]	
	oder	[4] [,] [2] [3] [6]	[4] [2] [3] [6]
0,007		[7] [0] [0] [0]	
	oder	[,] [0] [0] [7]	[7]

Der Vorteil der Eingabevereinfachung ist offensichtlich und bei großer Postenzahl nicht unerheblich. Hinzu kommt, daß dabei trotz Komma-Position für die Eingabe auf z. B. 2 Stellen, auch Zahlen mit mehr Stellen eingetastet werden können ohne die Komma-Automatik verstellen zu müssen. In diesem Fall wird die betreffende Zahl einfach mit Komma eingetastet. Die Kommataste ist der Komma-Position für die Eingabe innerhalb des Bereichs der eingestellten Komma-Position für Rechnung und Ausgabe übergeordnet.

Beispiel: Komma-Position Rechnung/Ausgabe 6
Komma-Position Eingabe 2

ZAHL	EINTASTEN		DRUCK	
0,18	[1] [8]	[x]	0,18	x
5,97	[5] [9] [7]	[x]	5,97	x
2,86493	[2] [,] [8] [6] [4] [9] [3]	[x]	2,86493	x
		[=]	3,078653	=

Die Komma-Position für die Eingabe darf während laufender Rechnung verändert werden, die Komma-Position für Rechnung und Ausgabe nicht.
Für den großen Sektor des kommerziellen Rechnens mit 2 Nachkommastellen geht die genannte Maschine konsequent auch den 3. Schritt.

Die Komma-Positionierung für Rechnung und Ausgabe wird für den speziellen Fall der Ausgabe auf 2 Dezimalstellen ebenfalls trennbar gemacht.

Beispiel: Eingabewerte sind DM-Beträge.
Ergebnisse sind wieder in DM auszudrucken.
Die Rechnung soll mit erhöhter Genauigkeit ausgeführt werden.
Also: Komma-Position Rechnung/Ausgabe 6
Komma-Position Eingabe 2

Die Betätigung der Ergebnistaste [=] bringt das 6stellige Ergebnis. Betätigt man stattdessen eine

DM-Ergebnistaste [≘]

so wird das Ergebnis unabhängig von der Komma-Position für Eingabe und Rechnung/Ausgabe stets auf 2 Stellen gerundet ausgeworfen.

Diese „DM-Ergebnistaste" ist also der Komma-Position für Rechnung/Ausgabe bezüglich der Ausgabe übergeordnet. Die Rechnung selbst läuft mit der vorgewählten Stellenzahl – Komma-Position für Rechnung/Ausgabe – ab.

Beispiel: 0,12 x 4,23 x 5,74 x 4,54387 = 13, 239129
Komma-Position Rechnung/Ausgabe 6
Komma-Position Eingabe 2

EINTASTEN		DRUCK	
[1] [2]	[x]	0,12	x
[4] [2] [3]	[x]	4,23	x
[5] [7] [4]	[x]	5,74	x

[4] [,] [5] [4] [3] [8] [7] [x]	4,54387 x
[≙]	13,24 ≙

Die gleiche Rechnung mit Komma-Position für Eingabe, Rechnung und Ausgabe auf 2 Stellen, also mit Eingabevereinfachung, aber ohne erhöhte Genauigkeit der Rechnung, ergibt:

	mit Aufrundung	13,30
	ohne Aufrundung	13,02.

Die Differenzen sind nicht unerheblich.

6.2.4. Sonderbefehle zur Zahlen-Eingabe

Zur Zahlen-Eingabe können außer Zifferntastatur und Kommataste noch einige Tasten für Sonderbefehle gehören, wie

Ersteingabe,
Negative Zahl,
Füllstern (Sicherungsstern),
Exponenteneingabe für Zahlen in halblogarithmischer Schreibweise,
Minustaste für Vorzeichenwechsel des Exponenten bei halblogarithmischer Schreibweise,
π als festprogrammierte Konstanteneingabe,
Eingabe-Löschung.

Die *Eingabe-Löschung* wird in Verbindung mit anderen Löschfunktionen im Abschnitt 8.7.2 besprochen.

Ersteingabe

Einige Automaten benutzen zur Eingabe des ersten Wertes einer neuen Rechnung nicht die zugehörige arithmetische Funktion, sondern – unabhängig ob Posten oder Faktor – eine Taste „Ersteingabe", „ENTER", „ENT", „FIRST NUMBER". Diese Taste stellt sicher, daß der Akkumulator vor Beginn der neuen Rechnung gelöscht wird.

Negative Zahl

Allgemein gilt für alle elektronischen Tischrechenautomaten: Ohne Vorzeichen eingegebene Zahlen gelten als positiv. Sie können negativ verarbeitet werden durch die arithmetische Operation „Subtraktion".
Schwierigkeiten entstehen, wenn die negative Zahl direkt Faktor wird, da „Subtraktion" wie auch „Multiplikation" bzw. „Division" durchweg arbeitsgangauslösende Funktionen sind. Deshalb haben einige Maschinen als Sonderbefehl eine

separate *Minustaste,* die in diesem Fall mathematisch-logisch zur Zahleneingabe-Tastatur gehört und Vorzeichen-Taste ist.
Diese Minustaste, in amerikanischen Maschinen auch „Change Sign"-Taste genannt, gibt die eingetastete Zahl sofort negativ ein und hat keine rechnung- oder druckauslösende Funktion. Diese Maschinen mit Minustaste benötigen keine besonderen Tasten oder besondere Bedienung für negative Multiplikation und Division. Eine Taste für die arithmetische Funktion der „Subtraktion" ist meist trotzdem vorhanden.
Über Maschinen mit Minustaste in der Zahlen-Eingabe gibt Übersicht 3 im Anhang Aufschluß.

Füllstern (Sicherungsstern)

Als weiterer Befehl zur Zahlen-Eingabe ist die bei einigen druckenden Automaten vorgesehene oder vorhandene Taste „Füllstern" oder „Sicherungsstern" zu betrachten.

[★]

Es handelt sich um eine elfte Pseudoziffer neben den Ziffern 0 . . . 9, die direkt vor oder nach der Zahl eingetastet wird und dem fälschungssicheren Abdruck auf Schecks, Postscheckanweisungen, usw. dient.
Z. B.: Komma-Position 2

ZAHL	EINTASTEN	DRUCK
15.004,25	[★] [1] [5] [0] [0] [4] [2] [5] [★]	★15.004,25★

Jede Wertstelle im Druckwerk trägt in diesem Fall einen Füllstern als 11. Ziffer, ebenso die 1. Symboldruckstelle nach den Ziffern für den Fall voller Kapazitätsausnutzung rechts.
Diese Einrichtung ist dann bedeutungsvoll, wenn die Maschine zur Formularbeschriftung eingesetzt werden kann.

Eingabe für halblogarithmische Zahlendarstellung

Der Exponent wird bei halblogarithmischer Zahlendarstellung über die Zifferntastatur eingegeben, zuvor muß jedoch eine Taste „ENTER EXPONENT" betätigt werden.

Festprogrammierte Konstante

Eine Maschine besitzt im Bereich der Zahleneingabe unterhalb der Ziffer „3" eine Taste [π], die sofort den festprogrammierten Wert für π mit maximal 10 wesentlichen Stellen oder abgerundet auf die gewählte Festkomma-Position in die Rechnung bringt.

6.2.5. Ablauf der Zahlen-Eingabe

Die eingegebene Zahl geht in das Eingabe-Register der Maschine und erscheint bei nichtdruckenden Automaten sofort in der Anzeige.
Der Eingabevorgang ist hierbei ziffernweise sichtbar. Fig. 5/4. Die Zahl wird von rechts in das Register eingeschoben.
Das Komma wird sichtbar

direkt nach Eintasten des Kommas – wie im gezeigten Beispiel – und wandert bei der weiteren Eingabe von Ziffern mit nach links,
beim Eintasten der nächsten Ziffer nach der Kommatastung,
nach zusätzlichem Eingabebefehl.

Bei druckenden Automaten sind diese ersten Eingabeschritte nicht sichtbar. Die Eingabe erscheint erstmalig im Druck nach Betätigung einer kurbelzugauslösenden Funktion.

Wie aus dem Abschnitt 5.6.12 bekannt, ist die ziffernweise Eingabe einer Zahl für die Maschine beendet, wenn die erste funktionsauslösende Taste betätigt wird. Die eingegebene Zahl steht dann im Eingabe-Register zur weiteren Verarbeitung in Übereinstimmung mit der Art der betätigten Funktionstaste bereit.

6.2.6. Zahlen-Eingabe aus internen Speichern

Außer der beschriebenen direkten Zahlen-Eingabe in das Rechenwerk über die Zahlen-Tastatur, kann auch eine Eingabe aus freien Speichern der Maschine als Speicher-Endsumme oder Speicher-Zwischensumme erfolgen. Dazu Abschnitt 6.3.3.4.

6.2.7. Zahlen-Eingabe aus Druck-/Resultat-Wiederholung

Die Druck-/Resultat-Wiederholung ist eine Übertragsfunktion zwischen Ausgabe und Eingabe, die für elektronische Tischrechenautomaten von ganz besonderer Bedeutung ist.

Schon die mechanischen Tischrechenmaschinen kannten eine sogenannte *Rückübertragung.* Durch besondere Hebelgriffe war es möglich, ein Resultat aus dem Resultatwerk in das Einstellwerk zurückzuübertragen. Es konnte dadurch mit einem Resultat direkt weitergerechnet werden, ohne es von Hand ziffernweise neu in das Einstellwerk eingeben zu müssen. Typische Aufgabe: $a \cdot b \cdot c = d$.
Die im Prinzip gleiche und in der Anwendung noch erweiterte Möglichkeit haben eine Anzahl elektronischer Tischrechenautomaten.

Die Funktionstasten für die arithmetischen Operationen geben normalerweise die zuvor eingetastete Zahl als Operanden in das Rechenwerk. Statt eine Zahl einzutasten, kann auch ein Speicher angerufen werden, dessen Inhalt dann die Funktionstasten als Operanden benutzen.

Wird eine Funktionstaste betätigt

ohne daß zuvor eine Zahl eingetastet war – und –

ohne daß ein Speicher zur Ausgabe seines Inhalts angerufen war,

dann wird die zuletzt ausgegebene Zahl des Automaten als Operand benutzt.

Bei nichtdruckenden Automaten ist diese Möglichkeit meist auf das Rückübertragen von Resultaten begrenzt.

Beispiel: a · b · c = d

EINTASTEN			ANZEIGE
a	☒ ×		a
b	=		(ab)
	×	Funktionstaste ohne Zahleneingabe und ohne Speicheranruf benutzt das zuletzt ausgegebene Resultat (ab) als Operanden und gibt es als 1. Faktor ein	(ab)
c	=		(abc) = d

Hier scheint daher die Bezeichnung ***automatische Resultat-Wiederholung*** angebracht. Es findet sich auch die alte Bezeichnung *Rückübertragung*. Da dieser Ausdruck aber gelegentlich auch für Register- und Speicher-Ausgabe verwendet wird, ist der Ausdruck *Resultat-Wiederholung* eindeutiger.

Druckende Automaten gehen im allgemeinen einen entscheidenden Schritt weiter, indem sie diese Wiederholung nicht an die Resultatausgabe binden, sondern an den Druckvorgang überhaupt. Diese erweiterte Funktion ist jedoch nicht von der Fähigkeit zum Druck direkt abhängig. Die Druckausgabe erfordert aber von vornherein einen höheren Aufwand an Arbeits- und Hilfs-Registern und damit ist die Möglichkeit gespeicherter Ausgabe für eine eventuelle Wiederholung ohne besonderen zusätzlichen Aufwand an Bauelementen möglich. Druck-Wiederholung erfordert dann lediglich einen gewissen Aufwand an Programmbefehlen.

Jede Zahl, die gedruckt wird, gleichgültig ob Summand, Faktor, Zwischenresultat, Resultat, nichtrechnender Nummerndruck, usw. bleibt in einem Druckwiederholungs-Register (Druckregister, Ausgaberegister) gespeichert bis die nächste zu druckende Zahl sie löscht.

Wird inzwischen die arbeitsgangauslösende Taste einer arithmetischen oder Speichereingabe-Funktion betätigt, ohne daß neue Zahleneingabe über die Tastatur erfolgte oder Speicherausgabe angerufen war, so benutzt der Rechner automatisch die zuletzt gedruckte Zahl aus dem Druckwiederholungs-Register als Operand für die gewählte Funktion.

Die ausgedruckte Zahl kann auch direkt in das Eingabe-Register überführt werden. Eine in das Eingabe-Register neu eingegebene Zahl löscht dann die alte Zahl. Ohne Neueingabe wird so automatisch der alte Wert weiterverarbeitet.

Einfachstes Beispiel zur Druck-Wiederholung: 2 a = b

EINTASTEN			DRUCK
a	[+]		a +
	[+]	Druck-Wiederholung!	a +
	[=]		b =

Beim zweiten Betätigen der Taste [+] war keine neue Zahl eingegeben, also wiederholte die Maschine die zuletzt gedruckte Zahl a und benutzte sie für die gewählte Operation als Operand.
Die Operationen müssen nicht gleich sein.

Beispiel: $\frac{a - b}{b} = c$

EINTASTEN			DRUCK
a	[+]		a +
b	[-]		b -
	[:]	Druck-Wiederholung	b :
	[=]		c =

Für den Gesamtvorgang der Druck-/Resultat-Wiederholung ist zu beachten, daß er völlig automatisch abläuft. Es gibt keine Taste „Druck-/Resultat-Wiederholung". Der Befehl zur Speicherung des zuletzt gedruckten Wertes gehört festprogrammiert zu jedem Druckbefehl, wie die Übernahme dieses Wertes als Operand unter bestimmten Bedingungen ein Teil des Gesamtprogramms ist.

Es findet sich auch bei einigen nichtdruckenden Maschinen die automatische Wiederholung jedes Operanden in verschiedenen Varianten. In Analogie zur Druck-Wiederholung wird dafür der Ausdruck *Anzeige-Wiederholung* benutzt. Jeder in der Anzeige erscheinende Wert – nicht nur Resultate – wird erneut Operand, wenn die genannten Bedingungen erfüllt sind.

Allgemein ist diese Einrichtung für den Maschinenbenutzer keine sichtbare Rückübertragung mehr. Das eventuell bestehende elektronische Analogon interessiert ihn nicht, sondern eine Wiederholung von Werten aus Eingabe und Rechnung zur Mehrfachbenutzung. Wesentliches Kennzeichen ist, daß diese Werte nur *einmal* eingetastet werden müssen. Hier liegt die entscheidende Bedeutung dieser Einrichtung: Sie vermeidet die bezüglich Zeit und Sicherheit kritische Phase des erneuten Eintastens von Werten, die in der Maschine bereits vorhanden sind.

Bezüglich Druck-Wiederholung siehe auch Übersicht 5 im Anhang.

Die übliche Vorrangordnung ist:

Ein gewählter Funktionsbefehl benutzt als Operanden den Zahlenwert

1. aus angerufener Speicher-Ausgabe,
2. aus Tastatur-Eingabe,
3. aus dem Druck-Wiederholungs-Register.

Die Druck-Wiederholung kann vorzeichengerecht, d. h. mit gleichem Vorzeichen wie zuletzt gedruckt, oder auch mit dem Absolutbetrag erfolgen.

Da die automatische Druck-Wiederholung der druckenden Automaten in ihrer Funktion meist umfassender ist als die verschiedenen Wiederholungsmöglichkeiten der nichtdruckenden Automaten, wird die volle Bedeutung dieser Einrichtung im folgenden auf die Druck-Wiederholung bezogen.
Rechenzeilen, die in folgenden Beispielen durch Druck-Wiederholung entstehen, werden mit *(DW)* gekennzeichnet.

Die automatische Druck-Wiederholung bietet folgende Vorteile:

1. Gleiche, direkt aufeinanderfolgende Zahlenwerte in einer Rechnung brauchen nur einmal eingetastet zu werden.

Aufgabe: $\frac{(762{,}35 - 7{,}13) \cdot 7{,}13 + 14{,}26}{14{,}26} = 378{,}61$

EINTASTEN		DRUCK
762,35	[+]	762,35 +
7,13	[-]	7,13 -
	[x]	7,13 x (DW)
14,26	[+]	14,26 +
	[:]	14,26 : (DW)
	[=]	378,61 =

2. Nach der Multiplikation der Klammer war in diesem Beispiel das Zwischenergebnis gefragt, versehentlich wurde die Resultat-Raste gedrückt. Die Weiterrechnung würde falsch, da die Resultat-Ausgabe den Akkumulator gelöscht hat. Durch die Druck-Wiederholung bringt die Taste [+], wie jede andere Funktionstaste, das Resultat wieder in den Akkumulator zur Weiterverarbeitung.
   Gleiches Beispiel:

EINTASTEN		DRUCK		
762,35	[+]	762,35	+	
7,13	[-]	7,13	-	
	[x]	7,13	x	(DW)
falsch:	[=]	5.384,7186	=	
Korrektur	[+]	5.384,7186	+	(DW)
14,26	[+]	14,26	+	
	[:]	14,26	:	(DW)
	[=]	378,61	=	

3. Die Druck-Wiederholung gestattet sehr einfaches Potenzieren, siehe Abschnitt 6.3.1.11.

4. Die Druck-Wiederholung erlaubt einfache Speichereingabe, siehe Abschnitt 6.3.3.3, und einfache Speicherüberträge, Abschnitt 6.3.3.6.

5. Falsch eingetastete und bereits gedruckte Zahlen oder richtige Zahlen mit falscher Funktion eingegeben, können durch die entsprechende Umkehrfunktion (+/–) oder (x/:) annulliert werden, so daß die laufende Rechnung nicht neu begonnen werden muß. Die falsche Zahl bracht zur Umkehrung nicht neu eingetastet zu werden, ihr Wert wird dem Druck-Wiederholungs-Register entnommen.
   Folgendes Beispiel gibt gleich 4 Falschrechnungen und ihre einfache Korrektur durch Druck-Wiederholung, um die ganze Flexibilität dieser Einrichtung zu zeigen.

Aufgabe: $\frac{(17 + 19 - 6) \cdot 8}{12} = 20$

EINTASTEN	DRUCK		
17 [+]	17 +		
18 [+]	18 +	Zahl falsch	
[-]	18 -	(DW) mit [-]	hebt falsche Addition auf
19 [+]	19 +		
6 [+]	6 +	Funktion falsch	
[-]	6 -	(DW) mit [-]	hebt falsche Addition auf
[-]	6 -	(DW) mit [-]	gibt richtige Funktion
7 [x]	7 x	Zahl falsch	
[:]	7 :	(DW) mit [:]	hebt falsche Multiplikation auf
8 [x]	8 x		
12 [x]	12 x	Funktion falsch	
[:]	12 :	(DW) mit [:]	hebt falsche Multiplikation auf
[:]	12 :	(DW) mit [:]	gibt richtige Funktion
[=]	20 =		

6. Die Druck-Wiederholung erlaubt das Weiterrechnen mit einem Divisionsrest, siehe Abschnitt 6.3.2.2.

Da die Druck-Wiederholung also – zum Unterschied zu den mechanischen Tischrechenmaschinen – nicht nur Resultate übernimmt, sondern jede gedruckte Zahl, gestattet eine geschickte und geübte Ausnutzung dieser Art der Druck-Wiederholung einen außerordentlich flexiblen Rechnungsablauf.

6.2.8. Rangordnung der Zahlen-Eingaben

Es gibt folgende Möglichkeiten der Zahlen-Eingabe in Rechenwerk oder Speicher:

1. Direkte Eingabe über die Zahlen-Tastatur.
2. Eingabe aus freien Speichern der Maschine als Speicher-Endsumme oder Speicher-Zwischensumme.
3. Benutzung des zuletzt ausgegebenen Wertes zur weiteren Verarbeitung als Eingabe aus Druck-/Resultat-Wiederholung.
4. Eingabe aus externen Datenträgern, siehe Abschnitt 14.3.

Für die interne Zahlen-Eingabe gilt meist folgende Rangordnung:

1. Eingabe aus Speicher.
2. Eingabe aus Zahlen-Tastatur.
3. Eingabe aus Druck-/Resultat-Wiederholung.

Eine betätigte Funktionstaste (+, –, x, :) bewirkt folgende Abfrage, um den Zahlenwert für ihren Operanden zu finden:

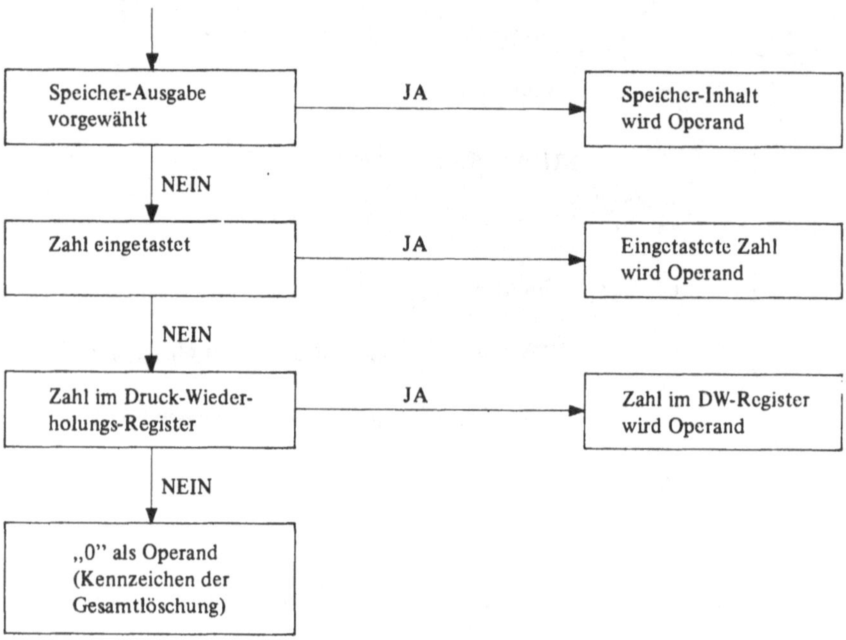

6.3. Eingabe der Operationsbefehle

Über die Operationstasten werden die Rechen- und Speicher-Operationen befohlen, die mit den eingetasteten Zahlen oder bereits errechneten Zwischenergebnissen auszuführen sind. Diese Operationstasten sind meist in zwei Blöcke gegliedert:

1. Funktionstasten für arithmetische Befehle und Sonderbefehle der Ausgabe,
2. Speichertasten für Speicher-Ein- und -Ausgabe.

Teil- und Gesamtlöschungen sind sinngemäß verteilt.

Bei den Operationsbefehlen ist vor allem bei druckenden Maschinen zu unterscheiden zwischen

Ausführungsbefehlen (Arbeitsgangauslösende Tasten) und
Voreinstellungsbefehlen (Rast- und Dauerrasttasten).

Ausführungsbefehle lösen sofort beim Betätigen die Operation aus, bei druckenden Maschinen verbunden mit dem Kurbelzug zum Druck, daher auch motorisierte Befehle genannt.
Ausführungsbefehle sind grundsätzlich die arithmetischen Operationen

Addition,
Subtraktion,
Multiplikation,
Division,
Potenzieren,
Radizieren

und die Ausgabe- und Sonderbefehle

Ergebnis/Resultat,
Zwischenergebnis/Zwischenresultat,
Nichtrechnen,
Shiften,
Zeilenschaltung.

Bei Voreinstellungsbefehlen rastet die entsprechende Taste ein und bestimmt vorbereitend einen Parameter der folgenden arbeitsgangauslösenden Operation.
Voreinstellungsbefehle sind:

Komma-Positionierung bei Festkomma,
Nichtdrucken,
Rundung.

Voreinstellungsbefehle können sein:

Speicher-Adresse,
Speicher-Summe,
Speicher-Zwischensumme,
Speicher-Sonderfunktionen,
Repetition der Speicher-Adresse,
Restausgabe,
Prozent,
Promille.

6.3.1. Arithmetische Befehle

6.3.1.1. Übersicht arithmetischer Befehle

BEFEHL	Kennzeichnung der Tasten	
	DIN	Andere
Addition	[+]	[=]
Subtraktion	[-]	[=]
Multiplikation	[×]	[=]
Division	[:]	[÷] [$\doteq$] [=]
Potenzieren	[x^2]	[□]
	[x^n]	[N^n]
Radizieren	[$\sqrt{\ }$]	[$\sqrt{x}$]
Prozent	[%]	
Promille	[‰]	
Absolutbetrag		[A]
Logarithmieren	[lg x] [ln x]	
Trigonometrische Funktionen	[sin]	
	[cos]	
	[tan]	
	[arcsin]	
	[arctan]	
e-Funktionen	[e^x]	

Reziprokwerte	[$\frac{1}{x}$]	[÷ =]	
	[$\frac{1}{\sqrt{x}}$]		
	[$\frac{1}{x^2}$]	[$^1/_\square$]	
Resultat/Ergebnis	[=]		
Endsumme	[*]		
Zwischenergebnis, -resultat Zwischensumme	[◇] [◇]	[∧] [▽]	[PRINT]
Speicherfunktion	[○]		
Rundung		[⌒] [$^5/_4$]	
Schweizer Rundung		[(5)]	
Divisionsrest		[r]	
Resultat gerundet		[$\overset{\frown}{=}$]	

6.3.1.2. Addition

Die betätigte Additions-Taste addiert im Addierwerk den Inhalt des Eingabe-Registers zum Inhalt des Akkumulators und bringt die Summe in den Akkumulator. Im folgenden wird dieser wirkliche Ablauf – seinem Ergebnis entsprechend – vereinfacht ausgedrückt: Der Inhalt des Eingabe-Registers wird zum Inhalt des Akkumulators addiert.

Um eine Rechnung neu zu beginnen, muß der Akkumulator zuvor gelöscht, also in Ausgangsstellung gebracht sein, d. h. sein Inhalt muß der dezimalen Null entsprechen. Das geschieht

1. automatisch bei der die vorhergehende Rechnung abschließenden Resultatausgabe, oder
2. durch Löschen des Rechenwerkes vor neuem Rechnungsbeginn mittels Löschtaste, oder
3. durch Eingabe des ersten Summanden mit der Spezialtaste „Ersteingabe", siehe Abschnitt 6.2.4, die automatisch vor Eingabe den Akkumulator löscht.

Der zweite und folgende Summanden einer Addition werden bei allen Maschinen einheitlich mit der Additions-Taste oder der ihr entsprechenden Taste eingegeben, d. h. in der oben beschriebenen Weise zum Inhalt des Akkumulators zuaddiert.

Im Akkumulator bildet sich die gesuchte Summe, das Ergebnis der Additionen. Die Ausgabe des Resultats geschieht wie folgt:

Nichtdruckende Automaten

1. Nach jedem Betätigen der Additions-Taste erscheint automatisch der Inhalt des Akkumulators, d. h. das jeweilige Zwischenergebnis, in der Anzeige, ohne den Akkumulator zu löschen. Alle Zwischenergebnisse werden angezeigt.

   Beispiel:

EINTASTEN			ANZEIGE
	[C]	Löschen	000000000000
[3]			000000000003
	[+]		000000000003
[5]			000000000005
	[+]		000000000008
[4]			000000000004
	[+]		000000000012

   Die Additions-Taste bewirkt hier also zugleich die Anzeige des Zwischenresultates. Einige Automaten haben deshalb keine spezielle Additionstaste. Bei diesen Automaten entspricht die Resultat-Taste der Additions-Taste. Das Resultatzeichen = bedeutet in diesem Fall rechentechnisch durchweg „Zwischenresultat". Es wird hier das Resultatzeichen benutzt, weil die Taste gleichzeitig für Multiplikationen und Divisionen das Endresultat gibt.

2. Der Inhalt des Akkumulators erscheint nur nach Betätigung einer Zwischenresultat-Taste [◇] ohne Löschung des Akkumulators oder Resultat-Taste [=] mit Löschung des Akkumulators.

   Beispiel:

EINTASTEN		ANZEIGE
	[C]	000000000000

[3]		000000000003
	[+]	000000000000
[5]		000000000005
	[+]	000000000000
	[=] oder [◇]	000000000008

Nichtdruckende Automaten haben meist nur eine von diesen Tasten, also entweder Resultat- oder Zwischenresultat-Taste.

Druckende Automaten

Die für nichtdruckende Automaten sinnvolle Einrichtung, daß beim Betätigen der Additions-Taste sofort die jeweilige Zwischensumme sichtbar wird, ist bei druckenden Automaten aus Gründen der Übersichtlichkeit, der Arbeitsgeschwindigkeit und einer eventuellen Formularbeschriftung nicht erwünscht.
Bei druckenden Automaten muß deshalb zum Druck des Ergebnisses die Resultat-Taste betätigt werden. Die Ausgabe über diese Resultat-Taste löscht jedoch immer den Resultatspeicher/Akkumulator.

Für einen eventuell erforderlichen Druck von Zwischenergebnissen dient dann die Zwischenresultat-Taste, die den Inhalt des Akkumulators unverändert läßt, so daß mit diesem Zwischenresultat im Akkumulator sofort weitergerechnet werden kann.

Beispiel:

EINTASTEN			DRUCK
[3]	[+]		3 +
[5]	[+]		5 +
[4]	[+]		4 +
	[◇]	Gewünschtes Zwischenergebnis	12
[2]	[+]		2 +
	[=]	Endergebnis	14 =

Bei druckenden Maschinen kann die Taste „Zwischenergebnis" fehlen, wenn eine Druck-Wiederholungs-Einrichtung vorhanden ist, siehe Abschnitt 6.2.7.

Ebenso kann die Ergebnis-Taste fehlen und nur mit Zwischenergebnissen gearbeitet werden. Dann müssen aber vor jeder neuen Rechnung die entsprechenden Register des Rechenwerkes gelöscht werden, falls keine Taste für Ersteingabe vorhanden ist.

6.3.1.3. Subtraktion

Die Betätigung der Subtraktions-Taste subtrahiert den Operanden vom Inhalt des Akkumulators. Im übrigen gilt der gleiche Ablauf mit den gleichen Möglichkeiten der Resultatausgabe wie für die Addition. Auch hier bewirkt bei nichtdruckenden Automaten die Subtraktions-Taste meist gleichzeitig die Anzeige des Zwischenresultates. In diesem Fall ist die Taste mit rotem Resultatzeichen gleichzeitig Subtraktions-Taste.

Wenn eine Minus-Taste zur Zahlen-Eingabe vorhanden ist, siehe Abschnitt 6.2.4, so wird die eingetastete Zahl sofort durch Druck auf diese Taste negativ ins Eingabe-Register gegeben; es folgt dann die arithmetische Operation über die Additions-Taste, wie beschrieben. Die Subtraktion wird zur Addition einer negativen Zahl.

Einige Automaten arbeiten ausschließlich mit der Minus-Taste für die Zahlen-Eingabe. Die meisten vereinfachen jedoch mit dieser Taste vor allem die negative Multiplikation und Division und haben außerdem noch eine Subtraktions-Taste als arithmetische Funktion, wenn mehrgliedrige Ausdrücke und Zwischenergebnisse von anderen zu subtrahieren oder Komplementärwerte umzuwandeln sind. Ergebnisse unter Null werden nämlich bei einer Anzahl nichtdruckender Maschinen durch die dekadische Ergänzung angezeigt. Sie ist an den Ziffern 9 in den linken/hohen Wertstellen und am Aufleuchten einer Kontrollampe erkennbar.

Beispiel:

LEUCHTZEICHEN	ANZEIGE
⊗	9999999999998972,31

Durch Betätigen mehrerer Tasten, gemäß der jeweiligen Bedienungsanleitung, wird das Ergebnis in die normale Form umgewandelt, d. h. die negative Zahl wird durch ihren negativ zu nehmenden Absolutbetrag dargestellt. Meist wird dabei die Subtraktions-Taste benötigt.

Ergebnis – 1027,69

Druckende Automaten zeigen negative Ergebnisse grundsätzlich richtig mit ihrem Absolutbetrag und Minuszeichen im Symboldruck, einige auch besonders auffallend durch zusätzlichen Rotdruck von Zahl und Symbolen. Druckende Automaten müssen diesen Aufwand zur automatischen Umwandlung treiben, da der Druck einer Komplementärzahl mit nachträglicher Umwandlung nicht tragbar ist.

Die folgende Übersicht, Fig. 6/9, zeigt die zu betätigenden Funktionstasten bei den verschiedenen Automaten zur Lösung der Aufgabe

$$a + b - c = d.$$

Zur Berechnung dieser algebraischen Summe kommen die meisten nichtdruckenden Automaten mit 3, druckende Automaten mit 4 Tasten-Betätigungen aus.

	a	+	b	-	c		=	d NDr	d Dr
	a	[+]	b	[+]	c	[-]	[=] oder [◇]		d ∗ d ◇
	a	[+] oder [↓]	b	[+]	c	[-] [A]	[∗] oder [◇]		d ∗ d ◇
[▲]	a	[+]	b	[+]	c	[-]	[∗] oder [◇]		d ∗ d ◇
	a	[+]	b	[+]	c	[-]	[=]		d ∗
	a	[ENT]	b	[+]	c	[-]	[PRINT]		d ◇
	a	[FN]	b	[+]	c	[-]	[PRINT]		d ◇
	a	[+/=]	b	[+/=]	c	[−/=]		d ◇	
	a	[ENTER]	b	[+]	c	[-]		d ◇	
	a	[+]	b	[-]	c		[=]	d ∗	

a [+] b [+] c [−] [=]	d *	
a [+/=] b [+/=] c [−] [+/=] [+/=]	d *	
a [+] b [+] c [−] [◇]	d ◇	

NDr = Nichtdruckend
Dr = Druckend
* und ◇ kennzeichnen die Ausgabeart Endsumme oder Zwischensumme
[▲] = Akkumulator-Vorwahl

Fig. 6/9. Übersicht über die erforderlichen Tastenbetätigungen für Addition und Subtraktion

6.3.1.4. Multiplikation

Die Eingabe des ersten Faktors für eine Multiplikation ist normalerweise eine additive Eingabe in den zuvor gelöschten Akkumulator, die praktisch unter gleichen Bedingungen wie die Eingabe des ersten Summanden in Addition oder Subtraktion erfolgt. Es finden sich deshalb dafür dieselben Tasten für die Ersteingabe.

Eine andere Taste wird benötigt, wenn Multiplikation und Division nicht im Akkumulator erfolgen, sondern in getrennten Faktoren- und Produkten-Registern. Die Funktion des einfachen Übertrags für den 1. Faktor bleibt jedoch die Gleiche. In diesen Fällen *muß* für den 1. Faktor stets die *Multiplikations-Taste* benutzt werden.

Können beide Faktoren mit der Multiplikations-Taste eingegeben werden, dann ergibt sich für diese Taste die interne Befehlsfolge:

Prüfe, ob schon ein 1. Faktor eingegeben wurde, d. h. ob der Inhalt des Registers „1. Faktor" ≠ 0.

Wenn ⟨Register 1. Faktor⟩ = 0, also noch kein 1. Faktor eingegeben, dann Inhalt des Eingabe-Registers in das Register „1. Faktor" übertragen.

Wenn ⟨Register 1. Faktor⟩ ≠ 0, also schon ein 1. Faktor eingegeben, dann Inhalt des Registers „1. Faktor" mit dem Wert im Eingabe-Register multiplizieren.

In allen Fällen, in denen der 1. Faktor nicht mit der Multiplikations-Taste eingegeben wurde, muß der 2. Faktor mit dieser eingegeben werden, um dem Rechner mindestens einmal den Befehl zur Multiplikation zu erteilen.

Bei allen nichtdruckenden und einigen druckenden Automaten wird nach Eingabe des 2. Faktors sofort das Ergebnis der Multiplikation ausgeworfen, und zwar entweder als Zwischenresultat oder als Endresultat. Dazu wird statt der Multiplikations-Taste auch direkt die Resultat-Taste benutzt, wenn der 1. Faktor mit der Multiplikations-Taste eingegeben war. Diese Resultat-Taste ist meist gleichzeitig die Resultat-Taste für Addition und Subtraktion.

Bei druckenden Automaten finden sich 2 verschiedene Wege der Multiplikation:
1. Automatische Resultatausgabe nach Eingabe des 2. Faktors wie bei den anzeigenden Maschinen,
2. gesonderte Betätigung der Resultat-Taste.

Fall 1. benötigt eine Tasten-Betätigung weniger. Fall 2. hat den Vorteil gleichartiger Eingabetastung für alle Faktoren; es kann je nach Bedarf Resultat oder Zwischenresultat gewählt werden und in der jeweiligen Druckzeile erscheint jeder Wert mit dem Symbol seiner Verarbeitung. Dieser Gesichtspunkt ist von besonderer Bedeutung, wenn die Maschine mit Zusatzaggregaten zur Datenverarbeitung eingesetzt werden soll.

Ein Modell der auf dem Markt befindlichen Maschinen läßt sich auf automatische Ausgabe von Zwischensummen oder Endsummen für Produkte und Quotienten schalten. Da der 1. Faktor dabei grundsätzlich mit der Additions- oder Subtraktionstaste eingegeben wird, bewirken dann die Tasten „Multiplikation" bzw. „Division" gleichzeitig die automatische Resultatausgabe. Beispiele dazu in Abschnitt 6.2.3.2, Festkomma, und 6.3.1.15, Prozentrechnung.

Die Übersicht Fig. 6/10 zeigt die zu betätigenden Funktionstasten bei den verschiedenen Automaten zur Lösung der Aufgabe

$$a \cdot b = c.$$

	a	×	b		=	c NDr	c Dr
	a	[×]	b		[=]		c *
	a	[↓]	b	[×]			c ◇
	a	[FN]	b	[x=]			c ◇
[▲]	a	[+]	b	[×]			c *
					oder		c ◇
	a	[×]	b	[×]	[=]		c *
		oder			oder		
		[+]			[◇]		c ◇

a [ENT] b [×] [PRINT]		c ◇
a [×] b [=]	c ∗	
a [ENTER] b [×]	c ◇	

NDr = Nichtdruckend
Dr = Druckend

∗ und ◇ kennzeichnen die Ausgabeart Endsumme oder Zwischensumme

[▲] = Akkumulator-Vorwahl

Fig. 6/10. Übersicht über die erforderlichen Tastenbetätigungen für Multiplikation

Multiplikation mit mehr als 2 Faktoren

Die druckenden Maschinen, die die Resultatausgabe extra betätigen müssen, können Kettenmultiplikationen mit beliebig vielen Faktoren ausführen und wählen erst nach der letzten Multiplikation die Resultatausgabe.

EINTASTEN		DRUCK
a	[×]	a ×
b	[×]	b ×
c	[×]	c ×
d	[×]	d ×
	[=]	(abcd) =

Ist ein Zwischenresultat nötig, kann es jederzeit abgerufen werden, ohne den Gesamtablauf zu stören oder zu verändern:

EINTASTEN		DRUCK
a	[×]	a ×
b	[×]	b ×

	[◇]		(ab) ◇
c	[x]		c x
d	[x]		d x
	[=]		(abcd) =

Ebenso verfahren einige Maschinen, die den 2. Faktor mit der Resultat-Taste eingeben. Sie benutzen diese Multiplikation/Resultat-Taste erst für die Eingabe des letzten Faktors.

EINTASTEN		ANZEIGE	DRUCK
a	[x]	a	a x
b	[x]	b	b x
c	[x]	c	c x
d	[=]	(abcd)	d =
			(abcd) *

Benötigen diese Maschinen Zwischenresultate, so müssen sie über Resultat-Taste ausgegeben und über Druck-/Resultat-Wiederholung zurückgeholt werden:

EINTASTEN		DRUCK
a	[x]	a x
b	[x]	b x
c	[=]	c =
		(abc) *
	[x]	(abc) x (DW)
d	[=]	d =
		(abcd) *

Die meisten Maschinen sind jedoch so organisiert, daß sie mit dem 2. Faktor *zwangsweise* das Resultat ausgeben müssen. Ist es Zwischenresultat, dann kann direkt weitermultipliziert werden:

EINTASTEN		ANZEIGE
a	ENTER	a
b	×	ab
c	×	abc
d	×	abcd

Ist es aber Endresultat, so muß es durch zusätzlichen Tastendruck erst wieder über Druck-/Resultat-Wiederholung in das richtige Multiplikations-Register zurückgeführt werden. (RW = Resultatwiederholung)

Beispiel:

EINTASTEN		ANZEIGE
a	×	a
b	=	ab
	×	ab (RW)
c	=	abc
	×	abc (RW)
d	=	abcd

Diese Durchführung der Kettenmultiplikation ist nicht nur umständlich, sondern bereitet auch Schwierigkeiten, wenn ein Speicher zur Akkumulation aller Resultate auf „Grandtotal" geschaltet wird. „Grandtotal" muß während der Rechnung mehrfach ein- und ausgeschaltet werden, da die Zwischenresultate nicht übernommen werden dürfen.

Die folgende Übersicht, Fig. 6/11, zeigt die zu betätigenden Funktionstasten bei den verschiedenen Automaten zur Lösung der Aufgabe

$$a \cdot b \cdot c = d.$$

	a	×	b	×	c		=	d (NDr)	d (Dr)
	a	[×]	b	[×]	c		[=]		d *
	a	[↓]	b	[×]	c	[×]			d ◇
	a	[FN]	b	[×=]	c	[×=]			d ◇
	a	[×] oder [+]	b	[×]	c	[×]	[=] oder [◇]		d * d ◇
[▲]	a	[+]	b	[×]	c	[×]	[=] oder [◇]		d * d ◇
	a	[ENT]	b	[×]	c	[×]	[PRINT]		d ◇
	a	[×]	b	[×]	c		[=]	d *	
	a	[×]	b	[=] [×]	c		[=]	d *	
	a	[ENTER]	b	[×]	c	[×]		d ◇	
	a	[⊕]	b	[×] [⊕]	c	[×]		d ◇	

NDr = Nichtdruckend
Dr = Druckend

* und ◇ kennzeichnen die Ausgabeart Endsumme oder Zwischensumme

[▲] = Akkumulator-Vorwahl

Fig. 6/11. Übersicht über die erforderlichen Tastenbetätigungen für Mehrfach-Multiplikationen

	a	:	b	:	c		=	d	
								NDr	Dr
	a	[:]	b	[:]	c		[=]		d *
	a	[↓]	b	[:]	c	[:]			d ◇
	a	[FN]	b	[:=]	c	[:=]			d ◇
	a	[:]	b	[:]	c	[:]	[=]		d *
		oder					oder		
		[+]					[◇]		d ◇
[▲]	a	[+]	b	[:]	c	[:]	[=]		d *
							oder		
							[◇]		d ◇
	a	[ENT]	b	[:]	c	[:]	[PRINT]		d ◇
	a	[:]	b	[:]	c		[=]	d *	
	a	[:]	b	[=] [:]	c		[=]	d *	
	a	[ENTER]	b	[:]	c	[:]		d ◇	
	a	[⊕]	b	[↕] [:] [⊕]	c	[↕] [:]		d ◇	

NDr = Nichtdruckend
Dr = Druckend

* und ◇ kennzeichnen die Ausgabeart Endsumme oder Zwischensumme

[▲] = Akkumulator-Vorwahl

Fig. 6/12. Übersicht über die erforderlichen Tastenbetätigungen für Mehrfach-Divisionen

6.3.1.5. Division

Die Durchführung von Divisionen entspricht völlig der Multiplikation. Die folgende Übersicht, Fig. 6/12, zeigt dies sofort für die Mehrfach-Division

$$\frac{a}{b \cdot c} = d.$$

Die Spalte für b weggedacht, zeigt den Ablauf der einfachen Division

$$\frac{a}{c} = d.$$

6.3.1.6. Reziprokwerte

Unter den angebotenen Tischrechenautomaten gibt es einige mit zusätzlichen Möglichkeiten. So bildet eine Maschine, die Divisionen mit der Taste „Ersteingabe" für den Dividenden beginnt und mit der Divisions-Taste nach Eingabe des Divisors ausführt, direkt Reziprokwerte von eingegebenen Zahlen oder laufender Rechnung, wenn diese Divisions-Taste betätigt wird, ohne zuvor die Taste „Ersteingabe" zu benutzen. Die Maschine ergänzt in diesem Fall den fehlenden Dividenden grundsätzlich durch den Wert „1".

1. Beispiel: $\frac{1}{a} = b$

EINTASTEN		ANZEIGE
a		a
	[÷ =]	b

2. Beispiel: $\frac{1}{a + b} = c$

EINTASTEN		ANZEIGE
a	[+]	a
b	[+]	a + b
	[÷ =]	c

Ebenso bildet ein anderer Automat direkte Reziprokwerte von Quadraten und Quadratwurzeln mit den Tasten

[$1/\square$] und [$1/\sqrt{\ }$]

1. Beispiel: $\frac{1}{a^2} = b$

EINTASTEN		ANZEIGE
a		a
	[1/□]	b

2. Beispiel: $\frac{1}{\sqrt{a}} = b$

EINTASTEN		ANZEIGE
a		a
	[1/√]	b

Dazu Anhang, Übersicht 3.

6.3.1.7. Division von Produkten

Die Division von Produkten, z. B.

$$\frac{a \cdot b}{c \cdot d} = e$$

ergibt sich aus der Kombination der Übersichten für $a \cdot b \cdot c$ und $\frac{a}{b \cdot c}$, Fig. 6/11 und Fig. 6/12.
Die Maschinen, die mit dem 2. Faktor zwangsweise das Resultat ausgeben müssen, rufen das Resultat (ab) mit der Taste „Division" zurück und rechnen entsprechend mit c und d als Divisoren weiter.
Es ergibt sich die Tastenfolge:

a [×] b [=] [:] c [=] [:] d [=] Anzeige: e

Die anderen Maschinen, die mit mehreren Faktoren ohne zwangsweise Resultat-Ausgabe nach jedem 2. Faktor arbeiten können, lösen die Aufgabe entweder mit der Befehlsfolge:

a [×] b [:] c [:] d [=] Anzeige/Druck: e

oder mit:

a [×] b [×] c [:] d [:] [=] Druck: e =

oder

[◇] Druck: e ◇

6.3.1.8. Negative Multiplikation und Division

Negative Multiplikation und Division bereiten den elektronischen Tischrechenautomaten einige Schwierigkeiten, wenn man die Tastenzahl begrenzt halten will. Die Beherrschung dieses Problems tritt bei der algebraischen Summe von Produkten und Quotienten für alle Maschinenarten zwingend auf, ist aber – zumindest für druckende Automaten – schon bei der einfachen Multiplikation und Division

$$(-a) \cdot b \qquad \frac{-a}{b}$$

$$a \cdot (-b) \qquad \frac{a}{-b}$$

gegeben, da im Kontrollstreifen auch hier schon das richtige Vorzeichen für jeden Posten gedruckt werden soll, während beim handschriftlichen Übertrag der Anzeige nichtdruckender Maschinen in diesen Fällen das Vorzeichen ergänzt werden kann.

Die Schwierigkeit ist auch beim druckenden Automaten am leichtesten einzusehen. Die Tasten „Subtraktion", „Multiplikation" und „Division" haben ebenso wie „Addition" jede für sich rechnung- und druckauslösende Funktion und führen daher nur auf Umwegen zum negativen Produkt bzw. Quotienten. Die Schwierigkeit wird erhöht, wenn Summanden und Faktoren intern in verschiedene Register eingegeben werden.

Folgende Lösungen sind vorhanden:

1. Die algebraisch einfachste Lösung ist die zusätzliche Minus-Taste zur Zahlen-Eingabe, die nur Voreinstellung bedeutet und deren Wirkungsweise beschrieben wurde.

2. Es ist eine Taste „Negative Multiplikation" extra vorhanden. Tasten für negative Division sind hierbei nicht üblich. Der Quotient kann über negative Multiplikation mit „1" gewandelt werden.

3. Gemeinsame und gleichzeitige Betägigung der Taste „Subtraktion" mit den Tasten „Multiplikation" bzw. „Division" ist technisch (elektronisch) und räumlich (Bedienungsfeld) möglich. Die gemeinsame Betätigung der Tasten ist in diesem Fall keine Kann-Vorschrift, sondern eine Muß-Vorschrift.

4. Wie in Abschnitt 6.3.1.4 „Multiplikation" beschrieben, gestattet eine Anzahl Automaten, den 1. Faktor/Dividend, der sowieso immer additiv in die Register eingeht, mit der Additions-Taste einzugeben. Er kann in diesen Fällen ebenso mit der Subtraktions-Taste eingegeben werden und löst damit das Problem, wenn der 1. Faktor/Dividend negativ oder die Rechnung so überschaubar ist, daß das Minuszeichen sofort in den 1. Faktor/Dividend übernommen werden kann.

5. Bei einigen Maschinen können grundsätzlich nur positive Produkte/Quotienten gebildet werden. Die Vorzeichenumkehr erfolgt durch Druck-/Resultat-Wiederholung mit der Subtraktions-Taste, die das Produkt bzw. den Quotienten negativ wiederholt, oder über Hilfspeicher (S), in die nach Wahl positiv und negativ eingegeben werden kann.

   Beispiel: $(-a) \cdot b$ oder $a \cdot (-b)$

EINTASTEN			DRUCK	
a	[×]		a	×
b	[=]		b	=
			(ab)	*
1. Weg:	[-]	Negative Druck-Wiederholung	(ab)	-
2. Weg:	[S̲]	Druck-Wiederholung mit negativer Eingabe in den Hilfsspeicher S	(ab)	(S̲)

   Prinzipiell gleiche Lösung (2. Weg), aber mit Eintastvereinfachung ergibt sich, wenn die Taste [S̲] nicht nur den negativen Übertrag in den Hilfsspeicher S bewirkt, sondern auch die Multiplikation mit dem 2. Faktor, d. h. die Resultat-Taste ersetzt.

6. Die Subtraktions-Taste wirkt praktisch wie die Minustaste in der Zahleneingabe.

   Beispiel: $(-a) \cdot (-b) = c$

EINTASTEN		DRUCK		
a	[-]	a	-	
	[×]		×	(- a) wird 1. Faktor
b	[-]	b	-	
	[=]		=	(- b) wird 2. Faktor
		c	*	Ergebnis

6.3.1.9. Multiplikation und Division von algebraischen Summen

1. Aufgabe: $(a + b) \cdot c$ oder $\frac{(a + b)}{c}$

Die Summe wird normal nach den Arbeitsabläufen für Addition und Subtraktion gebildet.

1. Sie kann ohne Resultatanruf direkt als 1. Faktor betrachtet werden, wenn die betreffende Maschine den 2. Faktor normalerweise mit den Tasten „Multiplikation" oder „Division" einzugeben erlaubt:

   a [+]

   b [+]

   c [x] oder [:]

   [=]

2. Wenn der 2. Faktor mit [=] eingegeben werden muß, der 1. Faktor also die Kennzeichnung [x] oder [:] benötigt, wird die Klammer wie folgt behandelt:

   a [+]

   b [+]

   [x] oder [:]

   c [=]

   Fall 1. und 2. ergeben sich aus den bereits besprochenen Arbeitsabläufen der Multiplikation/Division.

3. Neu kommt hier hinzu, daß bei einigen Maschinen die Resultatausgabe für die Summe zwingend ist, um die Summe als 1. Faktor über Druck-/Resultat-Wiederholung weiterverarbeiten zu können. Das ist dann der Fall, wenn Addition/Subtraktion und Multiplikation/Division nicht mit dem gleichen Akkumulator arbeiten:

EINTASTEN			DRUCK	
a	[+]		a	+
b	[+]		b	+
	[*]		(a + b)	*
	[x]	Druck-Wiederholung	(a + b)	x
c	[=]		c	=
			(a + b) · c	*

2. Aufgabe: (a + b) · (c + d) oder $\frac{(a+b)}{(c+d)}$

Schwieriger ist meist die Bildung der 2. Summe (c + d) innerhalb der Multiplikation/Division.

1. Direkte Lösung in der Hauptrechnung:

a	[+]	
b	[+]	
	[×] oder [:]	1. Summe wird 1. Faktor/Dividend
c	[+]	2. Summe wird automatisch gebildet
d	[+]	
	[=]	Ohne Werteintastung wird 2. Summe zum 2. Faktor/Divisor.

2. Die 2. Summe wird als Nebenrechnung im registermäßig getrennten Additions-/Subtraktionswerk gebildet und über Druck-/Resultat-Wiederholung als 2. Faktor in die Hauptrechnung übernommen. Dem getrennten Additions-/Subtraktionswerk ist ein „rechnender" Speicher gleichwertig.

EINTASTEN			DRUCK		
a	[+]		a	+	Hauptrechnung
b	[+]		b	+	Hauptrechnung
c	[⊕]	Addition in einem Speicher	c	⊕	Nebenrechnung
d	[⊕]		d	⊕	Nebenrechnung
	[⊛]		(c + d)	⊛	Nebenrechnung
	[×]	(oder [:]) Druck-Wiederholung	(c + d)	×	Hauptrechnung
	[=]		(a + b) · (c + d)	=	Hauptrechnung

3. Die 1. Summe wird im Akkumulator gebildet und in einen Speicher 1 gegeben. Die 2. Summe wird im Akkumulator gebildet und in einen Speicher 2

gegeben. Reine Konstantenspeicher reichen dafür aus. Es folgt die einfache Multiplikation/Division nach den jeweiligen Regeln:

Inhalt Speicher 1

[×] oder [:]

Inhalt Speicher 2

6.3.1.10. Algebraische Summe von Produkten und Quotienten

Aufgabe: $(a \cdot b) \pm (c \cdot d)$ oder $\frac{a}{b} \pm \frac{c}{d}$ oder gemischt.

Hier muß bei allen Automaten ein Summenspeicher, auch Grandtotal genannt, zur Akkumulation verwendet werden.

Die Produkte/Quotienten werden normal nach Art der jeweiligen Maschine gebildet und additiv/subtraktiv in diesen Summenspeicher gegeben.
Die Endsumme aus diesem Speicher ist das Ergebnis:

ARBEITSREGISTER		SUMMENSPEICHER
$a \cdot b = (ab)$	$\pm$ →	(ab)
$c \cdot d = (cd)$	$\pm$ →	(cd)
		$(ab) \pm (cd)$ *

Beispiel: $(a \cdot b) + (c \cdot d) = e$

EINTASTEN		DRUCK
a [×]		a ×
b [=]		b =
		(ab) *
[⊕]	Additive Speichereingabe über Druck-Wiederholung	(ab) ⊕
c [×]		c ×
d [=]		d =
		(cd) *

[⊕]	Wie oben	(cd)	⊕
[⊛]	Speicher-Endsumme	e	⊛

Es findet sich nun die Verbindung der beiden Schritte

[=]	Produktbildung und Ausgabe
[⊕]	Additive Speichereingabe

auf verschiedene Weise:

1. Die Tasten „Additive Eingabe in Speicher I und II" führen nach vorausgegangener Betätigung der Tasten „Multiplikation" oder „Division" erst die Multiplikation/Division aus und geben dann das Resultat additiv in den gewählten Speicher I oder II.
   In folgendem Beispiel ist die Doppelfunktion dieser Speichertasten gut erkennbar.

Aufgabe:

$$\begin{array}{rrl} 15 \cdot & 32 & = 480 \\ 8 \cdot & (-15) & = -120 \\ \underline{(-6)} \cdot & 25 & = \underline{-150} \\ 17 & & 210 : 17 = \underline{\underline{12{,}3529}} \end{array}$$

Komma-Position 4

EINTASTEN			DRUCK		
15	[I]		15,0000	I	Additive Eingabe in Sp. I
		[×]	15,0000	×	Druck-Wiederholung (DW)
32	[II]		32,0000	=	Multiplikation und additive
			480,0000	II	Eingabe in Sp. II
8	[I]		8,0000	I	Additive Eingabe in Sp. I
		[×]	8,0000	×	DW
15		[-]	15,0000	-	Negative Eingabe in Rechenwerk
	[II]			=	Multiplikation und subtraktive
			120,0000 -	II	Eingabe in Sp. II
6		[-]	6,0000	-	Negative Eingabe in Rechenwerk
	[I]		6,0000 -	I	Eingabe in Sp. I
		[×]		×	Inhalt Rechenwerk wird 1. Faktor

25	[II]	25,0000	=	Multiplikation und subtraktive
		150,0000	- II	Eingabe in Sp. II
	[II ◊ *]	210,0000	II *	Endsumme aus Sp. II
	[:]		:	geteilt durch
	[I ◊ *]	17,0000	I *	Endsumme aus Sp. I
	=		=	
		12,3529	*	Ergebnis

2. Ähnlich, jedoch nach dem Stapelprinzip, arbeitet eine Maschine, die den ersten Operanden einer Rechnung mit der Taste „Ersteingabe" (FN = First Number) eingibt. Die Tasten [x +] bzw. [x −] multiplizieren auch hier 2 Faktoren und bringen das Produkt additiv bzw. subtraktiv in den Speicher.

Beispiel: (a · b) + (c · d) = e

EINTASTEN		DRUCK		
a	[FN]	a	F	a nach Register 1
b	[x =]	b	x	a nach Register 2 b nach Register 1
		(ab)	=	(ab) nach Register 1
c	[FN]	c	F	(ab) nach Register 2 c nach Register 1
d	[x +]	d	x	(ab) nach Register 3 c nach Register 2 d nach Register 1
		(cd)	=	(ab) nach Register 2 (cd) nach Register 1
			+	(ab) + (cd) in Register 1
	[PRINT]	e	=	Druck des Ergebnisses

Fig. 6/13 zeigt den Ablauf der Rechnung im Stapel

3. Automatische Akkumulation von Resultaten. Ein bestimmter Speicher kann durch Dauerrast-Taste, Schalter oder sonstige Einstellglieder auf automatische vorzeichengerechte Akkumulation aller mit der Resultat-Taste ausgegebenen Werte geschaltet werden. Dieser Speicher wird damit zum Grandtotal-Speicher. Für die Akkumulation von Produkten und Quotienten ist keine besondere Tastenbetätigung nötig.

Beispiel: $(a \cdot b) - (c \cdot d) = e$

EINTASTEN		DRUCK		
	⊜			Dauerrasttaste: Akkumulation aller Resultate
a	×	a	x	
b	×	b	x	
	=	(ab)	= ○	automatische Speicherung
c	–	c	–	
d	×	d	x	
	=	(– cd)	= ○	automatische Speicherung
	⊛	e	⊛	Speicher-Endsumme

Dazu auch Anhang, Übersicht 4.

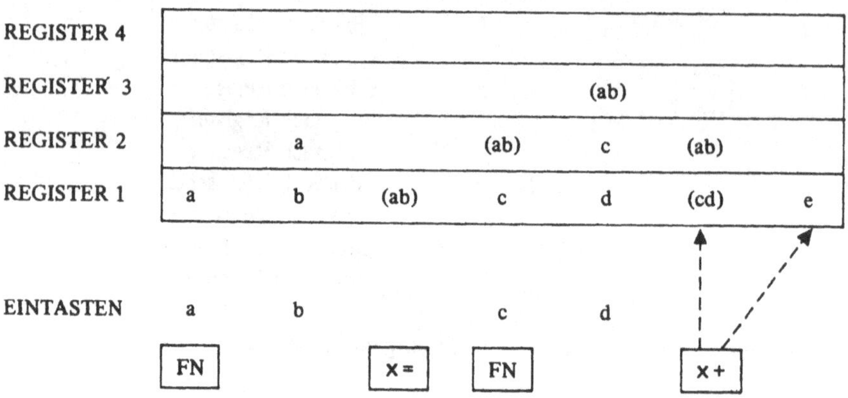

FN = First Number, Ersteingabe

Fig. 6/13. Akkumulation von Produkten bei Stapelrechnung

6.3.1.11. Potenzieren

Aus den verschiedenen Arten der fortgesetzten Multiplikation, Abschnitt 6.3.1.4, ergibt sich entsprechend die Potenzierung als Vielfachmultiplikation mit gleichen Faktoren, nämlich der Basis der Potenz, wobei durchweg die Basis nur einmal eingetastet und über Druck-/Resultat-Wiederholung mit sich selbst multipliziert wird.

Aufgabe: $a^n = b$

1. Wird der 2. Faktor mit [=] eingegeben, so folgt:

EINTASTEN		DRUCK		
a	[×] 1	a	×	
	[×] 2	a	×	(DW)
	[×] 3	a	×	(DW)
	⋮	⋮		
	[×] n-1	a	×	(DW)
	[=]	a	=	(DW)
		a^n	*	

Also: (n - 1) mal Taste [×]

1 mal Taste [=] ergibt a^n.

2. Wird der 2. Faktor mit [×] eingegeben, folgt:

EINTASTEN		DRUCK		
a	[×] 1	a	×	
	[×] 2	a	×	(DW)
	[×] 3	a	×	(DW)
	⋮	⋮		
	[×] n	a	×	(DW)
	[=] oder [◇]	a^n	=	oder ◇

Also: n mal Taste [×]

1 mal Taste [=] oder [◇] ergibt a^n.

Hier kann eine spezielle Potenzierungs-Taste keinen Bedienungsvorteil mehr bringen.
Eine nichtdruckende Maschine, die Resultat nach dem 2. Faktor ausgibt und mit Resultatwiederholung arbeitet, löst die Potenzierung wie folgt:

EINTASTEN		ANZEIGE
a	[×]	a
1	$[=]_1$	a
	$[=]_2$	a^2
	$[=]_3$	a^3
	⋮	⋮
	$[=]_n$	a^n

Dieser Ablauf wird im folgenden einzeln beschrieben, da er von einer Einrichtung Gebrauch macht, die bei allen nichtdruckenden Maschinen vorhanden ist, der sogenannten *automatischen Konstanten.*

Bei der Multiplikation bleibt mindestens ein Faktor, meist der 1. Faktor, in einem Register unverändert erhalten und nichtdruckende Automaten benutzen ihn als „automatische Konstante" für die Weiterrechnung.

Beispiel: Multiplikation mit konstantem Faktor

$k \cdot a =$
$k \cdot b =$
$k \cdot c =$

EINTASTEN		ANZEIGE
k	[×]	k
a	[=]	(ka)
b	[=]	(kb)
c	[=]	(kc)

Solange kein neuer Wert mit der Taste „Multiplikation" eingegeben wird, bleibt k als 1. Faktor unverändert erhalten; es müssen nur die Werte der jeweils 2. Faktoren eingegeben werden und die Resultat-Taste gibt sofort die Produkte. Daraus erklärt sich der obige Ablauf der Potenzierung:

EINTASTEN		ANZEIGE	
a	[×]	a	*a ist für jede Stufe der Potenzierung 1. Faktor* als „automatische Konstante". Der Rest der Rechnung ist automatische Resultat-Wiederholung.
1	[=]	a	Normale Multiplikation $(a \cdot 1)$
	[=]	a^2	Funktionstaste ohne Zahleneingabe benutzt das letzte Resultat als 2. Faktor, also $(a \cdot a)$
	[=]	a^3	1. Faktor: a 2. Faktor: a^2
	[=]	a^4	1. Faktor: a 2. Faktor: a^3
	usw.		

Die Multiplikation in der 2. Zeile mit „1" macht aus dem Faktor a in der Anzeige das Resultat a, da diese Maschine nur Resultate wiederholt.

Die Druck-Wiederholung bringt weitere Bedienungsvereinfachungen beim Potenzieren mit größeren Exponenten.
Der Exponent wird zerlegt nach der Formel

$$a^n = a^{r \cdot s} = (a^r)^s$$

Beispiel: $2{,}13^{15} = 2{,}13^{5 \cdot 3} = (2{,}13^5)^3$ Festkomma 6

EINTASTEN		DRUCK			INHALT AKKUMULATOR
2,13	[×]	2,13	×		a^1
	[×]	2,13	×	(DW)	a^2
	[×]	2,13	×	(DW)	a^3
	[×]	2,13	×	(DW)	a^4
	[×]	2,13	×	(DW)	a^5
	[◇]	43,842774	◇		$(a^5)^1$
	[×]	43,842774	×	(DW)	$(a^5)^2$

	[×]	43,842774	× (DW)	$(a^5)^3$
	[=]	84.274,090547	=	a^{15}

Durch geschickte Ausnutzung der Druck-Wiederholung wird ein siebenmaliges Betätigen der Taste „Multiplikation" eingespart, das Betätigen der Zwischenergebnis-Taste eingerechnet.

Besonders vorteilhaft wird die Zerlegung, wenn sie so erfolgen kann, daß r oder s Potenzen von 2 sind, wie folgendes Beispiel zeigt:

$$1{,}17^{24} = 1{,}17^{8\cdot 3} = (1{,}17^8)^3 = (((1{,}17^2)^2)^2)^3$$

EINTASTEN		DRUCK		INHALT AKKUMULATOR
1,17	[×]	1,17	×	a^1
	[×]	1,17	× (DW)	a^2
	[◇]	1,368900	◇	a^2
	[×]	1,368900	× (DW)	a^4
	[◇]	1,873887	◇	a^4
	[×]	1,873887	× (DW)	a^8
	[◇]	3,511452	◇	a^8
	[×]	3,511452	× (DW)	a^{16}
	[×]	3,511452	× (DW)	a^{24}
	[=]	43,297239	=	a^{24}

Hier wird ein fünfzehnmaliges Betätigen der Taste „Multiplikation" eingespart.

Speziell für statistische Rechnungen haben einige Maschinen eine Taste [x^2], die durch *einen* Tastendruck von der eingetasteten Zahl sofort das Quadrat ausgibt. Siehe Anhang, Übersicht 3.

EINTASTEN		ANZEIGE
a	[x^2]	a^2

Potenzen mit gebrochenem Exponenten, siehe Abschnitt 6.3.1.13.

6.3.1.12. Radizieren

Für das Radizieren ist bei einer großen Anzahl druckender und nichtdruckender Automaten eine Quadratwurzel-Taste vorhanden.

1. Der Radikand wird eingetastet und erscheint bei nichtdruckenden Automaten in der Anzeige. Es wird die Wurzel-Taste gedrückt, die Anzeige gibt das Ergebnis. Bei druckenden Maschinen wird, ausgelöst durch die Wurzel-Taste, der Radikand gedruckt und darunter sofort die Wurzel.

   Beispiel: $\sqrt{a} = b$

EINTASTEN		ANZEIGE	DRUCK
a		a	
	[√]	b	a √
			b =

2. Der Radikand wird erst errechnet und als Resultat oder Zwischenresultat ausgegeben, dann wird die Wurzel-Taste gedrückt, die den Radikanden als Druck-/Resultat-Wiederholung übernimmt und das Wurzelergebnis bildet.

   Beispiel: $\sqrt{a + b - c} = \sqrt{d} = e$

EINTASTEN		DRUCK
a	[+]	a +
b	[+]	b +
c	[−]	c −
	[=]	d =
	[√]	d √= (DW)
		e *

Bei einem der Automaten bildet die Quadratwurzel-Taste automatisch die Zwischensumme der vorangegangenen Rechnung, auch für gemischte Operationen aller 4 Spezies und druckt die Zwischensumme als Radikanden aus. In einer 2. automatischen Druckzeile folgt sofort das Wurzelergebnis.

Beispiel: Gleiche Aufgabe.

EINTASTEN		DRUCK
a	[+]	a +

b	[+]	b	+
c	[-]	c	-
	[√]	d	√◇
		e	=

Einige nichtdruckende Automaten gestatten durch Einblick-Taste in das Radikanden-Register, nach dem Wurzelziehen einen eventuellen Radikanden-Rest sichtbar zu machen.

Potenzen mit gebrochenem Exponenten, siehe Abschnitt 6.3.1.13.

Bezüglich Radiziereinrichtung bei den verschiedenen Modellen siehe Anhang, Übersicht 1 und 3.

Maschinen ohne Wurzeltaste lösen das *Ausziehen der Quadratwurzel* $\sqrt{R}$ am einfachsten durch die bekannte Verbesserung eines Näherungswertes a, dessen Quadrat sich um die Differenz d von R unterscheidet.
Es ist:

$$R = a^2 \pm d$$

$$R \approx a^2 \pm d + \frac{d^2}{4a^2} \qquad d \ll a$$

$$R \approx \left(a \pm \frac{d}{2a}\right)^2$$

$$\sqrt{R} \approx a \pm \frac{d}{2a}$$

Man errechnet mit einem ersten Näherungswert a_1 einen verbesserten Näherungswert a_2 wie folgt:

$$R = a_1^2 \pm d_1$$

$$\frac{R}{a_1} = a_1 \pm \frac{d_1}{a_1}$$

$$\frac{R}{a_1} + a_1 = 2a_1 \pm \frac{d_1}{a_1}$$

$$\frac{\frac{R}{a_1} + a_1}{2} = a_1 \pm \frac{d_1}{2a_1} \approx \sqrt{R}$$

$$= a_2$$

Es folgt die gleiche Rechnung mit a_2, a_3, usw. bis aufeinanderfolgend gleiche Näherungswerte auftreten.

Es empfiehlt sich folgender Ablauf, bei dem nur der Radikand R, der erste Näherungswert a_1 und „2" als Konstante einmalig eingetastet werden und der sich so auch gut für Programmarbeit eignet.

Beispiel: $\sqrt{5.361.297,456}$

Das bekannte Abteilen in Zweiergruppen ab Komma gibt als Näherungswert „2" mit 3 Nullen, also

$$a_1 = 2.000$$

Komma-Position 6

EINTASTEN			DRUCK		
Speichereingabe					
R	[②]	[⊕]	5.361.297,456	② ⊕	Eingabe in Speicher 2
a_1		[$⊕_3$]	2.000	③ ⊕	Eingabe in Speicher 3
2	[K]	[⊕]	2	K ⊕	Eingabe in Konstantensp. (Sp. 1)
		[$⊜_3$]	Einrasten		Automatische Akkumulation der Ergebnisse in Sp. 3
Rechnungsschleife					
[②]	[◇]	[+]	5.361.297,456	+ ② ◇	Zwischensumme aus Sp. 2
	[$⊛_3$]	[:]	2.000	: ③ ⊛	Division durch Endsumme aus Sp. 3 (Endsumme, damit Sp. 3 frei wird für a_2)
		[+]	2.000	+	Druckwiederholung
[K]		[:]	2	: K	Zwischensumme aus Konstantenspeicher
		[=]	2.340,324364	= ③	a_2 geht aut. nach Sp. 3

Der 2. Durchlauf ergibt:

[②]	[◇]	[+]	5.361.297,456	+ ② ◇	
	[$⊛_3$]	[:]	2.340,324364	: ③ ⊛	
		[+]	2.340,324364	+	
[K]		[:]	2	: K	
		[=]	2.315,579787	= ③	a_3 geht nach Sp. 3

Der 3. Durchlauf ergibt 2.315,447575 = ③ a_4

Der 4. Durchlauf ergibt 2.315,447571 = ③ a_5

Dieser Wert ändert sich bei folgenden Durchläufen nicht mehr.

Kontrollrechnung:

	[x]	2.315,447571 x	Druckwiederholung
	[x‡-]	2.315,447571 x̲	Druckwiederholung
[②]	[=]	5.361.297,454049 =̲ ②	Negative Eingabe in Sp. 2
[②] [⊛]		0,001951 ② *	Wurzelrest

Die Rechnung wurde mit einem Automaten ausgeführt, bei dem das Betätigen einer Speicherfunktionstaste ohne Adresse, automatisch den Speicher 3 adressiert und bei der die Tasten [=] [:] [K], nebeneinanderliegend, mit einem Tastendruck betätigt werden können.

Der Schleifendurchlauf wird dadurch bedienungsmäßig sehr einfach zu:

[②] [◇] [+]

[⊛₃] [:]

[+]

[K‡:‡=]

} Tastenbetätigung für eine Rechnungsschleife

Die *Kubikwurzelrechnung* wird mit gleichen Bezeichnungen ähnlich durchgeführt:

$$R = a^3 \pm d$$

$$R \approx a^3 \pm \frac{3a^2d}{3a^2} + \frac{3ad^2}{9a^4} \pm \frac{d^3}{27a^6} \qquad d \ll a$$

$$R \approx (a \pm \frac{d}{3a^2})^3$$

$$\sqrt[3]{R} \approx a \pm \frac{d}{3a^2}$$

Rechnung:

$$R = a_1^3 \pm d_1$$

$$\frac{R}{a_1^2} = a_1 \pm \frac{d_1}{a_1^2}$$

$$\frac{R}{a_1^2} + 2a_1 = 3a_1 \pm \frac{d_1}{a_1^2}$$

$$\frac{\frac{R}{a_1^2} + 2a_1}{3} = a_1 \pm \frac{d_1}{3a_1^2} \approx \sqrt[3]{R}$$

$$= a_2$$

Beispiel: $\sqrt[3]{19'852'654{,}537}$

Das Abteilen in Dreiergruppen zeigt, daß die Wurzel zwischen 200 und 300 liegt; es wird gewählt

$$a_1 = 250$$

Komma-Position 6

EINTASTEN

Speichereingabe

R	$\boxed{\textcircled{2}}$	$\boxed{\oplus}$	
a_1		$\boxed{\oplus_3}$	
3	$\boxed{K}$	$\boxed{\oplus}$	
		$\boxed{\textcircled{=}_3}$	Einrasten

Rechnungsschleife

$\boxed{\textcircled{2}}$	$\boxed{\textcircled{\diamond}}$	$\boxed{+}$	R
	$\boxed{\circledast_3}$	$\boxed{:}$	$\frac{R}{a_1}$
		$\boxed{:}$	(DW) $\frac{R}{a_1^2}$
		$\boxed{+}$	(DW) $\frac{R}{a_1^2} + a_1$

Taste		
[+]	(DW)	$\frac{R}{a_1^2} + 2a_1$
[K] [◊] [:] [◊] [=]		$(\frac{R}{a_1^2} + 2a_1) \cdot \frac{1}{3}$

$= a_2$ (automatisch nach Speicher 3)

Fig. 6/14 zeigt den Rechnungsablauf auf dem Originalkontrollstreifen.

Der 3. Durchlauf ergibt den Endstand mit 6 Nachkommastellen, wie der noch gerechnete 4. Durchlauf zeigt. Die angeschlossene Kontrollrechnung über Druckwiederholung ergibt den Wurzelrest mit

$$- 0{,}059617$$

als Endsumme des Speichers 2, d. h.

$$a_4^3 \text{ ist um } 0{,}059617 \text{ größer als } R.$$

Die gleiche Rechnung mit eingerasteter Taste „Restausgabe" ergibt für letzte Division durch 3

$$a_4 = 270{,}773522 \text{ Rest } 2.$$

Die Kontrollrechnung für den verbesserten Wert ergibt:

R	=	19.852.654,537
$- 270{,}7735227^3$	=	$-$ 19.852.654,530585842
Wurzelrest	=	0,006414

Druckbild für diese Rechnung:

$\sqrt[3]{19.852.65437} = 270{,}773423$

Eingabe der Anfangswerte	R	19.852.654,537	2 +
	a_1	250,	3 +
		3,	1 +
1. Durchlauf		19.852.654,537	+ 2 ◊
		250,	: 3 *
		250,	:
		250,	+
		250,	+
		3,	: 1 ◊
	a_2	272,547491	= 3

2. Durchlauf		19.852.654,537	+	2	◇
		272,547491	:	3	*
		272,547491	:		
		272,547491	+		
		272,547491	+		
		3,	:	1	◇
	a_3	270,785044	=	3	
3. Durchlauf		19.852.654,537	+	2	◇
		270,785044	:	3	*
		270,785044	:		
		270,785044	+		
		270,785044	+		
		3,	:	1	◇
	a_4 ⟶	270,773523	=	3	
4. Durchlauf		19.852.654,537	+	2	◇
		270,773523	:	3	*
		270,773523	:		
		270,773523	+		
		270,773523	+		
		3,	:	1	◇
	a_4	270,773523	=	3	
Kontrollrechnung mit	a_4	270,773523	x̲		
		270,773523	x		
		270,773523	x		
		19.852.654,596617	=̲	2	
Wurzelrest		0,059617		2	*̲

Fig. 6/14. Berechnung $\sqrt[3]{19.852.654{,}537} = 270{,}773523$

6.3.1.13. Logarithmen und Exponentialfunktionen

Im Abschnitt 5.4, Rechenwerk, wurde der Arbeitsablauf für eine Maschine mit logarithmischem Register behandelt, die bei Multiplikationen und Divisionen von den in das Arbeitsregister W eingegebenen oder eingerechneten Werten den natürlichen Logarithmus bildet und ihn positiv oder negativ in das logarithmische Register L gibt.

Die Taste „Antilogarithmus" $\boxed{LN^{-1}}$ gibt den Numerus aus.

Fig. 5/11 und 5/12 zeigten, daß der Befehl $\boxed{L \rightarrow W}$ aber auch den Inhalt von L ohne logarithmische Rückrechnung direkt in die Anzeige bringen kann. Dadurch werden die natürlichen Logarithmen von eingetasteten oder errechneten Werten ausgegeben.

EINTASTEN		REGISTER W ANZEIGE	REGISTER L
a	x	a	ln a
	L → W	ln a	0

Daraus ergibt sich weiterhin, daß diese Maschine Potenzen mit gebrochenen Exponenten und die Werte aller Exponentialfunktionen für reelle Variable errechnen kann.

Nach der bekannten Definition der Logarithmen

$$e^n = a$$
$$n = \ln a$$

ist

$$e^n = e^{\ln a} = a.$$

Da aber $\ln a$ = Inhalt Register L = $\langle L \rangle$ ist, folgt:

$$a = e^{\ln a} = e^{\langle L \rangle}.$$

Der Abruf „Antilogarithmus" bringt den Numerus a, der aber gleichzeitig dem Wert der Exponentialfunktion $e^{\langle L \rangle}$ entspricht, in die Sichtanzeige. Für eine beliebige positive oder negative reelle Zahl n, mit W → L direkt nach L gegeben, zeigt die Taste „Antilogarithmus" sofort das Ergebnis e^n. Damit lassen sich die Werte aller Exponentialfunktionen mit reellen Variablen bilden. Zusammengesetzte Exponenten werden zunächst berechnet und über Register W zur Anzeige gebracht.

Der Befehl W → L bringt sie *unverändert* ins logarithmische Register L.

Der Befehl „Antilogarithmus" gibt sofort den Wert der zugehörigen Exponentialfunktion. Ebenso lassen sich die Werte für Funktionen bilden, die aus Exponentialfunktionen zusammengesetzt sind, wie z. B. die Hyperbelfunktionen.

Beispiel: $\sinh x = \frac{e^x - e^{-x}}{2}$

EINTASTEN		REGISTER W ANZEIGE	REGISTER L	REGISTER A
x		x	0	beliebig
	W → L	x	x	beliebig
	LN^{-1}	e^x	0	beliebig

	W → A	e^x	0	e^x
	:	e^x	$-\ln e^x$ $= -x \cdot \ln e$ $= -x$	e^x
	LN^{-1}	e^{-x}	0	e^x
	-	e^{-x}	0	$e^x - e^{-x}$
	A → W	$e^x - e^{-x}$	0	
	x	$e^x - e^{-x}$	$\ln(e^x - e^{-x})$	
2		2	$\ln(e^x - e^{-x})$	
	:	2	$\ln(e^x - e^{-x}) - \ln 2$ $= \ln \frac{e^x - e^{-x}}{2}$	
	LN^{-1}	$\sinh x = \frac{e^x - e^{-x}}{2}$		

Zur Berechnung von Potenzen mit gebrochenen Exponenten führt folgende Ableitung:

$$b = a^{\frac{n}{m}}$$

$$\ln b = \ln (a^{\frac{n}{m}}) = \frac{n}{m} \cdot \ln a$$

$$\underline{\ln(\ln b)} = \ln(\frac{n}{m} \cdot \ln a) = \underline{\ln(\ln a) + \ln n - \ln m}$$

In der Befehlssprache des Automaten:

EINTASTEN		REGISTER W ANZEIGE	REGISTER L
a	x	a	ln a
	L → W	ln a	0
	x	ln a	ln (lna)
n	x	n	ln (ln a) + ln n
m	:	m	ln (ln a) + ln n - ln m = ln (ln b)

LN⁻¹	ln b	0
W → L	ln b	ln b
LN⁻¹	$b = a^{\frac{n}{m}}$	0

Das Register L umfaßt in diesem Fall
10 Dezimalstellen für die Mantisse,
2 Dezimalstellen für die Charakteristik der Kommaposition,
1 Stelle für das Vorzeichen des Logarithmus, das also entscheidet, ob $e^{\langle L \rangle}$ größer oder kleiner als 1 ist.

$$\pm \langle L \rangle = \pm \ln a = \pm \ln e^{\langle L \rangle}.$$

1 Stelle für das Vorzeichen des Numerus (Antilogarithmus).

Entsprechende Aufgaben lassen sich mit den Maschinen ausführen, die die direkten Tastenfunktionen

ln x und e^x

haben.
Auch die Taste

log x für die dekadischen Logarithmen ist bei einem elektronischen Tischrechenautomaten zu finden.

6.3.1.14. Trigonometrische Funktionen

Eine Anzahl Automaten verfügt über direkte trigonometrische Tastenfunktionen, die zu einem eingetasteten Winkel sofort den gewünschten Funktionswert geben. Es gibt Tasten für

sin x
cos x
tan x

und zusätzlich Tasten für

arc sin x
arc cos x
arc tan x.

Als sehr vorteilhaft erweist sich die Kombination der Tasten sin x, cos x und tan x mit den beiden Vorwahltasten

arc und hyper,

die einzeln oder auch gemeinsam als Vorwahl zu den 3 trigonometrischen Funktionen betätigt werden können. Dadurch sind die 3 trigonometrischen Funktionen, ihre Arcusfunktionen, sowie die 3 Hyperbelfunktionen und ihre Umkehrungen direkt verfügbar. Die Eingabe und Ausgabe der Winkel erfolgt im Winkelmaß oder Bogenmaß, je nach wählbarer Schalterstellung

DEGREES ⟷ RADIANS.

6.3.1.15. Komplexe Zahlen und Vektoren

Für das Rechnen mit komplexen Zahlen (Vektoren) verfügt einer der Automaten über eine ganze Tastenreihe folgender Funktionen:

TO POLAR
TO RECT
RCL
ACC -
ACC +

Zur Erklärung der Funktionen ist zu beachten, daß in der Anzeige die 3 Anzeige-Register für Eingabe (Tastatur), Akkumulator und Zwischenspeicher wie folgt beschriftet sind:

8 134,2440	z temporary
15,456	y accumulate
52,6483	x keyboard

Werden die kartesischen Koordinaten einer komplexen Zahl (Vektor) nach x und y gegeben, so bewirkt der Druck auf die Taste

TO POLAR

die sofortige Umwandlung in die Polarkoordinaten r und ϕ.

$$r = \sqrt{x^2 + y^2}$$

$$\phi = \text{arc tan } \frac{y}{x}.$$

r erscheint im x-Register, ϕ im y-Register.

Der Druck auf die Taste

TO RECT

verwandelt umgekehrt die Polarkoordinaten in kartesische Koordinaten.

ACC –	und	ACC +	bewirken Vektor-Addition/-Subtraktion, indem sie die

Koordinaten im Anzeigeregister x und y getrennt additiv oder subtraktiv in 2 festprogrammierte Speicher (e und f) bringen.

Die Taste

RCL

(Vektor Recall) bringt schließlich das Ergebnis von Vektor-Addition/-Subtraktion zurück in die Anzeigeregister x und y.

Beispiel: Gegeben sind die 3 komplexen Zahlen

$$a_1 = x_1 + j\,y_1$$
$$a_2 = x_2 + j\,y_2$$
$$a_3 = x_3 + j\,y_3$$

Gesucht ist

$$a = a_1 + a_2 - a_3$$
$$a = x_a + j\,y_a$$ in Polarkoordinaten r und ϕ.

ANZEIGE						z
	y_1	y_2	y_3	y_a	ϕ	y
	x_1	x_2	x_3	x_a	r	x
EINTASTEN	ACC + ↓	ACC + ↓	ACC – ↓	RCL ↑	TO POLAR	
SPEICHER e	y_1	$y_1 + y_2$	$y_1 + y_2 - y_3$	y_a		
f	x_1	$x_1 + x_2$	$x_1 + x_2 - x_3$	x_a		

6.3.1.16. Prozentrechnung

Zugehörig zur Multiplikation und Division gibt es bei einigen Automaten eine Prozent- und auch Promille-Einrichtung.

Es sind Vorwahltasten zum 2. Faktor bzw. Divisor bei druckenden Modellen.

Es gibt dabei folgende Möglichkeiten der Verarbeitung:

1. [%] und [×] bewirkt zusätzlich zur Multiplikation eine Division durch 100.
2. [‰] und [×] bewirkt zusätzlich zur Multiplikation eine Division durch 1000.
3. [%] und [:] bewirkt zusätzlich zur Division eine Multiplikation mit 100.
4. [‰] und [:] bewirkt zusätzlich zur Division eine Multiplikation mit 1000.

Beispiel zu 1. und 2.: Versicherungsprämie p. a. = $v = \frac{k \cdot p}{1000}$ p in ‰

EINTASTEN		DRUCK	
k	[×]	k	×
p	[‰] [×] [=]	p	‰ ×
		v	=

Beispiel zu 3. und 4.: Wieviel Prozent sind DM 2.341,50 von DM 7.409,45?

Komma-Position Rechnung/Ausgabe 6

Komma-Position Eingabe 2

EINTASTEN		DRUCK	
234150	[:]	2.341,50	:
740945	[%] [:] [=]	7.409,45	% :
		31,601535	=

Es sind 31,60 %.

Bei einem der druckenden Automaten sind die Tasten „Prozent" und „Promille" Ausführungstasten und beinhalten den Befehl „Multiplikation mit entsprechender Stellenverschiebung". Sie berechnen direkt den gewünschten Prozent-/Promille-Betrag vom Inhalt des Akkumulators und stellen ihn im Eingabe-Register bereit, von wo er durch die Tasten „Addition" oder „Subtraktion" weiterverarbeitet werden kann. Prozentuale Zuschlags- und Abschlagsrechnungen sind dadurch ohne Inanspruchnahme eines Speichers möglich, wie folgendes Beispiel zeigt:

Aufgabe: 12 · 18,36 – 25 % – 2 % + 4 ‰ = 162,59

Voreinstellung: Festkomma-Position 2

Automatische Zwischensumme (nach × und :)

EINTASTEN		DRUCK		
1 2 ,	[+]	12,00	+	
1 8 3 6	[x]	18,36	x	
		220,32	◇	Aut. Zwischensumme nach [x]
2 5 ,	[%]	25,00	%	
	[-]	55,08	-	
	[◇]	165,24	◇	
2 ,	[%]	2,00	%	
	[-]	3,30	-	
	[◇]	161,94	◇	
4 ,	[‰]	4,00	‰	
	[+]	0,65	+	
	[*]	162,59	*	

Da diese Tasten als Ausführungstasten fest programmiert sind für Multiplikationen, sind sie für Prozentdivisionen (Prozentuale Verteilungsrechnungen) nicht einsetzbar. Diese werden durch Veränderung der Komma-Position während der Rechnung ausgeführt. Siehe Beispiel in Abschnitt 6.2.3.2.

Bei einem Modell unter den nichtdruckenden Automaten ist die Prozent-Taste eine Dauerrasttaste, die vor Beginn der Rechnung eingerastet wird. Sie bleibt eingerastet, bis sie manuell wieder gelöst wird.
Dazu auch Anhang, Übersicht 3.

6.3.1.17. Absolutbetrag und Integer

Für die Bildung des Absolutbetrages einer Zahl sind gelegentlich Sondertasten vorhanden. Es kann auch die Druck-/Resultatwiederholung benutzt werden, wenn sie mit Absolutbetrag arbeitet. Negativer Rechenwerksinhalt wird dann durch alle Tasten, die Druck-Wiederholung bewirken, als Absolutbetrag positiv übernommen, ausgenommen natürlich die Druck-Wiederholung mit der Subtraktionstaste. Die Subtraktionstaste macht diesen Absolutbetrag sofort wieder negativ.

Beispiel: 12,7895 · (- 359,72) = - 4.600,63894

EINTASTEN		DRUCK		
12,7895	[x]	12,7895	x	
359,72	[-Φx]	359,72	$\underline{\times}$	
	[=]	4.600,63894	$\underline{=}$	negatives Ergebnis
	[+]	4.600,63894	+	(DW) } Absolutbetrag des Ergebnisses
	[x]	4.600,63894	x	(DW) } Absolutbetrag des Ergebnisses
	[:]	4.600,63894	:	(DW) } Absolutbetrag des Ergebnisses
	[-]	4.600,63894	-	(DW)

Bei programmierbaren Automaten finden sich auch entweder eine Taste [int x] oder entsprechende Befehle, um den Inhalt des Registers x durch Abstreichen der Nachkommastellen ganzzahlig (integer) zu machen.

6.3.2. Sonderbefehle der Ausgabe

Außer den normalen Befehlen zur Ausgabe

Resultat/Ergebnis,
Zwischenresultat/Zwischenergebnis,

existieren folgende Sonderbefehle zur Ausgabe:

Divisionsrest,
Rundung,
Nichtrechnen,
Nichtdrucken,
Verschiebe-Einrichtung (Shiften),
Zeilenschaltung.

Vergleiche dazu auch Anhang, Übersicht 5 und 7. Bezüglich „Zeilenschaltung" siehe Abschnitt 7.3.7.

6.3.2.1. Übersicht Ausgabe-Sonderbefehle

Befehl	Kennzeichnung der Tasten DIN	Andere
Rundung		[⌒] [R] [5/4]
Schweizer Rundung		[⌒5]
Resultat, gerundet		[⌒=]
Divisionsrest		[r] [#]
Nichtrechnen	[#]	[DRUCK]
Nichtdrucken	[N]	
Shiften links, 1 Schritt	[←]	
Shiften rechts, 1 Schritt	[→]	
Shiften rechts, volle Anzeige-Kapazität		[→ 16]
Shiften rechts, 1 Schritt mit Rundung		[→ ⌒]
Zeilenschaltung		[Δ]
Shiften vertikal		[↑] [↓]

6.3.2.2. Divisionsrest

Für wissenschaftliche und technische Rechnungen ist die Ausgabe des nichtverarbeiteten Divisionsrestes erforderlich.
Verschiedene elektronische Tischrechenautomaten ermöglichen dies auf folgende Weise:

1. Nach Druck des Divisionsergebnisses durch Betätigen der Resultat-Taste druckt ein zweites Betätigen dieser Taste den Divisionsrest:

EINTASTEN		DRUCK
987	[:]	987 :

13	[=]$_1$	13	=
		75	*
	[=]$_2$	12	r

2. Eine Dauerrasttaste für Divisionsrest gedrückt, veranlaßt die Resultat-Taste und die Zwischenresultat-Taste nach Divisionen grundsätzlich zum automatischen Druck einer zweiten Zeile mit dem Divisionsrest. Die Resultat-Taste bzw. die Zwischenresultat-Taste wird also dabei nur *einmal* betätigt. Werden die Divisionsreste nicht gewünscht, wird die Taste „Restausgabe" wieder manuell ausgerastet.

   Beispiel:

EINTASTEN			DRUCK	
	[r]	Autom. Restausgabe		
987	[+]		987	+
13	[:][=]		13	:
			75	=
			12	r

3. Die Taste „Nichtrechnen" bewirkt bei Divisionen die Restausgabe.

4. Die sogenannte „Einblick-Taste" in ein bestimmtes Register nichtdruckender Automaten gestattet den Divisionsrest in der Anzeige sichtbar zu machen. Es handelt sich dabei um das Dividenden-Register, in dem sich nach ausgeführter Division ein eventuell verbliebener Rest befindet.

In allen Fällen erscheint der Divisionsrest stellengerecht, d. h. in Übereinstimmung mit der gewählten Komma-Position für Rechnung und Ausgabe. Man muß nur beachten, daß das Komma des Divisionsrestes stellenmäßig direkt hinter die letzte Ausgabestelle des Quotienten gehört.

Beispiel: Komma-Position 6

DRUCK	
53.264.897,51	+
7.983,65	:

	6.671,747572	=
	6.802,20 ↑	r
Divisionsrest 6.802,20 heißt, daß bei der letzten Division,		
bei der sich	2	ergab,
ein Rest blieb von	0,006802 20.	

Damit sind die Möglichkeiten der Divisionsrest-Ausgabe jedoch nicht erschöpft. Hat man den Divisor bei der Eingabe sofort in einen Speicher gegeben, so kann man die Genauigkeit der Rechnung, unabhängig von der Stellenkapazität des Automaten, beliebig weiterführen:

> Man gibt den Divisionsrest als zuletzt gedruckte Zeile über Druck-Wiederholung erneut zur Division ein.
> Man dividiert erneut durch den Divisor aus dem Speicher.
> Man wiederholt diesen Prozeß, bis die gewünschte Genauigkeit nach dem Komma erreicht ist.

Diesen Prozeß kann man noch beschleunigen, indem man den Divisionsrest nach Neueingabe durch Multiplikation mit 10^x so weit nach links verschiebt, wie es die Eingabe-Kapazität des Automaten zuläßt (x). Dieser Vorgang wird in den folgenden Beispielen über Zwischensumme ausgedruckt, um ihn zu verdeutlichen. Der Abdruck der Zwischensumme wäre für den Ablauf selbst nicht erforderlich.

Das letzte Beispiel auf diese Weise weitergerechnet, ergibt:

DRUCK			
53.264.897,51	+		
7.983,65	:	①	Der Divisor wird gleichzeitig gespeichert in einem Speicher 1
6.671,747572	=		
6.802,20	r		
6.802,20	+		DRUCK-WIEDERHOLUNG
10.000,00	x		Multiplikation mit 10^4, da in Eingabe-Kapazität noch 4 Stellen frei
68.022.000,00	◇		Zwischenergebnis (für die Rechnung nicht erforderlich)
7.983,65	:	①◇	Division durch alten Divisor als Zwischensumme aus Speicher 1
8.520,163083	=		
2.407,05	r		Neuer Divisionsrest

Die 10 Stellen des neuen Ergebnisses können nunmehr ohne Komma direkt an das erste Ergebnis angehängt werden und liefern ein Ergebnis mit insgesamt 16 Nachkommastellen:

6.671,747 572 852 016 308 3

Rest 0,000 000 000 000 240 705

Obwohl dieser Automat nur auf 6 Nachkommastellen gesetzt ist, ergeben sich mit zwei Arbeitsgängen nicht 12, sondern durch das Linksshiften mit 10^4

$$12 + 4 = 16 \text{ Nachkommastellen.}$$

6.3.2.3. Rundung

Bei den elektronischen Tischrechenautomaten wird das Ergebnis mit soviel Nachkommastellen ausgegeben, wie der jeweils gewählten Komma-Position bzw. der Kapazität entspricht. Ist dabei die Streichung weiterer Stellen notwendig, so erfolgt bei zahlreichen Maschinen Rundung nach DIN 1333, abgeändert in Absatz 1.4 bis 1.6 durch den allgemeinen und kaufmännischen Brauch, auch bei abgestrichener 5 grundsätzlich aufzurunden.

Also:

Abrunden
Folgt vor dem Runden auf die letzte noch erfaßte Stelle eine 0, 1, 2, 3 oder 4, so bleibt diese letzte Stelle unverändert.
„Abrunden" oder „Runden nach unten".

Aufrunden
Folgt vor dem Runden auf die letzte noch erfaßte Stelle eine 5, 6, 7, 8 oder 9, so wird diese letzte Stelle um 1 erhöht.
„Aufrunden" oder „Runden nach oben".

Eine Anzahl Automaten führt diese Art der Rundung bei Produktausgabe aus, einige davon auch bei der Quotientenausgabe, eine Maschine auch bei der Ausgabe der Quadratwurzel.
Diese Rundung erfolgt bei den meisten Maschinen automatisch ohne Sonderbefehl.

Bei einigen Automaten ist der Befehl „Rundung" wählbar über eine Dauerrasttaste, oder das Kommarad erlaubt die Komma-Positionierung mit und ohne Rundung für die abzustreichenden Stellen. Eine der Maschinen verbindet die Verschiebetaste (Shiften) 1 Schritt nach rechts, mit automatischer Rundung. Tasten-Kennzeichen dafür  .

Bei programmierbaren Automaten findet die Rundung über Programmbefehle statt, siehe Abschnitt 6.3.3.7. Die „DM-Ergebnis"-Taste, besprochen unter 6.2.3, mit gerundeter Resultat-Ausgabe auf 2 Stellen ist hier ebenfalls zu nennen.

Ein besonderes Verfahren ist die 5er-Rundung, die sogenannte Schweizer-Rundung. Sie wird als Sondereinrichtung auf Wunsch angeboten.
Diese 5er-Rundung, über Dauerrasttaste einschaltbar, bewirkt, daß in der zweiten Nachkommastelle nur 0 oder 5 gedruckt wird.

Tasten-Kennzeichen [5].

War die 2. Nachkommastelle *vor* Rundung:	So wird sie zu:	
0, 1 oder 2	0	
3, 4, 5, 6 oder 7	5	
8 oder 9	0	mit Zehnerübertrag in die 1. Nachkommastelle.

Beispiel:

RECHNUNG	DRUCK
17,12	17,10
17,13	17,15
17,18	17,20
17,129	17,10

Das letzte Beispiel zeigt, daß eventuell abgestrichene Nachkommastellen für diese Rundung ohne Bedeutung sind.

Zur Beurteilung der verschiedenen Rundungsmethoden ist eine kurze Betrachtung über den Begriff der *gültigen Ziffer* angebracht.
Um die Genauigkeit einer Zahl zu kennzeichnen, nennt man eine Ziffer der Zahl dann noch gültig, wenn der absolute Fehler, d. h. die Abweichung von dem exakten Wert bei Abbruch der Zahl hinter dieser Ziffer, kleiner oder höchstens gleich der Hälfte des Stellenwertes dieser Ziffer ist. Eine nach den eingangs genannten Regeln der DIN 1333 gerundete Zahl ist demzufolge in allen Ziffern gültig.

Z. B. 7,24513

1. Rundung: 7,2

Stellenwert der 2 ist		0,1
Halber Stellenwert der 2 ist		0,05
Exakte Zahl ist	7,24513 ...	
Gerundete Zahl ist	7,2	
Absoluter Fehler ist	0,04513 ... $\leqq$	0,05

Also ist „2" gültige Ziffer und man sieht sofort, daß der absolute Fehler bei Rundung nach unten nie größer werden kann als
0,049999 . . ., also immer kleiner bleibt als der halbe Stellenwert 0,05.

2. Rundung: 7,25

Stellenwert der 5 ist	0,01
Halber Stellenwert der 5 ist	0,005

Gerundete Zahl ist	7,25
Exakte Zahl ist	7,24513 . . .
Absoluter Fehler ist	0,0048 . . . $\leqq$ 0,005

Also ist „5" gültige Ziffer. Auch bei Rundung nach oben kann der absolute Fehler nie größer werden als 0,0049999 . . ., er bleibt immer kleiner als der halbe Stellenwert 0,005.

Stellenweises Runden bei Rechts-Shiften birgt natürlich Gefahren, auf die geachtet werden muß, wie folgendes Beispiel zeigt:
Exakter Wert: 7,2345
auf 2 Stellen gerundet 7,23.
„3" ist gültige Ziffer, da der absolute Fehler = 0,0045 < 0,005.
Schrittweise gerundet 7,2345
7,235
7,24
„4" ist keine gültige Ziffer, da der absolute Fehler = 0,0055 > 0,005;

Gleiche Gefahr besteht bei dem starren Aufrunden für „5", wenn es nicht nur bei der Ausgabe erfolgt, sondern laufend während der Rechnungen, insbesondere in Verbindung mit mehrfachen Divisionen durch 2 und 4.
Ein extremes Beispiel verdeutlicht den Sachverhalt:

Aufgabe: $\frac{17}{2 \cdot 2} =$

Ablauf: $\frac{17}{2} = 8{,}5 \approx 9$

$\frac{9}{2} = 4{,}5 \approx 5$ $\qquad$ $\frac{17}{4} = 4{,}25 \approx 4$

Auf diese Gefahr ist besonders zu achten bei Maschinen mit zwangsweiser Ausgabe des Resultats nach dem 2. Faktor/Divisor in Verbindung mit automatischer Rundung des Ergebnisses.

Technisch ausgeführt wird die normale Rundung im Automaten

1. durch Addition einer 5 an der höchsten abgestrichenen Stelle. War diese ebenfalls 5 oder größer, so erhält die letzte ausgegebene Stelle den erforderlichen Übertrag „1".
   Z. B. Runden auf 3 Stellen 3,141 59
   \+ 5
   ergibt 3,142
2. durch Verdoppelung der höchsten abgestrichenen Stelle. Auch dies ergibt ab 5 den nötigen Übertrag.

Z. B. Runden auf 2 Stellen 7,24 7

+ 7

ergibt 7,25

3. Im Aiken-Code und auch im Dreiexzeß-Code ergibt sich eine 1 (L) in der höchsten Binärstelle für die Dezimalziffern 5 bis 9. Die höchste abgestrichene Stelle muß also auf diese 1 geprüft werden.

Dezimalziffer	Aiken-Code Dreiexzeß-Code			
0 . . . 4	O	.	.	.
5 . . . 9	L	.	.	.

Bei der „Schweizer-Rundung" wird die zu rundende Stelle

1. multipliziert mit 0,2
2. normal gerundet
3. multipliziert mit 5.

Es ergibt sich die genannte Rundungsregel.

6.3.2.4. Nichtrechnen

Die „Nichtrechnen"-Funktion bei druckenden Automaten gibt den Inhalt des Eingabe-Registers direkt in die Ausgabe ohne Eingabe in den Akkumulator und ohne weitere Verrechnung. Aber auch auf Speicherinhalte und errechnete Ergebnisse kann diese Funktion „Nichtrechnen" angewendet werden.

Die Funktion ist nur sinnvoll in druckenden Maschinen und bewirkt also den Druck der betreffenden Zahl ohne Eingabe in die Rechenwerke.
Die Operation „Nichtrechnen" ist reiner Nummerndruck für

Datum,
Numerierung,
Personalnummer,
Kostennummer,
Materialnummer,
usw.

Als Druckzeile geht die Zahl natürlich in die eventuell vorhandene Druck-Wiederholungs-Einrichtung und kann dann gegebenenfalls mit der Taste „Nichtrechnen" als Nummer beliebig oft wiederholt werden, z. B. für Formularbeschriftung, sie kann aber auch jederzeit durch Betätigen der entsprechenden Operationstaste rechnend weiterverarbeitet oder gespeichert werden.

6.3.2.5. Nichtdrucken

Die Funktion „Nichtdrucken" (Non Print) vermeidet den Abdruck von Operanden während der Rechnung und bringt nur Resultat- und Zwischenresultat-Abdruck.

„Nichtdrucken" ist eine Funktion der Formularbeschriftung.
Neben- und Zwischenrechnungen werden ohne Druck ausgeführt, nur Resultate werden gedruckt.
„Nichtdrucken" ist Dauerrasttaste und kann zum Druck von Resultaten und Zwischenresultaten eingeschaltet bleiben, da Resultat und Zwischenresultat üblicherweise der Nichtdruck-Funktion stets übergeordnet sind, d. h. Resultat- und Zwischenresultat-Ausgabe können nicht unterdrückt werden.

Es ist von der Formularbeschriftung her wünschenswert, daß der Wegfall des Rechnungsablaufs durch den einmaligen Abdruck eines „N" dokumentiert wird.

6.3.2.6. Verschiebe-Einrichtung (Shiften)

Die Verschiebe-Einrichtung, auch Shift-Einrichtung oder speziell für „Shift-Einrichtung rechts" auch Stellenabstreichung genannt, findet sich bei nichtdruckenden Automaten. Es gibt die Tasten „Shiften nach links" und „Shiften nach rechts". Jeder Druck auf eine solche Taste bewirkt Verschiebung der gesamten Zahl, einschließlich Komma, um eine Dezimalstelle nach links bzw. rechts. Die Verschiebe-Einrichtung dient folgenden Aufgaben:

1. Stellenabstreichung bei Mehrfach-Multiplikationen und Gleitkomma, um Kapazitätsüberschreitung zu vermeiden, siehe Abschnitt 6.2.3.1.

   Beispiel: $40{,}02^4 = 2.565.123{,}841\,280\,16$ hat mit 15 Stellen die Kapazitätsgrenze der meisten Automaten bereits überschritten.
   Mit Shift-Einrichtung rechts ergibt sich:

$40{,}02^2$		=	1601,6004
$40{,}02^3$			64096,048008
	3 mal [→]		64096,048
$40{,}02^4$			2565123,84096
	3 mal [→]		2565123,84
$40{,}02^5$			102656256,0768
			(13 Stellen)

   Da die Genauigkeit durch die Stellenabstreichung leidet, wird man bestrebt sein, die Kapazität des Automaten voll auszunutzen und möglichst wenig und rechnerisch günstig abzustreichen.

2. Umgekehrt muß für Divisionen mit Divisor > 1 der Dividend möglichst weit nach links geshiftet werden, um viele wesentliche Stellen des Quotienten zu erhalten.

Beispiel: $\frac{8{,}123456}{7{,}123456} =$

Ausführung ohne Shiften		00000008,123456
		00000007,123456
	=	00000001,140381
Ausführung mit Shiften		00000008,123456
7 mal [←]		8,1234560000000
		00000007,123456
	=	1,1403812980665

Einige Automaten führen diese Verschiebung des Dividenden in die höchste Wertstelle bei Betätigung der Divisions-Taste automatisch aus.

3. Die Shift-Einrichtung wird außerdem zur ziffernweisen Korrektur falscher Eingaben benutzt.
   Beispiel: 2769 ist einzugeben.

EINTASTEN		ANZEIGE
[2]		000000000002
[7]		000000000027
[9]	falsch!	000000000279
[→]		000000000027
[6]		000000000276
[9]		000000002769

Eine Sonderausführung für die Rechtsverschiebung ist die Taste

[$\overset{\rightarrow}{16}$]

Durch ihre Betätigung erfolgt eine Rechtsverschiebung um die volle Anzeigekapazität von 16 Stellen. Damit sollen die vorderen Stellen eines Produkts, das mit größerer Kapazität gerechnet werden kann, in die Anzeige gebracht werden. Siehe auch Abschnitt 5.2.

Nachfolgend dargestellte Taste eines anderen Modells verbindet mit der Rechtsverschiebung/Stellenabstreichung die automatische Rundung, siehe Abschnitt 6.3.2.3.

[$\overset{\rightarrow}{\frown}$]

Bei den Automaten, die mehrere Registerinhalte gleichzeitig auf dem Bildschirm einer Katodenstrahlröhre zeigen, finden sich auch Tasten für vertikale Verschiebung eines Registerinhaltes oder zyklische Verschiebung aller Registerinhalte nach oben oder unten.

6.3.3. Speicherbefehle

Die Adressierung, Eingabe und Ausgabe in die Arbeitsregister, die zur Durchführung der Grundoperationen zwingend benötigt werden, erfolgt im allgemeinen automatisch über die Funktionstasten der arithmetischen Befehle bzw. der Ausgabebefehle und der mit ihnen verbundenen festen Befehlsfolgen des Programmspeichers.

Ein direkter Zugriff zu den Arbeitsregistern ist dem Benutzer normalerweise aus Gründen der Arbeitsvereinfachung nicht möglich. Nur bei programmierbaren Automaten mit sehr flexibler Programmgestaltung sind die Arbeitsregister einzeln manuell anwählbar. Diese Arbeitsweise wird in Abschnitt 13 behandelt.

Die folgende Untersuchung bezieht sich daher nur auf die wirklich frei verfügbaren Datenspeicher.

6.3.3.1. Übersicht Speicherbefehle

Befehl	Kennzeichnung der Tasten DIN	 Andere
Speicher-Adresse	arab. Ziffern	lat. Ziffern, Großbuchstaben
Speicher-Einblick		[▲]
Speicher-Addition	[+]	[+ IV] [S] [M+] [Σ1]
Speicher-Subtraktion	[-]	[- III] [S̲] [M-] [Σ1]
Speicher-Zwischensumme	[◊] [◇]	[▽] [◊ S] [T] [R] [RC] [RM] [MC] [PRINT]
Speicher-Endsumme	[*]	[II *] [* S] [*] [★]
Konstanten-Eingabe	[⊻]	[STORE] [K]
Konstanten-Ausgabe	[⊼]	[RC] [K]

Akkumulation der Resultate (Grandtotal)		GT ⊜ A ★
Akkumulation Faktor 1		⊗
Postenzähler		n N
Repetition der Speicher-Adresse	R	
Austausch der Speicherinhalte		↕ I EX RV x⇄y
Speichersplit		/
Speichereingabe, allgemein		▲ x→()
Speicherausgabe, allgemein		▼

6.3.3.2. Speicher-Adressierung

Zur Kennzeichnung der Speicher-Adressen bestimmt DIN 9754:

Arabische Ziffern, die sich von den Ziffern der Werte deutlich unterscheiden, z. B. Kursivzeichen, oder *1*

Kreis mit und ohne Unterscheidungszeichen, oder ○

besondere Farbe, oder

besondere Lage im Tastenfeld.

Alle diese Möglichkeiten werden bei elektronischen Tischrechenautomaten verwendet, dazu auch

lateinische Ziffern	I, II, III, IV, V oder
Großbuchstaben	A, B, C, . . . M, . . . S.

Im folgenden werden Speicheradressen und -befehle grundsätzlich in Kreise gesetzt, um Verwechslungen zu vermeiden.
Es bedeutet also:

3	Zifferntaste „3" der Zehner-Blocktastatur,
③	Speicher 3,
$\oplus_3$	Additive Eingabe in Speicher 3.

Repetition der Speicher-Adresse

Die Vorwahl der Speicher-Adresse gilt im allgemeinen nur für einen Arbeitsgang und wird nach Betätigung der nächsten arbeitsgangauslösenden Taste wieder automatisch aufgehoben.
Soll die Vorwahl erhalten bleiben, die Taste also arretiert werden, so muß die Taste „Repetition" betätigt werden.
Sie wird gemäß DIN 9754 mit großem „R" bezeichnet und ist eine Dauerrasttaste, die nur manuell wieder ausgelöst werden kann.

[R] verhindert also die Löschung der Speicher-Adressen durch den Arbeitsgang.

Die Repetition wird für Nebenrechnungen in einem Speicher benötigt. Sie vereinfacht die Bedienung.

Beispiel: (13,51 + 28,65) · (1,23 + 4,56 - 7,89 + 7,41 - 8,52 + 9,63)

EINTASTEN		DRUCK	
13,51	[+]	13,51	+
28,65	[+]	28,65	+
1,23	[①] [R] [⊕]	1,23	① ⊕
4,56	[⊕]	4,56	① ⊕
7,89	[⊖]	7,89	① ⊖
7,41	[⊕]	7,41	① ⊕
8,52	[⊖]	8,52	① ⊖
9,63	[⊕]	9,63	① ⊕
	[R̸] [⊛] [x]	6,42	x ① ⊛
	[=]	270,6672	=

([R̸] = Repetition ausrasten)

Speicher-Vorwahl (1) bleibt für diesen Arbeitsgang noch erhalten, so daß Endsumme aus Speicher 1 als Faktor in die Hauptrechnung übernommen werden kann.
Die Speicher-Adresse kann auch bei gedrückter Taste „Repetition" gewechselt werden.

6.3.3.3. Speicher-Eingabe

Die Eingabe in Speicher erfolgt über die Register des Automaten

1. aus der Zahlen-Eingabe über die Ziffern-Tastatur,
2. aus laufender Rechnung als Speicherung von Operanden und Zwischenresultaten,
3. aus abgeschlossener Rechnung als Speicherung von Resultaten.

Zur Eingabe muß die Speicher-Adresse und die Eingabe-Funktion gewählt werden, und zwar:

Übertrag bei Konstantenspeichern,
Addition oder Subtraktion bei „rechnenden" Speichern.

„Speicher-Übertrag" bewirkt die vorzeichengerechte Eingabe unter Löschung des alten Speicherinhalts.
„Speicher-Addition" bewirkt die additive Eingabe zum Inhalt des Speichers, und zwar vorzeichengerecht oder grundsätzlich positiv, je nach Maschine.
„Speicher-Subtraktion" bewirkt die subtraktive Eingabe zum Inhalt des Speichers, d. h. mit umgekehrtem Vorzeichen oder grundsätzlich negativ, je nach Maschine.
Eine Taste für negative Eingabe, Speicher-Subtraktion, entfällt in einigen Automaten, wenn die Minussteuerung von Operanden und Ergebnissen gesichert ist.

Bei geringer Speicherzahl wird die Adressierung mit der Eingabefunktion verbunden:

$\boxed{\oplus_1}$ $\boxed{\oplus_2}$ Addition in Speicher 1 oder 2,

$\boxed{\ominus_1}$ $\boxed{\ominus_2}$ Subtraktion in Speicher 1 oder 2.

Bei mehr als 2 Speichern werden Tasten eingespart, wenn man die Speicheradressierung als Vorwahl-Taste nimmt. Man benötigt dann die Funktionstasten für Speicher-Addition und -Subtraktion nur einmal.
Bei größerer Speicherzahl wird auch die Ziffertastatur zur Speicheradressierung verwendet, und zwar mit dem Vorbefehl „Speicherwahl".

$\boxed{①}$ $\boxed{②}$ $\boxed{③}$ $\boxed{④}$ $\boxed{\ldots}$	Speicher-Adresse	Vorwahl-Taste
$\boxed{\oplus}$	Addition in den gewählten Speicher	Ausführungs-Tasten
$\boxed{\ominus}$	Subtraktion in den gewählten Speicher	

Die Vorwahltasten für die Speicheradressen werden gelegentlich als Wechseltasten ausgebildet, d. h. es bleibt immer nur *eine* Adresse gerastet.

Die Zahlenwerte für die positive oder negative Eingabe in freie Speicher kommen von der Zahlen-Tastatur, wenn keine anderen Funktionstasten betätigt wurden.

EINTASTEN			DRUCK			
123,45	[①]	[⊕]	123,45	①	⊕	Additive Eingabe in Speicher 1
69,57	[②]	[⊖]	69,57	②	⊖	Subtraktive Eingabe in Speicher 2

Diese Werte werden direkt in die Speicher eingegeben und können dann, bei Bedarf, über Speicher-Zwischensumme, als Operanden beliebig oft abgerufen werden.

Aus laufender Rechnung kann bei Automaten mit Druck-Wiederholung der zuletzt eingegebene und ausgedruckte Operand additiv oder subtraktiv in einen Speicher übernommen werden, d. h. bei diesen Automaten kann jeder Rechnungsgang durch Speichereingaben unterbrochen werden. Die Speichereingabe läßt die Hauptrechnung unbeeinflußt. Jeder Summand, jeder Faktor, auch der 2. Faktor, wenn mit ihm keine Zwangsausgabe verbunden ist, kann nach Eingabe in das Rechenwerk, aber vor weiterer Verrechnung, in Speicher übernommen werden. Ebenso kann er umgekehrt erst in einen Speicher und dann über Druck-Wiederholung in weitere Speicher oder in die Hauptrechnung eingegeben werden. Das folgende Beispiel zeigt diese verschiedenen Möglichkeiten:

Beispiel: $a \cdot b \cdot c + d - e = f$
Die Operanden b, c, e sollen für weitere Rechnungen in verschiedene Speicher gegeben werden. Die Druck-Wiederholung arbeitet hier mit Absolutbetrag.

EINTASTEN		DRUCK			ERLÄUTERUNG
a	[×]	a	×		a geht als Faktor in das Rechenwerk.
b	[×]	b	×		b geht als Faktor in das Rechenwerk.
	①⊕	b	①⊕	(DW)	Additive Eingabe von b in Speicher 1.
	②⊖	b	②⊖	(DW)	Subtrakt. Eingabe von b in Speicher 2.
c	③⊕	c	③⊕		Hier wird c zuerst in den Speicher 3 eingegeben.
	④⊕	c	④⊕	(DW)	Außerdem auch noch in den Speicher 4.
	[×]	c	×	(DW)	Jetzt erst als Faktor in das Rechenwerk.

d	[+]	d +	d geht als Summand in das Rechenwerk.
e	[-]	e -	e geht negativ in das Rechenwerk.
	⑤⊕	e ⑤⊕ (DW)	Außerdem positiv in Speicher 5.
	[=]	f =	

Die Hauptrechnung ist von den Speichereingaben unberührt geblieben, wie es auch die versetzten Reihen der Drucksymbole zeigen. Ob die Eingabe des Operanden erst in das Rechenwerk und dann in die Speicher oder umgekehrt erfolgt, ist ohne Bedeutung. Besondere Beachtung verdient noch die Eingabe von e, das mit anderem Vorzeichen in die Rechnung als in den Speicher geht.

Arbeitet die Druck-Wiederholung, wie hier angenommen, grundsätzlich mit Absolutbetrag, dann entspricht die gewählte Speicherfunktion „Addition" oder „Subtraktion" dem Vorzeichen, mit dem der Wert gespeichert wird. Gedruckt wird zunächst - e, in der Druck-Wiederholung steht + e (Absolutbetrag), die Taste „Addition" speichert also e positiv im Speicher 5.
Wiederholt die Druck-Wiederholung den zuletzt ausgegebenen Wert mit gleichem Vorzeichen (hier - e), dann muß negativ in den Speicher gegeben werden, wenn die Zahl positiv gespeichert werden soll.

Ebenso wie die Speichereingabe von Operanden, verläuft die Speichereingabe von Zwischenresultaten mittels Druck-/Resultat-Wiederholung während der Rechnung. Auf gleiche Weise kann aus abgeschlossener Rechnung das Resultat in Speicher eingegeben werden. Dazu folgende Beispiele, wieder mit der Annahme, daß die Druck-Wiederholung mit Absolutbetrag arbeitet.

1. Beispiel: Resultat positiv.

EINTASTEN		DRUCK		
13,25	[×]	13,25 ×		
1,78	[×]	1,78 ×		
	[=]	23,585 =		
	[①][⊕]	23,585	① ⊕ (DW)	Additive Eingabe des Resultats in Sp. 1
	[②][⊖]	23,585	② ⊖ (DW)	Subtrakt. Eingabe des Resultats in Sp. 2

2. Beispiel: Resultat negativ.

EINTASTEN		DRUCK			
1657,89	[+]	1657,89 +			
5,72	[-÷:]	5,72 ÷ –			
	[=]	289,84 = –			
	[③] [⊕]	289,84	③⊕	(DW)	Additive Eingabe des Resultats in Sp. 3
	[⑤] [⊖]	289,84	⑤⊖	(DW)	Subtrakt. Eingabe des Resultats in Sp. 5
Zur Probe:					
Endsumme aus ③		289,84	③⊛		Inhalt positiv
Endsumme aus ⑤		289,84	⑤⊛		Inhalt negativ

Speichereingaben aus laufender und abgeschlossener Rechnung über Druck-/Resultat-Wiederholung setzen voraus, daß vor Betätigung der Speichertasten keine Zahlen-Eingabe über die Ziffern-Tastatur erfolgt, da diese sonst Vorrang vor der Druck-/Resultat-Wiederholung hätte, siehe Abschnitt 6.2.8.

6.3.3.4. Speicher-Ausgabe

Speicher-Ausgabe erfolgt in folgenden Formen:

1. Einblick,
2. Zwischensumme,
3. Endsumme.

Einblick-Tasten

Bei nichtdruckenden Maschinen bringt die gedrückte Einblick-Taste oder Lese-Taste eines Speichers oder Registers den Inhalt so lange in die Anzeige, wie die Taste in gedrücktem Zustand festgehalten wird. Nach Loslassen der Taste erscheint wieder der Wert, der vorher in der Anzeige stand. Der Inhalt des Einblick-Speichers bleibt dabei unverändert.
Die Einblick-Tasten sind Rückstelltasten. Sie gestatten den Inhalt eines Speichers zu kontrollieren, einen eventuellen Divisionsrest festzustellen, eine Konstante aufzusuchen, deren Speicheradresse vergessen wurde, und nach einer Resultatanzeige durch Einblick in die Rechenregister nochmals die Faktoren, usw. zu vergleichen, die zu dem betreffenden Ergebnis führten.

Eine ähnliche Funktion haben bei einigen nichtdruckenden Maschinen auch die Ausgabetasten der Speicher, wenn sie als Wechseltasten mit Zwischensumme arbeiten.

Zwischensumme/Endsumme

Echte Ausgabe des Speicherinhalts mit seinem Vorzeichen erfolgt durch die Tasten

Zwischensumme ◇
oder
Endsumme ⊛

Bei Zwischensumme bleibt der Speicherinhalt erhalten (Konstante).
Bei Endsumme wird der Speicherinhalt gleichzeitig gelöscht, d. h. auf Null gestellt.

Nichtdruckende Automaten arbeiten meist nur mit Zwischensumme.

Die Tasten-Kennzeichnung mit Speicheradresse und Ausgabeart, Zwischensumme/Endsumme, wird auch hier wieder oft kombiniert. Fig. 6/15.

Bei größerer Speicherzahl wird die Speicheradresse als Vorwahltaste für alle 4 Speicherfunktionen benutzt:

Speicher-Addition,
Speicher-Subtraktion,
Speicher-Zwischensumme,
Speicher-Endsumme.

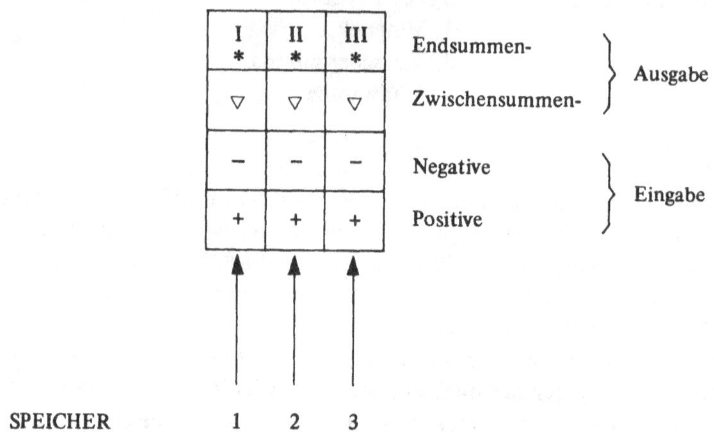

Fig. 6/15. Speichertasten

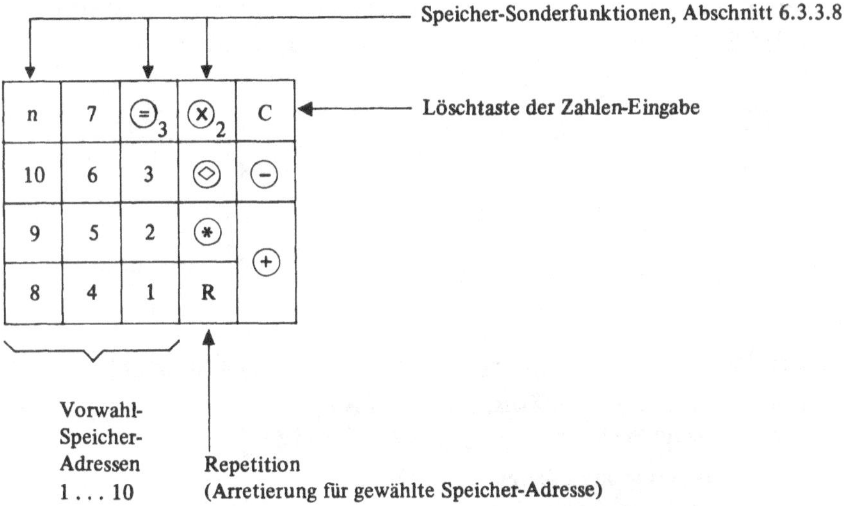

Fig. 6/16. Speichertasten mit Adressenvorwahl

6.3.3.5. Duplex-Funktionen

Eine Anzahl Rechenautomaten verfügt über die Möglichkeit der *Duplex-Eingabe,* d. h. es sind keine zwei Arbeitsgänge nötig, um einen Wert in einen Speicher und gleichzeitig als Operand in die Hauptrechnung zu geben.
Die doppelte Eingabe

1. Arbeitsgang: Speichereingabe +, -
2. Arbeitsgang: Rechenwerkseingabe +, -, x, :, usw.

erfolgt in *einem* Arbeitsgang gleichzeitig als Paralleleingabe.

Ausgelöst wird diese Duplex-Eingabe durch
Speicheradresse als Vorwahltaste, z. B. [①]
Arithmetischer Befehl als Ausführungstaste, z. B. [x]

Die Tasten „Speicher-Addition" und „Speicher-Subtraktion" können dabei nicht betätigt werden, da sie auch auslösende Tasten sind wie für arithmetische Befehle. Die Werte werden demzufolge so übernommen – positiv oder negativ – wie sie in die Hauptrechnung eingehen.
Alle Werte werden nur als Posten – positiv oder negativ – übernommen, unabhängig, ob sie in der Hauptrechnung 1. oder 2. Faktor einer Multiplikation, Dividend oder Divisor sind.

OPERATION DER HAUPTRECHNUNG	AUTOMATISCHE DUPLEX-EINGABE ALS POSTEN
+	+
-	-
×	+
$\underline{\times}$	-
:	+
$\underline{:}$	-

Eine analoge Duplex-Funktion zeigen einige Automaten, indem sie gestatten

1. Arbeitsgang: Resultat-/Zwischenresultat-Ausgabe }
2. Arbeitsgang: Speicher -Eingabe }

in einem Arbeitsgang auszuführen.
Der Ablauf gleicht der Duplex-Eingabe:
Speicheradresse als Vorwahltaste,
Ausgabebefehl als Ausführungstaste.
Das Vorzeichen der Speichereingabe gleicht auch hier dem Vorzeichen der Resultat-Ausgabe.

AUSGABE-OPERATION		AUTOMATISCHE SPEICHER-EINGABE ALS POSTEN
Zwischenresultat pos.	◇	+
Zwischenresultat neg.	$\underline{◇}$	-
Resultat positiv	=	+
Resultat negativ	$\underline{=}$	-

Interessant und bedienungsvereinfachend sind diese Duplex-Funktionen vorwiegend für druckende Automaten.

Beispiel: Eine Reihe Aufgaben des Typs $(a - b) \cdot c = d$.
Die Differenzen $(a - b)$ sollen in Speicher 1 akkumuliert werden, die Faktoren c in Speicher 2 und die Ergebnisse d in Speicher 3. Es wird als Muster nur eine Rechnung mit einem Zahlensatz durchgeführt, da er das Prinzip ausreichend erläutert.

EINTASTEN			DRUCK		
17,25	[①]	[+]	17,25	+ ①	Duplex-Eingabe
5,34	[①]	[-]	5,34	- ①	Duplex-Eingabe

312,59	[②] [x]	312,59	x ②	Duplex-Eingabe
	[③] [=]	3.722,9469	= ③	Kombinierte Ausgabe/Eingabe

Die zur Probe ausgeworfenen Speicherinhalte bestätigen die vorzeichengerechte Übernahme der Beträge

11,91	① ⊛	(a - b)
312,59	② ⊛	c
3.722,9469	③ ⊛	d

Eine weitere Duplexfunktion ergibt sich, wenn
Speicherausgabe (Zwischensumme, Endsumme)
und
Rechenwerkseingabe (+, –, x, :, usw.)
in einem Arbeitsgang ablaufen kann.

Dazu müssen die Tasten für Zwischensumme und Endsumme als Vorwahltasten ausgeführt sein. Funktionsauslösung erfolgt erst durch eine Taste der arithmetischen Befehle. Fig. 6/16.

Beispiel: 17,52 · 56,89 = 56,89 befindet sich in Sp. 2

1. Ohne Duplex-Funktion

EINTASTEN		DRUCK		
17,52	[x]	17,52	x	
	[②] [⊛]	56,89	② ⊛	Endsumme aus Speicher 2
	[x]	56,89	x	Endsumme wird über Druck-Wiederholung als 2. Faktor in das Rechenwerk gegeben
	[=]	996,7128	=	

Die Taste „Speicher-Endsumme" [⊛] ist hier Ausführungstaste.

2. Mit Duplex-Funktion

EINTASTEN		DRUCK	
17,52	[x]	17,52	x

[②] [⊛] [×]	56,89 × ②⊛	Endsumme aus Sp. 2 wird direkt als 2. Faktor in das Rechenwerk gegeben.
[=]	996,7128 =	

Die Taste „Speicher-Endsumme" ist hierbei Vorwahltaste.

Sind die Tasten für Zwischensumme und Endsumme Vorwahltasten, und sollen Zwischen- oder Endsumme aus einem Speicher ohne neue Eingabe in eine Rechnung ausgegeben werden, so wird in diesem Fall bei druckenden Automaten die *Motorisierung* der Tasten „Speicher-Addition" oder „Speicher-Subtraktion" zur Auslösung des Arbeitsganges benutzt, wobei die Funktionen Addition/Subtraktion nicht wirksam werden.

Die außerordentliche Vereinfachung in Rechenablauf und Druckbild, die sich aus der Möglichkeit der Duplex-Funktionen ergibt, zeigt folgendes Beispiel sehr überzeugend:

Es ist die Fläche F eines Dreiecks zu berechnen, wenn die Seiten a, b und c gegeben sind.

*Heron*sche Formel:

$$F = \sqrt{s\,(s-a)\,(s-b)\,(s-c)}$$

$$s = \frac{a+b+c}{2}$$

a = 15,23 m
b = 8,74 m
c = 17,99 m

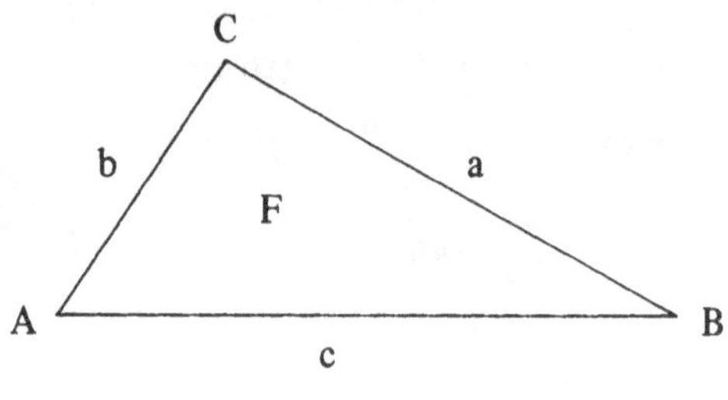

Unter Berücksichtigung, daß s, erweitert mit - 1, zu

$$s = \frac{-a-b-c}{-2}$$

wird, ergibt sich folgender Ablauf:

Komma-Position Rechnung/Ausgabe 6
Komma-Position Eingabe 2
(AC = Akkumulator, in dem die Hauptrechnung erfolgt)

Hauptrechnung
Speicheradresse
Speicherfunktion

EINTASTEN			DRUCK		
1 5 2 3	[①]	[-]	15,23	- ①	Duplexeingabe in Sp. 1 (mit gleichem Vorzeichen)
8 7 4	[②]	[-]	8,74	- ②	Duplexeingabe in Sp. 2 (mit gleichem Vorzeichen)
1 7 9 9	[③]	[-]	17,99	- ③	Duplexeingabe in Sp. 3 (mit gleichem Vorzeichen)
2 [,]		[-⌽:]	2,00	:	Bildung von s in AC
	[①]	[◇]	20,98	◇ ①	Duplexfunktion. Zwischensumme von s und Eingabe in Sp. 1 zur Bildung (s - a)
	[②] [⊕]		20,98	② ⊕	Druck-Wiederholung zur Bildung (s - b)
	[③] [⊕]		20,98	③ ⊕	Druck-Wiederholung zur Bildung (s - c)
	[①] [⊛]	[x]	5,75	x ① ⊛	⟨AC⟩ = s mal (s - a)
	[②] [⊛]	[x]	12,24	x ② ⊛	⟨AC⟩ mal (s - b)
	[③] [⊛]	[x]	2,99	x ③ ⊛	⟨AC⟩ mal (s - c)
		[√]	4.414,951476	√ ◇	F^2
		[=]	66,445101	=	F

Die Fläche ist 66,445101 m^2.

Fig. 6/17 zeigt den Originaldruckstreifen und die jeweilige Speicherbelegung.

ORIGINALDRUCK		⟨AC⟩	⟨Sp. 1⟩	⟨Sp. 2⟩	⟨Sp. 3⟩
15,23	– 1	– a	– a		
8,74	– 2	– a – b		– b	
17,99	– 3	– a – b – c			– c
2,00	÷	s			
20,98	◇ 1	s	s – a		
20,98	2 +			s – b	
20,98	3 +				s – c
5,75	× 1 *	s(s – a)	0		
12,24	× 2 *	s(s – a) (s – b)		0	
2,99	× 3 *	s(s – a) (s – b) (s – c)			0
4.414,951476	√‾ ◇	F^2			
66,445101	=	F			

Fig. 6/17. Berechnung einer Dreiecksfläche nach der Heronschen Formel

6.3.3.6. Überträge zwischen Speichern

Der Speicher-Übertrag ist die Kombination von Speicher-Ausgabe mit Speicher-Eingabe und läuft im allgemeinen über Druck-/Resultat-Wiederholung.
In der Ausgabe wählt man Zwischensumme oder Endsumme, je nachdem, ob der auszugebende Inhalt im Ausgabespeicher erhalten bleiben soll oder nicht.
In der Eingabe wählt man Speicher-Addition oder -Subtraktion, je nachdem, ob der Übertrag positiv oder negativ erfolgen soll.

Fig. 6/18 zeigt den geschlossenen Tastenblock „TRANSFER" einer Maschine für solche Überträge.
Die 12 Tasten für Ausgabe (FROM) und Eingabe (TO) zwischen Registern und Speichern sind Vorwahltasten, Ausführungstaste ist die TRANSFER-Taste unten. Die Ausgabe erfolgt als Zwischensumme. Die Eingabe erfolgt unter Löschung des evtl. vorhandenen Inhalts für die 3 freien Speicher (Konstantenspeicher). Die Register-/Speicher-Tasten nur einseitig betätigt, ohne Taste TRANSFER, dienen der normalen Eingabe/Ausgabe, wobei hier auch die Arbeitsregister adressierbar sind, um flexible Programmierung zu ermöglichen.

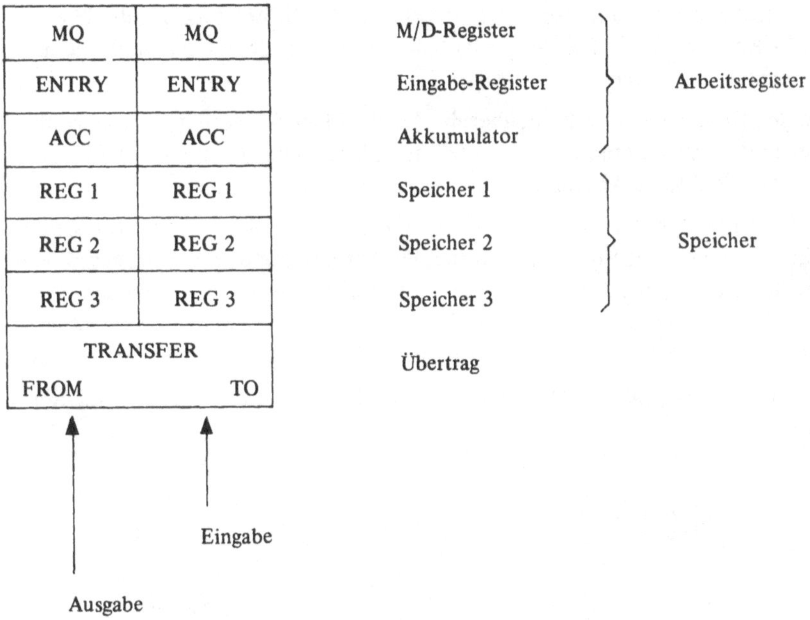

Fig. 6/18. Transfer-Tastenblock für Register und Speicher

6.3.3.7. Konstantenspeicher

Der Konstantenspeicher unterscheidet sich vom „rechnenden" Speicher dadurch, daß zum Inhalt des Konstantenspeichers nicht zuaddiert oder subtrahiert werden kann.
Eingabe in Konstantenspeicher erfolgt stets unter automatischer Löschung des noch vorhandenen Inhalts, d. h. eine Konstante bleibt im Konstantenspeicher bis eine neue Konstante eingegeben wird. Es gibt demzufolge keine Löschtasten für Konstantenspeicher. Unbeabsichtigtes Löschen eines Konstantenspeichers ist daher unmöglich, vorausgesetzt, daß die technische Ausführung so ist, daß das Aus- und Einschalten der Maschine den Speicherinhalt unverändert läßt.
Konstanten-Ausgabe ist grundsätzlich Zwischensummen-Funktion.

Bei druckenden Automaten ist die Taste „Konstanten-Eingabe" Ausführungstaste, wenn keine Duplex-Eingabe vorgesehen ist. Dagegen ist die Taste „Konstanten-Ausgabe" bei druckenden Automaten durchweg Vorwahltaste. Ausführungstaste ist der arithmetische Befehl, der bestimmt, in welcher Funktion die Konstante in die Rechnung eingehen soll.

Die Eingabe in Konstantenspeicher erfolgt über die Zifferntastatur oder über Druck-/Resultat-Wiederholung aus laufender oder beendeter Rechnung wie in „rechnende" Speicher.

Von den Konstantenspeichern, über die der Benutzer frei verfügen kann, ist die sogenannte „Automatische Konstante" nichtdruckender Automaten wohl zu unterscheiden, siehe Abschnitt 6.3.1.11.

Die Tasten für Ein- und Ausgabe werden wieder *kombiniert* mit der Adresse bei kleiner Speicherzahl, Fig. 6/19, druckender Automat, und *getrennt* bei größerer Speicherzahl, Fig. 6/20, nichtdruckender Automat. Der Anruf ist bei dem in Fig. 6/20 dargestellten nichtdruckenden Automaten besonders einfach: Die Tasten der Speicheradressen 1 . . . 5 sind direkt Ausführungstasten für Speicherausgabe, mit der Vorwahl [MI] (Memory Input) Ausführungstasten für die Speichereingabe.

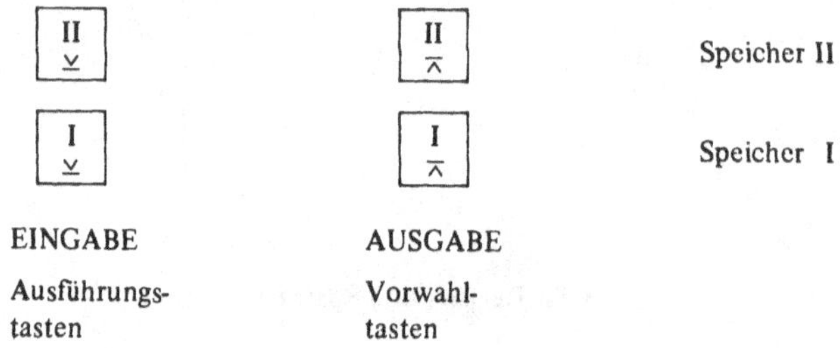

Fig. 6/19. Konstantenspeicher einer druckenden Maschine

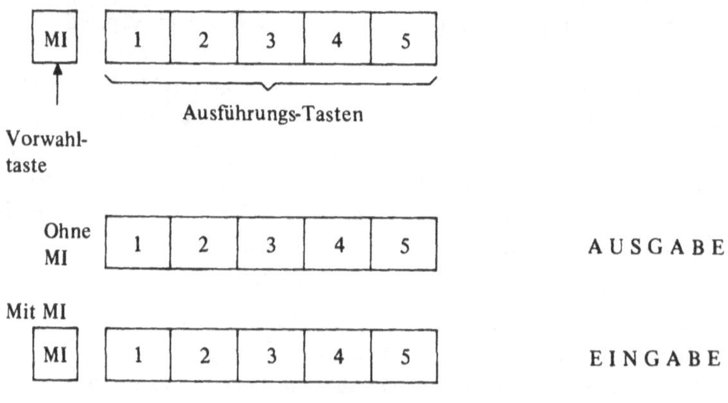

Fig. 6/20. Konstantenspeicher einer nichtdruckenden Maschine

Einer der Automaten ermöglicht trotz der mit 16 Konstantenspeichern hohen Speicherzahl die Adressierung über die Tastatur durch codierte Wahl der Speicheradressen, Fig. 6/21. Bezüglich der Register A und W wird auf die Untersuchung dieser Rechnerorganisation in Abschnitt 5.4 verwiesen. Vier Tasten Speichereingabe und 4 Tasten Speicherausgabe regeln die Verbindung der Speicher zum Rechenwerk. Eine Speicherwahltaste, MSC = Memory Selection Counter, wechselt zyklisch (0, 4, 8, 12, 0, 4, . . .) die Speicher innerhalb der angesteuerten Speichergruppe. Anzeige durch 2 Signallampen mit den Wertigkeiten 4 und 8. Andere Maschinen wählen ihre Konstantenspeicher über die Zifferntastatur (Zehnerblocktastatur).

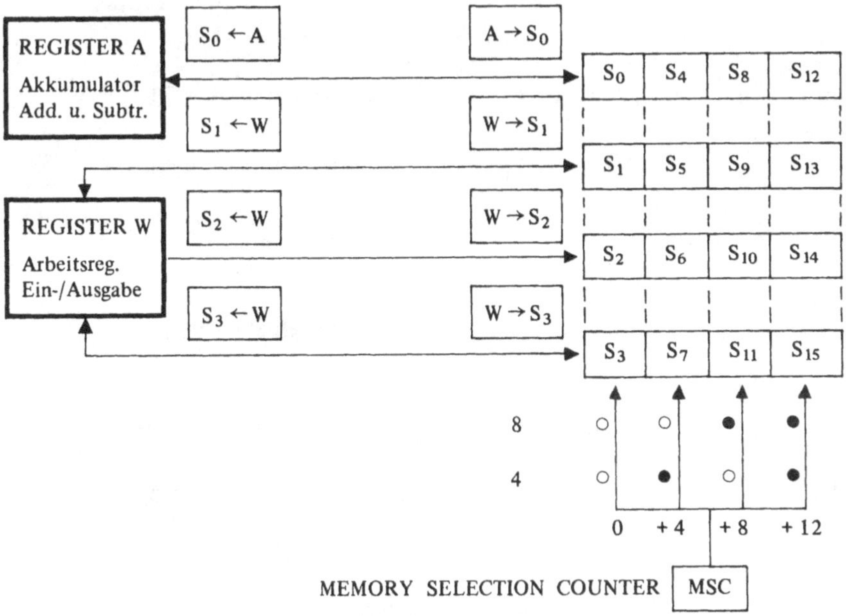

Fig. 6/21. Speicherwahl für 16 Konstantenspeicher

6.3.3.8. Speicher-Sonderfunktionen

Die Übersicht 4 im Anhang gibt für die verschiedenen Modelle Auskunft über die jeweils vorhandenen Sonderfunktionen. Dazu gehört auch die automatische Akkumulation von Ergebnissen, die im Abschnitt 6.3.1.10 besprochen wurde.

Automatische Akkumulation von Faktoren

Ein bestimmter Speicher wird durch Dauerrasttaste, Schalter oder dgl. auf automatische vorzeichengerechte Akkumulation aller 1. Faktoren einer Anzahl Multiplikationen geschaltet, wenn der 1. Faktor zur Kennzeichnung der Multiplikation mit der Taste „Multiplikation" eingegeben wird.

Beispiel: $a_1 \cdot b_1 = c_1$
$a_2 \cdot b_2 = c_2$
$a_3 \cdot b_3 = c_3$
usw.
Außer den Ergebnissen c_i ist die Summe a_i gesucht.

EINTASTEN		DRUCK			
	[⊗₂]				Autom. Akkumulation aller 1. Faktoren in Speicher 2
a_1	[×]	a_1	×	②	
b_1	[×]	b_1	×		Automatisch wird
	[=]	c_1	=		immer der 1. Faktor
a_2	[×]	a_2	×	②	vorzeichengerecht
b_2	[×]	b_2	×		in den Speicher 2
	[=]	c_2	=		
a_3	[×]	a_3	×	②	gegeben. Speicher 2
b_3	[×]	b_3	×		akkumuliert die a_i
	[=]	c_3	=		zur Σa_i
usw.	[②] [⊛]	Σa_i		② ⊛	

Gleiches ist bei einigen Maschinen auch für die 2. Faktoren möglich (Akkumulation der b_i).

Automatischer Postenzähler

Ein bestimmter Speicher wird durch Dauerrasttaste oder Schalter auf automatische Zählung der mit den Tasten „Addition" oder „Subtraktion" eingegebenen Posten geschaltet, ohne Rücksicht auf ihren Wert und ihr Vorzeichen.
Jedes Betätigen der Additions- oder Subtraktions-Taste der Hauptrechnung bewirkt also die Addition einer „1" im Speicher „Postenzähler".

Ein funktionsmäßig erweiterter Postenzähler ist der sogenannte *Befehlszähler,* der als Zusatzgerät anschließbar ist und mit 4stelliger Kapazität 0000 . . . 9999 die Anzahl der Befehle + – x : $\sqrt{x}$ x^2 zählt.

Bedeutung der Postenzähler-Einrichtung:

Meßwert- und Operandenzählung in Mittelwertsbestimmungen der Statistik, Buchungszähler und Numerateur in der Datenverarbeitung.

Austausch von Speicherinhalten

Die Austausch-Taste eines Modells bei den druckenden Automaten gestattet den Austausch der Inhalte des Akkumulators A mit einem von 5 frei wählbaren Speichern B, C, D, E, F.
Damit ergibt sich z. B. für die Akkumulation von Produkten folgende Ablauf-Programmierung:

REGISTER A		SPEICHER B	
1. Produkt		b	In A befindet sich als Rechenergebnis das 1. Produkt. In B eine beliebige Zahl b als alter Speicherinhalt.
	[B] [↕]		Austausch der Inhalte!
b		1. Produkt	Damit ist das 1. Produkt in B gespeichert. b in A ist völlig unbedeutend, es wird durch die nächste Faktoreneingabe automatisch gelöscht.
2. Produkt		1. Produkt	In A ist das 2. Produkt errechnet.
	[B] [+]		Inhalt B als Zwischensumme additiv nach A.
1. + 2. Prod.		1. Produkt	Akkumulation wird in A ausgeführt.
	[B] [↕]		Austausch der Inhalte!
1. Produkt		1. + 2. Prod.	Akkumulation wird in B gespeichert. 1. Produkt in A ist wieder unbedeutend, wird durch nächste Faktoreneingabe gelöscht.
		usf.	

Der Sinn dieses Ablaufs liegt in der vereinfachten Rechenwerks-Organisation. Alle arithmetischen Operationen haben als feste Zieladresse ausschließlich das Register A (Akkumulator).

Entsprechende Tasten bei anderen Maschinen bewirken den Austausch der Inhalte zweier Arbeitsregister (INTERCHANGE), um Dividend und Divisor gegebenenfalls in die richtige Arbeitsposition für den Divisionsablauf zu bringen, speziell bei Kontrollrechnungen rückwärts und bei Rechnungen mit konstantem Dividenden.

Übertrag von Nachkommastellen

In der programmierten Arbeitsweise finden sich auch Befehle, die von einer gebrochenen Zahl im Akkumulator A lediglich die Nachkommastellen in das Eingabe-Register E übertragen.

Ein solcher Befehl ergibt sich z. B. bei einem Automaten durch das aufeinanderfolgende Betätigen zweier Tasten. Der Übertrag erfolgt als Zwischensumme, so daß die Zahl im Register A unverändert erhalten bleibt.

Diese Funktion dient
1. zur programmierten Ausführung von Rundungsaufgaben, unabhängig von der Komma-Positionierung,
2. zur Speicherung von mehreren Konstanten in einem Speicher.

Beispiel zu 1.: In A steht das Ergebnis 2,345617 und soll auf 2 Nachkommastellen abgestrichen und gerundet werden.

	Taste		AKKUMULATOR A	REGISTER E
			2,345617	
100	[×]		234,5617	
	[/] [↕]	= Übertrag der Nachkommastellen	234,5617	,5617
	[+]	(Addiert Inhalt E zu Inhalt A)	235,1234	
	[/] [↕]	= Übertrag der Nachkommastellen	235,1234	,1234
	[-]	(Subtrahiert Inhalt E von Inhalt A)	235	
100	[:]		2,35	

Beispiel zu 2.: Es sollen folgende Konstanten gemeinsam in *einem* Speicher gespeichert werden:

(1) 453
(2) 281
(3) 397
(4) 24

Dazu werden die Konstanten auf gleiche Stellenzahl gebracht:

(1) 453
(2) 281
(3) 397
(4) 024

Daraus wird die Pseudozahl

453.281.397,024

gebildet und in einen Speicher gegeben.

Durch die Funktion „Übertrag der Nachkommastellen" erhält man bei Bedarf sofort die 4. Konstante, diese von der Pseudozahl subtrahiert, ergibt

453.281.397,000.

Multiplikation mit 0,001 ergibt:

453.281,397

und weiter wie oben, ergibt die 3. Konstante, usw.

Automatischer Nummerndruck

Ein bestimmter Speicher kann bei druckenden Automaten durch eine Taste zum sofortigen Ausdruck seines Inhalts als Zwischensumme programmiert werden, z. B. mit folgenden Möglichkeiten:

1. In diesem Speicher befindet sich eine bestimmte Nummer für Kasse, Filiale, Geschäftsstelle, Kostenstelle, usw., die dann auf Belegen jederzeit nichtrechnend zum Abdruck gebracht werden kann.
2. In diesen Speicher wird täglich bei Arbeitsbeginn das Datum eingegeben, Monate stets zweistellig oder eventuell mit Füllsternen (siehe Abschnitt 6.2.4) zum beliebigen nichtrechnenden Abdruck.
   Z. B. für 8.7.1968 80768 oder 8★7★68.
3. Dieser Speicher wird gleichzeitig als Postenzähler, Resultatzähler oder dgl. programmiert und ergibt so den Numerateur-Abdruck, d. h. die fortlaufende Zählung von Posten, Rechnungen, Buchungen, usw.

Speichersplit

Bei einigen druckenden und nichtdruckenden Automaten finden sich Tasten für den Split der Speicher in zwei Hälften.
Aus 5 Speichern zu je 22 Dezimalstellen werden so 10 Speicher zu je 11 Dezimalstellen, aus 3 Speichern zu je 14 Dezimalstellen werden 2 Speicher zu 14 und 2 Speicher zu je 7 Dezimalstellen, usw.

Diverse Sonderfunktionen

Ein sogenannter *Dispositionsumwandler,* ein Schalter mit drei Schaltstellungen, bewirkt die Eingabe in einen Speicher, und zwar je nach Schaltstellung

normal für Zahlen, Konstante,
als Grandtotal zur Akkumulation aller Resultate,
als Postenzähler.

7. Ausgabevorrichtungen und Ausgabe

Nach Art der Wertausgabe für Operanden, Zwischenresultate, Resultate und Speicherinhalte unterscheidet man Maschinen mit

Sichtanzeige (Leuchtanzeige, Anzeigefeld), siehe Übersicht 7 im Anhang, und
Druckausgabe, siehe Übersicht 5 und 6 im Anhang.

7.1. Ausgabe-Kapazität

Wie die Übersicht 3 im Anhang zeigt, liegt die Ausgabekapazität der elektronischen Tischrechenautomaten zwischen

9 und 30 Dezimalstellen pro Zahl,

die dabei möglichen Nachkommastellen zwischen 0 und 30 Stellen. Im Mittel liegt die Ausgabekapazität bei 16 bis 17 Dezimalstellen. Auch für mechanische Tischrechenmaschinen liegt das Resultatmittel bei 16 Dezimalstellen. Trotz erhöhter Eingabekapazität bei elektronischen Tischrechenautomaten sind es nur relativ wenige Hersteller, die auf Eingabebeschränkung für Faktoren (und Divisionen mit Divisor kleiner 1) verzichten und Ergebnisse bis zu doppelter Eingabekapazität zulassen oder die Eingabekapazität so breit auslegen, nämlich 20 und mehr Dezimalstellen, daß praktisch von einer „Beschränkung" in der Eingabe nicht gesprochen werden kann.

Die Automaten, die mit doppelter Eingabekapazität zu rechnen und auszugeben vermögen, halten jedoch für diese Ausnahmerechnungen ihre Ausgabeeinrichtung selbst auf einfacher Kapazität, höchstens eine Stelle mehr für Additionsüberträge. Ergebnisse mit bis zu doppelter Kapazität werden dann in zwei Teilen ausgegeben.

Ein druckender Automat druckt in diesem Fall das Ergebnis automatisch auf zwei Zeilen verteilt, wie folgende Beispiele deutlich machen: (Die beiden Sterne rechts neben den zwei Zeilen zeigen, daß die beiden Zeilen zusammengehören.)

1. Beispiel: Multiplikation mit voller Kapazität	99.999.999.999.999 x
(14 Stellen mal 14 Stellen)	98.765.432.123.456 x
Resultat: 98 44	
(28 Stellen)	98.765.432.123.455 ☆
	01.234.567.876.544 ☆ =

2. Beispiel: Multiplikation mit voller Kapazität	99.999.999,999999 x
und Kommaposition 6.	98.765.432,123456 x
Resultat: 98 . . . 01,234567	
	98,765432 ☆
	12.345.501,234567 ☆ =

3. u. 4. Beispiel: Zwei Divisionen mit Divisor	99.999.999,999999	:
kleiner 1, so daß Kapazitätsüberschreitung	0,123123	:
entsteht, wenn der Dividend volle Kapazität hatte.		
1. Resultat: 812 . . . 4,147145	8	☆
	12.195.934,147145	☆ =
Kleinstmöglicher Divisor:	99.999.999,999999	:
	0,000001	:
2. Resultat: 999 . . . 9,000000	999999	☆
	99.999.999,000000	☆ =
5. Beispiel: Addition mit voller Kapazität,	99.999.999,999999	+
die zu Kapazitätsüberschreitung führt.	99.999.999,999999	+
Resultat: 199 . . . 9,999998		
Da die erste Kapazitätsüberschreitung zur	1	☆
Tastensperre führt, können bei Additionen	99.999.999,999998	☆ =
nur Kapazitätsüberschreitungen um maximal		
1 Stelle auftreten.		
(Alle Rechnungen absichtlich ohne Rundung.)		

Nichtdruckende Automaten mit Rechnung bis zu doppelter Eingabe-Kapazität signalisieren ebenfalls die Kapazitätsüberschreitung. Der 1. Teil des Ergebnisses ist sofort in der Sichtanzeige ablesbar, der 2. Teil wird in die Sichtanzeige gebracht durch Druck auf eine spezielle Register-Taste oder auf eine Sonder-Shift-Taste [$\overrightarrow{16}$], die das Resultat um volle Kapazität, in diesem Fall 16 Stellen, nach rechts verschiebt, und so den Inhalt des benutzten Überlauf-Registers sichtbar macht. Im ersten Fall werden die hohen Wertstellen des Ergebnisses zuerst sichtbar, im zweiten Fall die niedrigen Stellen.

7.2. Sichtanzeige

Die meisten elektronischen Tischrechenautomaten sind nichtdruckend. Sie geben über Sichtanzeige aus. Die Sichtanzeige erfolgt durch

Ziffernanzeigeröhren,
Flutlichtziffern,
Katodenstrahlröhre.

Die Ziffernstellen sind gelegentlich auf dem festen Rahmen um die Anzeige über den Ziffern fortlaufend mit einer Stellenziffer beschriftet, von rechts mit 1 beginnend.

7.2.1. Ziffernanzeigeröhren

Die Sichtanzeige erfolgt über Ziffernanzeigeröhren, wie den *Nixie*-Röhren oder ähnlichen, meist in der Standardgröße mit 15 mm hohen Ziffern 0 . . . 9, die als Kaltkatodenröhren keine Heizleistung benötigen.
Für jede Stelle der Ausgabekapazität ist eine Röhre vorhanden, gelegentlich rechts eine Röhre zusätzlich für Prüfzwecke und links eine Vorzeichenröhre mit Plus- und Minuszeichen.
Das Komma wird meist durch kleine Glimmröhren angezeigt, ebenso eventuell vorhandene Punkte zur Gliederung der dargestellten Zahl in leichter lesbare Dreier-Gruppen.

In Verbindung mit der Verkleinerung der Maschinen durch Anwendung integrierter Schaltkreise, sind neuerdings die japanischen Hersteller zu geringerer Ziffernhöhe übergegangen.

Blenderscheinungen durch äußere Lichteinwirkung auf die Anzeige werden weitgehend ausgeschaltet durch richtigen Neigungswinkel, etwas vorgezogene, abschirmende Verkleidung des Anzeigefeldes, dunkle und matte, absorbierende Färbung der Innenseite der Verkleidung, Grauton-Filter und polarisierte Lichtfilter.

7.2.2. Flutlichtziffern

Die Sichtanzeige erfolgt bei einigen Maschinen über Flutlichtziffern. Für jede Stelle der Ausgabekapazität ist ein Anzeigeelement vorhanden. Jedes Anzeigeelement besteht aus 12 durchsichtigen Plastikscheiben. In diese Plastikscheiben sind die Ziffern 0 . . . 9, Komma, usw. einperforiert. Jeder Plastikscheibe ist ein eigenes Miniaturglühlämpchen mit lötbaren Drahtenden zugeordnet. Die Leuchtziffern sind 15 mm hoch und 8 mm breit und erscheinen weiß auf schwarzem Grund.

7.2.3. Katodenstrahlröhre

Die Sichtanzeige erfolgt durch eine Katodenstrahlröhre, die auf ihrem Bildschirm den Inhalt von Registern und Speichern gleichzeitig in mehreren Zeilen zur Anzeige bringt. Es werden je nach Modell 3 bis 6 Zeilen mit einer Kapazität von 10 bis zu 24 Dezimalstellen angezeigt.

7.3. Druckausgabe

Die Ausgabe von eingegebenen, errechneten und gespeicherten Werten erfolgt bei einer kleinen Zahl elektronischer Rechenautomaten über Druckwerke. Es wird ein Endlos-Papierstreifen, auch Kontrollstreifen genannt, mit den jeweiligen Beträgen und Symbolen bedruckt. Zum Einfärben und Sichtbarmachen der angeschlagenen Drucktype dient ein Farbband oder eine Farbrolle. Die Drucktype kann unter Zwischenlage des Farbbandes auf das Papier aufschlagen, das in der Druckwalze seine Gegenlage hat.

Die Druckwalze kann aber durch einen Typenzylinder ersetzt sein, d. h. die Drucktype befindet sich auf der Rückseite des zu beschriftenden Papiers und der Anschlag erfolgt wieder von vorn durch einen glatten Druckhammer unter Zwischenschaltung des Farbbandes. Gegenlage sind hier die erhabenen Stellen der Drucktype, die somit das Bild der betreffenden Ziffer ergeben.

Kontrollstreifen und Farbband werden zwischen den Druckvorgängen transportiert, der Kontrollstreifen vertikal, das Farbband horizontal.

Steuerung und Antrieb der Druck-Funktionen erfolgt meist über Kurvenscheiben, die auf umlaufenden Wellen befestigt sind. Diese Wellen werden jeweils für die Dauer eines Druckvorganges, das ist der Druck einer Zeile, mit der Antriebswelle des Motors gekuppelt.

Einige Druckwerke sind auf das Auswechseln der normalen Typenträger gegen Typenträger mit maschinenlesbaren Ziffern vorbereitet. Es ist dies vor allem eine Frage der Gesamtpräzision des betreffenden Abdrucks, an den erhöhte Anforderungen gestellt werden, wenn die Ziffern maschinell lesbar sein sollen.

Die Übersicht 5 im Anhang gibt die wichtigsten Daten zur Ausgabe druckender Automaten für die verschiedenen Modelle. Dabei bedeutet „Komma = Ziffer", daß das Komma nicht zwischengesetzt wird, sondern eine Ziffernstelle beansprucht.

Grundsätzlich müssen unterschieden werden

Paralleldruckwerke, die mit *einem* Anschlag die gesamte Zahl (Zeile) drucken,
Seriendruckwerke, die wie eine Schreibmaschine die Zahl stellenweise drukken.

Die Druckgeschwindigkeiten sind nicht direkt vergleichbar, sondern nur in Relation zur Stellenzahl des Wertes, der gedruckt werden soll. Dies zeigt die folgende Betrachtung der möglichen Grenzfälle.

Beispiel:

Paralleldrucker 20 Stellen (K)	3 Zeilen pro Sekunde (Z).
Seriendrucker	30 Zeichen pro Sekunde (S).

Zur Vereinfachung wird angenommen, daß die Drucker auf Dauerfunktion geschaltet werden können und Rückstellungen und Zeilenschaltungen die Druckgeschwindigkeit nicht zusätzlich beeinträchtigen, sondern in den genannten Zeiten bereits eingerechnet sind.

Zu drucken sind Zahlen mit voller Stellenkapazität des Paralleldruckers.
Der Paralleldrucker druckt 3 x 20 = 60 Ziffern pro Sekunde.
Der Seriendrucker druckt 30 Ziffern pro Sekunde.
Bei großer Stellenzahl ist der Paralleldrucker überlegen.

Die zu druckenden Zahlen bestehen nur aus 1 Ziffer.
Der Paralleldrucker druckt 3 x 1 = 3 Ziffern pro Sekunde.
Der Seriendrucker druckt 30 Ziffern pro Sekunde.

Bei kleiner Stellenzahl ist der Seriendrucker überlegen. In diesem extremen Fall wären 30 Ziffern gleich 30 Zeilen pro Sekunde. Hier würden allerdings Rückstellung und Zeilenschaltung leistungsmindernd wirken.

Es stellt sich die Frage, für welche Stellenzahl n innerhalb der Druckkapazität K (n = 1 . . . K) die Druckgeschwindigkeiten in etwa übereinstimmen.

Es ergibt sich, daß
der Paralleldrucker in 1 Sekunde $n \cdot Z$ Ziffern druckt,
der Seriendrucker in 1 Sekunde S Ziffern druckt.

Es wird

$$n \cdot Z = S$$

für die zu druckende Stellenzahl

$$n = \frac{S}{Z} = \frac{\text{Zeichen/s (Serialdrucker)}}{\text{Zeilen/s (Paralleldrucker)}}$$

In obigem Beispiel wird also

$$n = \frac{30}{3} = 10 \text{ Stellen.}$$

Die beiden Drucker arbeiten etwa mit gleicher Geschwindigkeit, wenn die zu druckenden Werte 10 Stellen haben. Werden für Symbole 2 Stellen abgerechnet, so bleiben 8 Dezimalstellen.

7.3.1. Paralleldrucker

Paralleldrucker drucken bei einem Druckvorgang, auch Kurbelzug genannt, eine komplette Zeile. Für jede Wertstelle ist ein Typenträger, meist ein Typenrad, vorhanden, das auf seinem Umfang die Drucktypen für die Ziffern 0 . . . 9, eventuell auch Komma (Komma = Ziffer), Minuszeichen und Sonderzeichen (Füllstern/Sicherungsstern, siehe Abschnitt 6.2.4) trägt.

Die Typenträger für Leerstellen innerhalb der Druckkapazität, an denen kein Abdruck erfolgen soll und darf, z. B. Vornullen, werden entweder nicht abgezogen, d. h. nicht zum Abdruck gebracht oder jeder Typenträger hat für diesen Fall eine Leerstelle, die wie eine Ziffer eingestellt wird (Vornull, 0, 1, . . . 9). Das

Nichtabziehen dieser Stellen erfordert zusätzlichen Aufwand, wird aber bevorzugt, da es in Bezug auf ein sauberes Druckbild meistens sicherer ist.

Außer den Typenrädern für die Wertstellen sind noch gleichartige Typenräder – rechts im Druckbild – für die gleichzeitig zu druckenden Symbole vorhanden. Je nach Modell und Ausstattung werden 2–6 Symbolreihen verwendet.

Der abgewickelte Mantel eines solchen Typenradzylinders, die Typenräder alle in Grundstellung, zeigt eine mögliche Druckwerkseinteilung, Fig. 7/1.

Die Typenräder werden von der Elektronik aus eingestellt. Der Abdruck der gesamten Zahl, einschließlich der Symbole, erfolgt nach Einstellung gleichzeitig für alle Stellen. Das „Gleichzeitig" wird dabei mit Absicht etwas unkorrekt gehalten, um das Druckgeräusch zu mindern.

Impulsfolge	Ziffernstellen							Symbolstellen			
	14.	13.	12.	......	3.	2.	1.	1.	2.	3.	4.
13	☆	☆	☆		☆	☆	☆	☆	+		
12	,	,	,		,	,	,		–	⑩	
11	9	9	9		9	9	9	%	$\underline{\times}$	⑨	
10	8	8	8		8	8	8	‰	×	⑧	
9	7	7	7		7	7	7	r	$\underline{:}$	⑦	
8	6	6	6		6	6	6	n	:	⑥	⊕
7	5	5	5		5	5	5		#	⑤	⊖
6	4	4	4		4	4	4		$\underline{\Diamond}$	④	$\textcircled{\underline{\Diamond}}$
5	3	3	3		3	3	3		◇	③	$\textcircled{\underline{*}}$
4	2	2	2		2	2	2		$\underline{=}$	②	$\textcircled{\Diamond}$
3	1	1	1		1	1	1		=	①	⊛
2	0	0	0		0	0	0		$\sqrt{\ }$	F	N
1	Ø	Ø	Ø		Ø	Ø	Ø	Ø	Ø	Ø	Ø

Ø = Vornull

F = FEHLER

Fig. 7/1. Druckwerkseinteilung für einen Paralleldrucker mit 14 Ziffernstellen und 4 Symbolstellen

7.3.2. Seriendrucker

Auch Seriendrucker werden zur Ausgabe eingesetzt. Bei einem Modell befinden sich die Drucktypen auf einem Typenzylinder. Der Druck erfolgt durch einen Andruckhammer, der sich von rechts nach links von Stelle zu Stelle bewegt. Der Typenzylinder dreht sich mit 1800 Umdrehungen in der Minute = 30 Umdrehungen in der Sekunde. Ein elektrischer Impuls von der Steuer- und Recheneinheit bewirkt den Andruck in dem Augenblick, in dem sich das zu schreibende Zeichen vor dem Hammer (hinter dem Papier) befindet. Die Niederschrift erfolgt also von rechts nach links mit einer Geschwindigkeit von 30 Zeichen in der Sekunde.

Ein anderer Seriendrucker benutzt nur 1 Typenrad, das auf seinem Umfang die Ziffern 0 . . . 9, Symbole und Zeichen trägt. Dieses Druckrad rotiert am Streifen vorbei und schreibt mit einer Geschwindigkeit von 37–40 Zeichen pro Sekunde.

Anders ist die Arbeitsweise einer französischen Maschine. Sie beschriftet einen Papierstreifen fortlaufend in seiner Längsrichtung, und zwar, ihrer Arbeitsweise als technisch-wissenschaftlicher Rechner entsprechend, genau in Übereinstimmung mit der abgelesenen mathematischen Formelschreibweise.

Die Aufgabe $(0{,}1765 + 0{,}304) \cdot (5{,}276 - \frac{13{,}27}{4{,}005}) = \ldots$

ergibt folgenden Kontrollstreifen:

(.1765 + .304) x (5.276 - 13.27 : 4.005) = .943049481

Bei einer Neuentwicklung wird ein Mosaikdruckwerk benutzt, das mit elektronisch gesteuerten Nadeln arbeitet, die mit einer Geschwindigkeit von rund 600 Punkten in der Sekunde drucken. Dadurch ergibt sich die außerordentlich hohe Druckgeschwindigkeit von rund 90 Zeichen oder Ziffern pro Sekunde.

7.3.3. Antrieb

Als Antrieb für druckende Automaten werden Motoren im Dauerbetrieb, wie auch Motoren im Start-Stop-Betrieb verwendet.

Bei Motoren im Dauerbetrieb kann die kinetische Energie der Antriebswelle mit Motorrotor und aufgesetzten Schwungrädern ausgenutzt werden. Ventilatoren als Kühlflügel können unabhängig vom Druckvorgang ständig rotieren. Funkentstörung ist nicht oder nur in geringem Umfang erforderlich. Es muß jedoch besonders auf Geräuscharmut geachtet werden. In den Arbeitspausen zwischen den Druckvorgängen darf der Motor kaum hörbar sein.

Motoren im Start-Stop-Betrieb verlangen meist eine umfangreiche Entstörung. Das Problem der Geräuscherzeugung ist nicht so kritisch wie bei den Dauerläufern, da die Motoren während des Druckvorganges laufen und der Anschlag der Typenträger, besonders bei Paralleldruckern, sicher lauter ist als der Motor. Jedoch darf das Auslaufgeräusch des Motors nach dem Druckvorgang nicht stören.

Benutzt werden meist *Einphasen-Wechselstrom-Motoren,* wie Induktionsmotoren (Käfigläufer, Kurzschlußläufer) für 110 und 220 Volt Wechselstrom mit etwa 3000 Umdrehungen pro Minute.

Die verwendeten Motoren müssen drehzahlkonstant sein und steile Drehmomentkennlinie besitzen. Spannungs- und Belastungsschwankungen, vor allem bei Paralleldruckwerken mit wechselnder Stellenzahl des Abdrucks, dürfen den gleichmäßigen Arbeitsgang nicht gefährden.

Für die Dimensionierung der Motoren gelten die Anhaltspunkte der VDE-Vorschriften 0730, wonach das notwendige Anlauf- bzw. Drehmoment bereits bei 15 % Unterspannung erreicht werden muß und die Übertemperatur der Motorwicklungen bei 10 % Überspannung die Grenztemperatur von 85° C nicht überschreiten darf.

Als Getriebe zwischen Motor und Hauptantriebswelle werden Zahnradgetriebe, Schneckengetriebe, Planetengetriebe und die geräuscharmen Keil- und Zahnriementriebe eingesetzt. Sie reduzieren, als Untersetzungsgetriebe ausgebildet, gleichzeitig die Umdrehungszahl des Motors auf die vorgesehene Druckgeschwindigkeit.

Eine Eintourenkupplung, über Elektromagnete (Kupplungsmagnet) eingeschaltet, verbindet den Motor über die genannten Getriebe mit dem Druckwerk für die Dauer eines Druckvorgangs.

Paralleldrucker leisten 60 bis 300 Abdrucke pro Minute, d. h.

1 bis 5 Zeilen pro Sekunde.

Bei rund 20 Zeichen pro Zeile (Ziffern plus Symbole) liegt die Druckgeschwindigkeit dieser Paralleldrucker maximal also bei

20 bis 100 Zeichen pro Sekunde, aber zeilengebunden.

Seriendrucker arbeiten mit 30 bis 90 Zeichen pro Sekunde, aber zeilenunabhängig. Vergleiche dazu Abschnitt 7.3.

7.3.4. Druckvorgang

Der Druckvorgang beinhaltet

die Einstellung der Typenräder auf die auszugebenden Ziffern, Kommas, Sonderzeichen und Symbole (Sollstand),

eventuelle Rückmeldung über die wirklich erfolgte Einstellung (Iststand),
eventueller Vergleich Sollstand–Iststand in der Elektronik,
Abdruck, wenn der Vergleich „Richtig" ergab, Maschinensperre oder Abdruck mit dem Symbol „F" = Fehler, wenn der Vergleich „Falsch" ergab,
Rückführung aller beteiligten Organe in ihre Grundstellung.

Dieser Ablauf erfolgt bei Seriendruck stellenweise, bei Paralleldruck für alle Druckstellen gleichzeitig innerhalb einer gewissen Einstellzeit. Die Rückführung in Grundstellung wird auch bei Seriendruckern nur einmal erfolgen, nämlich nach Abdruck der kompletten Zahl, wenn der Andruckhammer bzw. das Typenrad wieder in die Ausgangsposition zurück muß.

Die Einstellung der zu druckenden Zahl und ihrer Symbole in die Typenräder erfolgt bei Paralleldruckern durch Drehung der Typenräder und Arretierung an der richtigen Stelle durch Elektromagnete. Für jede Ziffern- und Symbolstelle ist ein Magnet vorhanden. Alle Magnete sind in einem Magnetblock zusammengefaßt.

Der grundsätzliche Ablauf wird für die meist benutzten Paralleldrucker beschrieben. Es wird vereinfachend angenommen, daß Zahnstangen die Typenräder direkt einstellen, was praktisch nicht der Fall ist. Meist sind Übertragungsräder zwischengeschaltet und statt der Zahnstangen können auch Einstellräder verwendet werden. Aber das Prinzip ist so am leichtesten erkennbar. Fig. 7/2.

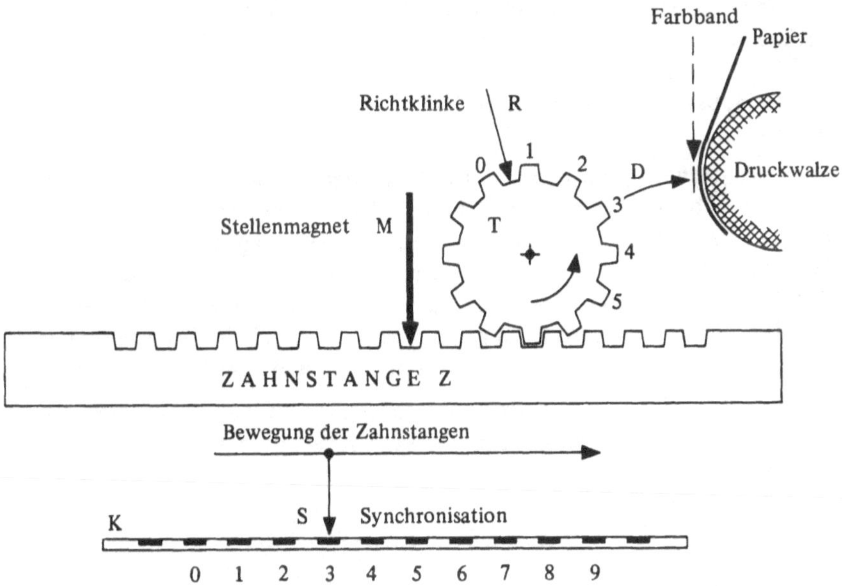

Fig. 7/2. Prinzip der Typenräder-Einstellung

Alle Zahnstangen Z werden bei Beginn des Einstellvorganges gemeinsam durch einen Riegel, Hebel oder dergleichen, vom Motor angetrieben, nach rechts bewegt und drehen dabei die Typenräder, so daß die Zifferntypen 0, 1, 2, 3, ... der Reihe nach in Druckposition kommen. In der Figur ist als Beispiel gerade die Ziffer „3" in Druckposition gedreht.

Proportional zur Bewegung der Zahnstangen läuft ein Schleifer S auf einer Kontaktbahn K (Synchronisationsleiste) und meldet der Elektronik, daß alle noch in Bewegung befindlichen Zahnstangen/Typenräder sich gerade in Druckposition für die Ziffer „3" befinden. (Impulsfolge 5 in Fig. 7/1.)

Die Elektronik prüft nun, ob und an welchen Stellen die „3" benötigt wird. Ist z. B. „3" gerade der richtige Wert für diese Stelle, so wird der zugehörige Stellenmagnet M von der Elektronik angerufen. Er arretiert die Zahnstange und damit das Typenrad in dieser Position.

Das Gleiche gilt nicht nur für das gezeichnete Typenrad. Es müssen für alle Stellen der zu druckenden Zahl, die „3" werden, jetzt die Zahnstangen festgehalten, d. h. die entsprechenden Stellenmagnete angerufen werden.

Der Zeitbedarf, zwischen der Meldung „Wir befinden uns in Druckposition 3" und der Arretierung der sich ständig bewegenden Zahnstangen, muß berücksichtigt werden. Diese „Synchronisation" gehört zu den kritischsten Stellen dieser Automaten.

Die arretierten Zahnstangen klinken sich automatisch aus der Weiterbewegung aus. Die noch nicht arretierten Zahnstangen bewegen sich weiter, stellen ihre Typenräder nunmehr auf Ziffer „4", der Schleifer S geht synchron damit auf Kontakt 4, usw. bis alle Typenräder ihre richtige Druckposition eingenommen haben.

Bevor sich dann die gemeinsame Achse der drehbar auf ihre gelagerten Typenräder in Richtung D zum Abdruck bewegt, fallen Richtklinken R in eine Zahnlücke der Typenräder ein und machen die Druckbewegung mit. Sie richten alle Typenräder genau auf Zeile aus, um einen sauberen Abdruck zu erzielen, und übernehmen gleichzeitig die Arretierung der Typenräder in ihrer jeweiligen Position. Die ursprüngliche Arretierung der Typenräder durch die Zahnstangen geht durch die Druckbewegung – von den Zahnstangen weg – verloren.

Die Einstellung der Typenräder zeigt nachfolgendes Beispiel. Es wird von der Elektronik quasiparallel ausgegeben, wie es im Abschnitt 5.4, Rechenwerk, beschrieben war.

Die Zahl 730.214.986,594076 $\underset{-}{\Diamond}$ ③ ⊕

wurde als negatives Zwischenergebnis errechnet, wurde gleichzeitig additiv in den Speicher 3 gegeben und soll jetzt ausgedruckt werden.

Die Symbole werden im Elektronik-Rechner und in der Ausgabe genau wie Ziffern behandelt, nur befinden sich auf den Symboltypenrädern statt der Ziffern die entsprechenden Symbole. Eine mögliche Zuordnung, Symbole–Ziffern, zeigt die Druckwerkseinteilung, Fig. 7/1, nach der in diesem Beispiel verfahren wird.

$\underline{\Diamond}$	(Negative Zwischensumme)	entspricht der Ziffer 4 in der 2. Symbolstelle.
③	(Speicher 3)	entspricht der Ziffer 3 in der 3. Symbolstelle.
⊕	(Speicher-Addition)	entspricht der Ziffer 6 in der 4. Symbolstelle.

Als Vornullen, die *nicht* gedruckt werden, zählen alle Nullen vor der höchsten Wertziffer 7 und alle unbenutzten Symbolstellen, hier also die 1. Symbolstelle.

	ELEKTRONISCHER RECHNER																							
	AUSGABE-REGISTER FÜR ZAHL UND SYMBOLE																							
	Z				A					H					L					SYMBOL				
Stelle	20	19	18	17	16	15	14	13	12	11	10	9	8	7	6	5	4	3	2	1	1	2	3	4
Wert	0	0	0	0	7	3	0	2	1	4	9	8	6	,	5	9	4	0	7	6	0	4	3	6

Impulsfolge der Synchronisation		Ausgabe-Register der Elektronik		Magnetblock
1. Meldg: Vornull	→	Prüfung auf Vornull Ergebnis: Ziffernstellen 20–19–18–17 Symbolstelle 1	→	Arretierung dieser Stellen.
2. Meldg: 0	→	Ziffernstellen 14 und 3	→	Arretierung
3. Meldg: 1	→	Ziffernstelle 12	→	Arretierung
4. Meldg: 2	→	Ziffernstelle 13	→	Arretierung
5. Meldg: 3	→	Ziffernstelle 15 Symbolstelle 3	→	Arretierung
6. Meldg: 4	→	Ziffernstellen 11 und 4 Symbolstelle 2	→	Arretierung
7. Meldg: 5	→	Ziffernstelle 6	→	Arretierung

8. Meldg: 6	→ Ziffernstellen 8 und 1 Symbolstelle 4	→ Arretierung
9. Meldg: 7	→ Ziffernstellen 16 und 2	→ Arretierung
10. Meldg: 8	→ Ziffernstelle 9	→ Arretierung
11. Meldg: 9	→ Ziffernstellen 10 und 5	→ Arretierung
12. Meldg: ,	→ Ziffernstelle 7	→ Arretierung

Damit ist die Einstellung der Typenräder zum Druck beendet.

Es ergibt sich im Prinzip etwa folgender Ablauf für den Druckvorgang:

Anruf des Kupplungsmagneten,
Einkuppeln der Eintourenkupplung,
Einstellung der Typenräder über Einstellvorrichtung (Zahnstangen),
Richtklinken arretieren die Typenräder und richten sie aus,
Verbindung Typenräder–Einstellvorrichtung (Zahnstangen) wird gelöst,
Die Druckfedern werden gespannt,
Das Farbband wird in Druckposition gebracht, d. h. angehoben, für Rotdruck in Rotposition,
Abdruck,
Die Richtklinken werden in Grundstellung gebracht, „eingelesen",
Typenräder und Einstellvorrichtung (Zahnstangen) werden in Grundstellung gebracht,
Die Arretierklinken des Magnetblocks werden eingelesen,
Das Farbband wird um eine Einheit weitergeschaltet,
Die Druckwalze mit dem Papierkontrollstreifen wird um einen Zeilenabstand hochgedreht, bei Resultat- und Zwischenresultat-Druck oft um zwei Zeilenabstände,
Die Antriebskupplung wird ausgekuppelt und arretiert.

Der gesamte Druckvorgang verläuft vollautomatisch ohne manuelles Zutun.

Das Problem der Druckrückmeldung ist bei einem der Modelle wie folgt gelöst: Die Zahnstangen tragen einen gefederten Kontakt, der sich mit den Zahnstangen über die Kontaktbahnen einer gedruckten Schaltung bewegt und den Ziffernwert einstellt, der der arretierten Stellung der Zahnstangen und damit der tatsächlichen Druckposition der Typenräder entspricht. Fig. 7/3.

Vor dem Abdruck vergleicht die Elektronik diesen Iststand der Typenräder mit dem Sollstand des Ausgabe-Registers. Bei Differenzen gibt sie einen Typenträger mit dem Zeichen „F" (Fehler) frei und ruft „Rotdruck" an. Es folgt der Abdruck des falschen Wertes in rot mit „F" und anschließender Maschinensperre.

Diese Einrichtung wird automatische Druckrückmeldung genannt und gewährleistet hohe Sicherheit in der Ausgabe.

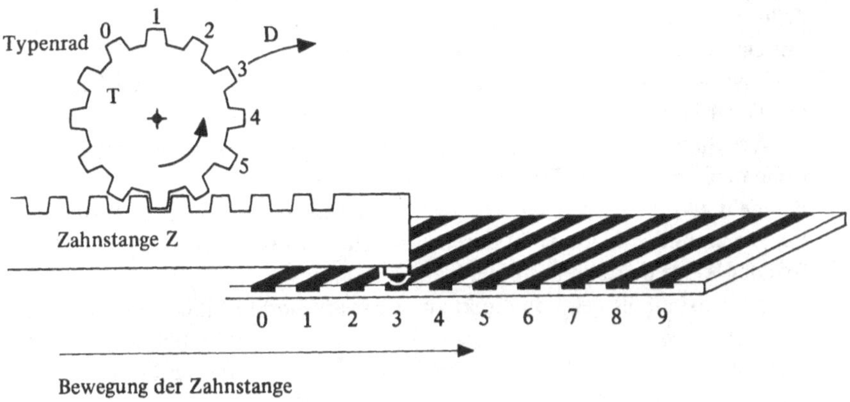

Fig. 7/3. Druckrückmeldung

7.3.5. Druckbild

Der Druck erfolgt im allgemeinen stellengerecht, d. h. gleiche Stellenwerte stehen genau untereinander, also Komma unter Komma, unabhängig von der Zahl der Nachkommastellen.

Beispiel:

12,34	x
7.894,567	x
97.418,95678	=

Der Abdruck soll sofort nach dem Druck aus normaler und unveränderter Bedienungshaltung gut lesbar und nicht durch Verkleidungsteile verdeckt sein.

Die horizontalen Druckabstände von Mitte Ziffer bis Mitte Ziffer, Ziffernabstand oder Teilung genannt, liegen zwischen

2,54 bis 4,0 mm.

Der Zeilenabstand, der vertikale Abstand der Zeilen voneinander, liegt zwischen

4,23 und etwa 5 mm.

Dieser Grundabstand heißt ein Zeilenschritt.
Die Stellen vor dem Komma werden durch Punkte oder Zwischenräume in leicht lesbare Dreiergruppen geteilt.

Beispiel:

12.345.678.901,234	=
12 345 678 901,234	=

7.3.6. Drucksymbole

DIN 9754 fordert:

Die Funktionssymbole sind an der rechten Seite der Werte auf der gleichen Zeile zu drucken.
Der Druck des Symbols „+" ist nicht erforderlich.
Negative Werte müssen im Druck zusätzlich das Zeichen „-" enthalten.
Bei *einem* Speicher oder *einem* zusätzlichen Rechenregister:
Kennzeichnung im Druckbild durch Kreis oder horizontales Versetzen des rechentechnischen Drucksymbols.
Bei mehr als einem Speicher oder mehr als einem zusätzlichen Rechenregister:
Kennzeichnung im Druckbild durch arabische Ziffern, die sich von den Ziffern der Werte deutlich unterscheiden.
Die Zahlensymbole gehören direkt zur Zahl und sind mit ihnen zu drucken, d. h. das Zeichen „-" wird möglichst direkt links neben der höchsten Ziffer gedruckt (zum Unterschied vom Funktionssymbol „-" für Subtraktion).
Die Symbole sind kombinierbar.

Allgemein gilt:
Im Druckbild sollen die benutzten Tasten, d. h. die vorgenommenen Operationen, lückenlos erkennbar sein, dies besonders auch in Hinsicht auf die erkennbare oder geplante Erweiterung verschiedener elektronischer Tischrechenautomaten durch Zusatzeinrichtungen und -geräte für den Einsatz zur Datenverarbeitung.

Drucksymbole sollen den Tastensymbolen möglichst entsprechen.

Es werden folgende Symbole verwendet:

FUNKTION	DRUCKSYMBOLE		
	DIN 9754 DIN 9764	Sonstige	zusätzlich
Addition	+		
Subtraktion	-		Rotdruck
Multiplikation	x		
Division	:	÷	
Negative Multiplikation	$\underline{\times}$		Rotdruck
Negative Division	$\underline{:}$		Rotdruck
Zwischenresultat Zwischensumme	◇	◇ ^	
Negatives Zwischenresultat	$\underline{◇}$	$\underline{◇}$ $\underline{^}$	Rotdruck
Endsumme	*		
Negative Endsumme	$\underline{*}$		Rotdruck
Resultat	=		

Negatives Resultat		≡	Rotdruck
Quadratwurzel	√		
Nichtrechnen	#		
Nichtdrucken	N		
Divisionsrest	# *)	r =	
Prozent	%		
Promille	‰		
Füllstern		★	
1 Speicher	○	S	
Mehr als 1 Speicher	3 ɷ	a, b, . . . A, B, . . . I, II	
Konstantenspeicher		⊻ ⊼	
Speicher-Übertrag		↑	
Austausch der Speicher-Inhalte		↕ I	
Speichersplit		/	
Postenzähler		n	
Grand Total		★	
Programm-Arbeit		A, A–, S, V, W, Y, Z	
Löschung Eingabe		C	
Gesamtlöschung		∴ ▤	
Fehler	F	! !	Rotdruck
Ersteingabe		F (First)	

*) Nur in Verbindung mit Divisionsresultat

7.3.7. Papierführung und -transport

Zu Papierführung und -transport gehören:

Papieraufnahme
Ein Papierrollenhalter, eine Achse, auf die die Papierrolle aufgesteckt oder auch nur ein leeres Fach, in das die Rolle eingelegt wird, um das Auswechseln besonders leicht zu machen.

Druckwalze
(Schreibwalze), an die das Papier durch Andruckrollen angedrückt wird, so daß es die Drehbewegung der Walze bei der Zeilenschaltung mitmacht.
Der Andruck des Papierstreifens an die Walze kann zum Ausrichten des Streifens durch einen Papierlösehebel (Walzenlöser, Papierlöser) oder eine Papierlösetaste neben der Walze vorübergehend aufgehoben werden.
Die Druckwalze ist die Gegenlage für den Anschlag der Typenträger beim Druckvorgang und transportiert durch ihre Drehung das an sie gedrückte Papier. Diese Drehung der Druckwalze kann manuell erfolgen durch Betätigung eines Walzendrehknopfes oder einer Taste rechts neben der Walze.

Zeilenschaltwerk

Die Drehung der Druckwalze erfolgt als „Zeilenschaltung" automatisch in Verbindung mit jedem Abdruck um eine Zeile, einen Zeilenschritt.

Bei Ausgabe von Resultaten, eventuell auch Zwischenresultaten, werden automatisch zwei Zeilen geschaltet, um das Druckbild übersichtlich zu halten. Die Kolonne „Doppelte Zeile" in der Übersicht 6 im Anhang zeigt, nach welchen Funktionen die betreffende Maschine doppelte Zeilenschaltung ausführt.

Bei einem Modell kann die Zeilenschaltung, ohne Druckvorgang, zusätzlich von einer Taste im Bedienungsfeld angerufen werden. Kurzer Druck auf die Taste schaltet eine Zeile. Festhalten der Taste schaltet für die Dauer des Festhaltens mit der Druckfrequenz des Automaten, in diesem Fall mit 3 Zeilen pro Sekunde. Diese Funktion ist für die Formularbeschriftung bedeutungsvoll, besonders in Verbindung mit programmiertem Arbeiten.

Stacheltransport-Einrichtung

Die sogenannte „Stachelwalze" dient der betriebssicheren spalten- und zeilengerechten Führung eines Endlosformularstreifens mit Randlochung, einschließlich seiner Durchschläge. Fig. 7/4.

Für randgelochte Kontrollstreifen, randgelochte Formulare, kann die normale Druckwalze gegen eine solche Stachelwalze ausgewechselt werden. Die Stachelwalze hat rechts und links einen Kranz mit Führungsnocken (Stacheln), die in die Randlochung des Kontrollstreifens eingreifen und so den gleichmäßigen Transport und damit die formularmäßig korrekte Beschriftung auch der Durchschlagsformulare sicherstellen. Verstellbare Stachelkränze rechts und links von der normalen Druckwalze erlauben das Arbeiten mit verschiedenen Streifenbreiten, und zwar mit und ohne Randlochung, Fig. 7/5.

Der randgelochte Kontrollstreifen muß durch die Stachelkränze transportiert werden, nicht wie ungelochte Kontrollstreifen durch die Druckwalze. Dazu werden für die Dauer des Transportes die Andruckrollen mechanisch, meist durch Exzenterwellen, von der Druckwalze abgehoben.

Abreiß-Schiene

Eine transparente Abreiß-Schiene führt den Kontrollstreifen nach dem Abdruck. Sie hat eine scharf gezahnte Oberkante, um ein leichtes und sauberes Abtrennen des Kontrollstreifens zu ermöglichen.

Schreibauflage

Über der Druckwalze befindet sich gelegentlich als Teil der Verkleidung eine glatte Fläche als Schreibauflage, um gegebenenfalls auf dem Kontrollstreifen handschriftliche Notizen anbringen zu können.

WANDERER·conti

elektronischer Tischrechner

Fall-Nr.		1.0 2 5,	#
Bruttoentgelt	DM	9 6 0,1 2	:
Arbeitsstd./Tage		1 8 1,5 0	:
Std.-Lohn/Regellohn	DM	5,2 9	^
regm.Arbeitsstd./wtl.		4 2,0 0	×
regm.Wochenlohn	DM	2 2 2,1 8	^
wtl./Arbeitstage		5,0 0	:
Regellohn	DM	4 4,4 4	= m
Zutr.Regellohn	DM	3 5,0 0	× – ◊
% vom Regellohn		6 9,0 0 %	×
Krankengeld	DM	2 4,1 5	^ ~
% vom Krankengeld		2 5,0 0 %	×
Hausgeld	DM	6,0 4	=
Nettolohn	DM	7 3 0,0 0	:
Arbeitsstd./Tage		1 8 1,5 0	:
Std.-Lohn/Netto-Tagesl.	DM	4,0 2	^
regm.Arbeitsstd./wtl.		4 2,0 0	×
regm.Wochenlohn	DM	1 6 8,8 4	^
wtl./Arbeitstage		5,0 0	:
Netto Tageslohn	DM	3 3,7 7	^
abzügl.Krankengeld	DM	2 4,1 5	– ~ *
Zwischensumme		9,6 2	^
Krankheitstage		1 2,0 0	×
auszuzahlender Betrag	DM	1 1 5,4 4	=

Berechnet am: 17.2.68 durch: [Unterschrift] Geprüft am: 18.2.68 durch: Müller

Fig. 7/4. Krankenkassen-Abrechnung auf randgelochte Endlosformulare (Werkfoto Wanderer)

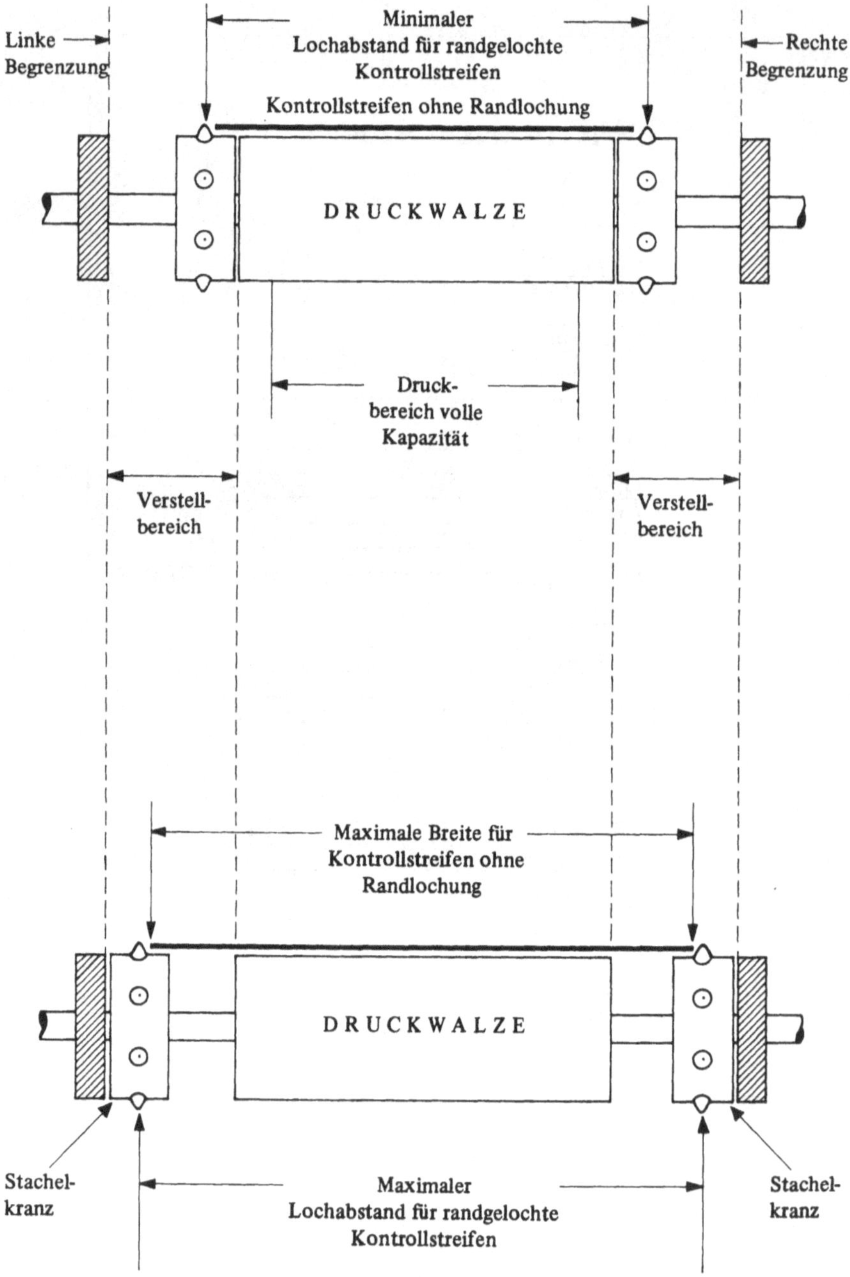

Fig. 7/5. Verstellbare Papierführung für Kontrollstreifen mit und ohne Randlochung

7.3.8. Kontrollstreifen

Gedruckt wird auf Papier-Kontrollstreifen, der als Endlosformular auf Rollen handelsüblich ist.

Die elektronischen Tischrechenautomaten gestatten, je nach Modell, die Papierbreiten

schmal 80 mm
bis
Standard 105 mm

zu verarbeiten. Die Rollendurchmesser liegen zwischen 75 und 80 mm, das sind rund 50 m Streifenlänge bei 75 Gramm-Papier.

Die Mehrlagenrolle ermöglicht mit Durchschlägen zu arbeiten. Die Anzahl der lesbaren Durchschläge ist abhängig von der kinetischen Energie des Abdrucks.

7.3.9. Farbbandtransport und -umschaltung

Der Farbbandtransport bewirkt nach jedem Druckvorgang ein Stück Umspulen, d. h. Auf- und Abspulen des Farbbandes. Die Farbbandumschaltung schaltet die Transportrichtung des Farbbandes jeweils von der vollen auf die leere Farbbandspule um. Farbbandtransport und -umschaltung erfolgen mechanisch, gesteuert vom Druckwerk beim Druckvorgang bzw. von der leeren Farbbandspule.

Zweifarbendruck-Einrichtung
Einige Automaten haben Zweifarbendruck-Einrichtung, die es ermöglicht, Zahlen und Symbole in zwei Farben zu drucken, d. h. alle negativen Werte, Operanden, Resultate, Zwischenresultate, eventuell auch Fehleranzeige („F"-Druck), sowie die zugehörigen Symbole, durch Rotdruck deutlich zu kennzeichnen. Diese Maschinen müssen das Farbband in diesem Fall zum Druck in Rotposition anheben. Diese Ansteuerung erfolgt von der Elektronik aus (Kennzeichen-Register).
Das Minuszeichen im Symboldruck ist trotz Rotdruck erforderlich in Hinsicht auf eventuelle Durchschläge.

7.3.10. Farbband und Farbrolle

Es sind die Normspulen für Schreibmaschinen-Farbband mit 13 mm Breite und etwa 8–10 m Länge nach DIN 2103 üblich, für Maschinen mit Zweifarbendruck-Einrichtung mit zwei Farbzonen, schwarz und rot. Das Farbband ist leicht auswechselbar.

Eine der druckenden Maschinen benutzt eine neuartige Farbrolle, die in handlicher Kassette geliefert und nur eingelegt wird.

8. Betriebssicherheit

Die Betriebssicherheit eines elektronischen Tischrechenautomaten, die unbedingte Sicherheit, daß seine errechneten Ergebnisse zuverlässig sind, ist von höchster Bedeutung.

Die Möglichkeit einiger nichtdruckender Automaten, ohne Neueingabe ein Ergebnis zurückzurechnen, und zwar unter Benutzung anderer Befehle und Operationen des Rechners als bei der Bildung des Ergebnisses, ist in diesem Zusammenhang allein nicht ausreichend, da es praktisch nicht laufend durchführbar ist.

Für ein ausgegebenes Resultat muß die volle Sicherheit bestehen, daß es richtig gerechnet wurde oder der Automat muß zumindest „FEHLER" melden.

8.1. Grundlagen der Betriebssicherheit

Die höchstmögliche Betriebssicherheit wird bei den elektronischen Tischrechenautomaten durch folgende Maßnahmen erreicht, die bei den einzelnen Modellen in entsprechender Auswahl und Modifikation angewandt sind:

1. Sorgfältige Auswahl der zur Verwendung kommenden elektrischen und elektronischen Bauteile und aller sonstigen Materialien.
2. Rechnung und/oder Prüfung der zu entwickelnden Schaltkreise in Hinsicht auf die Sicherheit ihrer Funktion bei normaler Datenstreuung der Bauelemente, wie auch bei ihrer zu erwartenden Datenveränderung als Funktion der Zeit. Dabei ist entweder „Worst-case"-Dimensionierung anzuwenden, d. h. Rechnung mit dem ungünstigsten Fall oder (meist) Rechnung mit dem wahrscheinlichsten Fall, die statistische Dimensionierung.
3. Ausreichende, kontrollierte und auswertende Erprobung zunächst der Prototypen und dann der Maschinen aus den Anfangsserien der Fertigung (Vorserie, Nullserie), in Versuchs- und Prüffeld.
4. Grenzprüfungen, die sogenannten „Marginal checking", sind für die elektronischen Aggregate von besonderer Bedeutung. Sie bestimmen durch absichtliche und systematische Variation der Betriebsbedingungen, vor allem Spannungs- und Temperatur-Variation, bis in den Bereich fehlerhaften Arbeitens die Grenzen des sicheren Arbeitens. Diese Grenzprüfungen müssen sich über den ganzen Bereich der Maschine erstrecken, von Grundbausteinen über Untergruppen, Gruppen usw. bis zur Gesamtmaschine.

   Diese Grenzprüfungen müssen bereits an Prototypen ausgeführt werden, um die ersten Basis- und Vergleichswerte zu erhalten; wichtiger sind aber dann Prüfungen in der zweiten Stufe an einer hinreichend großen Anzahl aus den Anfangsserien normaler Fertigung.

5. Den Grenzprüfungen der elektronischen Aggregate entsprechen im mechanischen Bereich die beschleunigten, zeitraffenden Dauererprobungen bis zum völligen Verschleiß. Sie geben für mechanische Teile Auskunft über die zu erwartende Lebensdauer.

   Zeitdehnungsaufnahmen durch hohe Blitzfolge pro Sekunde und langsame Vorführung sind für alle kritischen Bewegungsabläufe in der Mechanik eine außerordentlich wertvolle und beschleunigende Hilfe in der Entwicklung feinwerktechnischer Aggregate. Feinmechanische Geräte erfordern eine sehr lange Entwicklungs- und Reifezeit, die nur auf Kosten der Betriebssicherheit gekürzt werden kann.

6. Die entscheidenden Prüfungen und Messungen an Prototypen und Anfangsserien der Fertigung müssen unbedingt von Kräften oder Teams durchgeführt werden, die entwicklungs- und fertigungsneutral sind.

7. Gründliche und zeitlich ausreichende Fertigungsvorbereitung ist ein Teil der Betriebssicherheit.

8. Erfahrene und sorgfältige Fertigung, richtige Eingangsprüfung von Kaufteilen, gewissenhafte Prüfung von Teilen der Eigenfertigung, der Zwischenstufen der Fertigung bis zum Endprodukt.

9. Die weitgehende Verwendung genormter Schaltkreise im elektrischen Bereich und bewährter Normteile im mechanischen Bereich führen zur Stabilisierung über die schnell wachsende Erfahrung und erhöhte Stückzahl.
   Der Zwang zur Stabilisierung, der von der hohen Stückzahl allgemein ausgeht, ist bekannt.

Für den elektronischen Rechner werden besonders programmierte Prüfgeräte zur systematischen Kontrolle der einzelnen Funktionen und zur automatischen Dauerprüfung eingesetzt. Diagnoseprogramme gestatten eine rasche Fehlerermittlung.

Für die mechanischen Baugruppen, Tastatur und Druckwerk, werden elektronische Prüfadapter oder der Original-Rechner des Automaten, aber mit speziellen Prüfprogrammen, verwendet.

Die Prüfung der fertigen Maschinen erfolgt durch Prüfprogramme, die manuell eingetastet werden, wie auch durch Prüfprogramme auf Lochstreifen oder sonstige Datenträger, die automatisch die Tasten über Elektromagnete betätigen.

Zur Betriebssicherheit geben die Hersteller Grenzdaten für Netzspannungsschwankungen und Temperatur, siehe Abschnitt 9.

8.2. Programmierte Kontrollen

Zwar können über die durchschnittliche Lebensdauer einer Anzahl von Bauelementen gewisse Aussagen gemacht werden, aber wann der statistisch festgestellte *eine* Ausfall pro 1 000 oder 100 000 Betriebsstunden vielleicht eintritt, entzieht sich der Vorausberechnung. Eine Fehlrechnung des Automaten ist also nicht hundertprozentig vermeidbar, aber der Fehler muß, ebenso wie Bedienungsfehler, gemeldet werden. Dazu sind laufende Prüfungen, die internen Kontrollen, in den Automaten fest programmiert, wie:

1. Die Bit-Kontrollen der Codierung, Kontrolle auf Paarigkeit (gerade Anzahl von L-bits) und Unpaarigkeit (ungerade Anzahl von L-bits), Zufügen einer Paritätsstelle (Zufügen eines L-bits zu ungerader Anzahl von L-bits), usw.

2. Quersummenkontrolle, modulo 9, wird angewendet und bei jeder Zahl als sogenannte „Prüfziffer" mitgeführt. Nach jedem Transport und nach jeder arithmetischen Operation wird die Prüfziffer neu errechnet und verglichen.

3. Kontrolle auf Kapazitätsüberschreitungen in der Eingabe und solche, die sich erst während der Rechnung ergeben, auch Prüfautomatik für Stellenzahl genannt.

4. Kontrolle auf fehlerhafte Eingabe bezüglich der Kommapositionierung. Z. B. Festkomma auf 2 Dezimalstellen, eingetastet werden aber 3 Nachkommastellen. Maschine sperrt und zeigt Kapazitätsüberschreitung an.

5. Kontrolle auf fehlerhafte Operation, wie z. B. Division durch Null.

6. Kontrolle auf fehlerhafte Doppelbetätigung von Tasten. Werden zwei Wechseltasten genau gleichzeitig gedrückt, so rasten beide ein. Für diesen Fall bestimmt eine programmierte Vorrangschaltung, welche Tastenfunktion gültig ist, wenn nicht sogar Maschinensperre ausgelöst wird. Eine durch die Verdrahtung festgelegte Vorrangordnung ergibt sich, wenn diese mit Ruheschleifenkontrolle angelegt ist, wie es Fig. 6/5 gezeigt hat.

7. Kontrolle der richtigen Druckausgabe durch automatische Druckrückmeldung. Die Erfahrungen der Datenverarbeitung lassen eine besondere Kontrolle der Druckausgabe unter allen Umständen empfehlenswert erscheinen. Dabei erfordert eine echte Kontrolle, daß der elektrische Weg vom Elektronikausgang zur Einstellung der Drucktypen und von den eingestellten Drucktypen zurück zur Elektronik durch Mechanik unterbrochen ist, um die unabhängige Rückmeldung über den tatsächlichen Stand der Typenräder zu gewährleisten. Siehe Abschnitt 7.3.4.

   Bei den erweiterungsfähigen Automaten finden sich weiterhin:

8. Zusätzliche Programmierung einer bestimmten und festen Stellenzahl für die Eingabe betriebsintern genormter Kontonummern, Artikelnummern, Teile-

nummern, usw. Diese Programmierung verhindert die falsche Eingabe dieser wichtigen Kennzeichennummern bezüglich ihrer Stellenzahl und gilt nur für diese Nummerneingabe innerhalb eines Arbeitsablaufs. Für alle anderen Eingaben bleibt die Maschinenkapazität unbeschränkt und unverändert.

9. Zur Kontrolle, daß im Fall 8. auch die richtigen Ziffern in der richtigen Reihenfolge eingetastet wurden, wird die sogenannte *Nummernprüfung* angewendet. Aus der gewichteten Quersumme, modulo x, ergibt sich eine Prüfziffer, die der Kennzeichennummer als letzte Stelle innerhalb der programmierten Stellenkapazität angehängt und mit eingetastet wird. Die Prüfziffer-Rechnung ist programmiert und sperrt die Maschine, wenn die eingetastete Prüfziffer mit der nach Eingabe sofort aus den übrigen Ziffern der Kennzeichennummer errechneten Prüfziffer nicht übereinstimmt.

8.3. Sperren

Tasten-Sperren dienen als
prophylaktische Maßnahmen gegen Bedienungsfehler,
Eingabesperre nach Kapazitätsüberschreitung oder Maschinenfehler,
Eingabesperre beim Einschalten der Maschine, solange sich die Elektronik noch nicht in definierter Grundstellung befindet,
Eingabesperre in Verbindung mit laufender Programmarbeit,
Eingabesperre unter bestimmten Bedingungen in Verbindung mit Ein- und Ausgabe von Daten oder Programmen über externe Datenträger.

Folgende Arten von Sperren – verschieden in ihrer speziellen technischen Ausführung – sind bekannt:

1. Die Ziffern-Tastatur ist durch Sperren so gesichert, daß keine zwei Ziffern versehentlich gleichzeitig eingetastet werden können, was zu zweifelhafter Eingabe führen würde oder bei direkter Eingangscodierung eventuell zu einer Überlagerung der 2 mal 4 bit zu anderer oder Pseudotetrade.

   Meist wird dazu die bekannte und relativ einfache Kugelsperre verwendet. Für n Tasten liegen (n + 1) Kugeln nebeneinander in einem langgestreckten Käfig, der n Schlitze für die n Tastenarme hat. Die Kugeln sind in ihrer horizontalen Bewegungsmöglichkeit so begrenzt, daß nur 1 Tastenarm zwischen sie kann und damit alle anderen Tasten gesperrt sind. Zweckmäßigerweise bezieht man in die gleiche Ziffernsperre die Kommataste und die eventuell vorhandene Füllstern-Taste mit ein.

   Als Zifferntasten-Sperre, gesteuert von der Elektronik, schiebt ein Magnet einen Metallstreifen S von der Dicke eines Tastenarmes in diese Kugelsperre. Damit ist die gesamte Ziffern-Tastatur gesperrt.

2. Hierher gehört der Auslösemechanismus der Wechseltasten, auch gegenseitig löschbare Tasten genannt, die so zueinander in Beziehung stehen, daß eine einmal gedrückte Taste durch das Niederdrücken einer anderen in die Ausgangslage zurückgeführt wird. So werden Tasten für verschiedene Speicheradressen gerne als Wechseltasten ausgeführt, damit nicht versehentlich z. B. die Zwischensumme aus zwei Speichern gleichzeitig angerufen wird.

   Gesamtlöschung dieser Wechseltasten-Sperre erfolgt automatisch beim Arbeitsgang. Manuelle Löschung ist möglich durch leichtes Anschlagen oder halbes Betätigen einer beliebigen Wechseltaste, das die arretierte Taste zwar freigibt, aber die betätigte Taste noch nicht arretiert.

3. Tasten von sich widersprechenden Funktionen werden gegenseitig gesperrt, so daß z. B. von den Tasten „Resultat" und „Zwischenresultat" nur *eine* betätigt werden kann. Auch hier werden meist kurze Kugelsperren angewendet.

4. Sperrung der Tastatur erfolgt vor allem bei druckenden Automaten, wenn eine motorisierte oder arbeitsgangauslösende Funktionstaste einen Arbeitsgang eingeleitet hat. Diese Sperrung wird *vor* Beendigung des Arbeitsganges wieder aufgehoben, so wie der Arbeitsgang durch Neueintasten nicht mehr gestört oder verändert werden kann. Die sogenannte *Voreinstellung,* die überlappendes Arbeiten erlaubt, ist dadurch möglich, siehe dazu Abschnitt 4.1. Diese Sperrung erfolgt über Elektromagnete, gesteuert von der Elektronik, mit doppelter Funktion:

   Arretierung der betätigten Funktionstasten und
   Sperrung der anderen Tasten gegen Betätigung.

5. In gleicher Weise erfolgt die Sperrung der Tastatur, mit Ausnahme der Löschtaste, wenn die Kontrollen „FEHLER" gemeldet haben oder die Maschine gerade eingeschaltet wurde. Siehe dazu Unterprogramm „Warte auf Korrekturtaste", Abschnitt 5.6.10.

6. Einzelsperrung von Tasten durch einen kleinen Hebel neben der Taste. Der gefederte Hebel muß zurückgedrückt werden, um die betreffende Taste betätigen zu können. Diese Einrichtung dient z. B. bei einem programmierbaren Automaten zur Sicherung des eingegebenen Programms gegen unbeabsichtigte Löschung.

7. Das gleichzeitig erforderliche Betätigen zweier *nicht* nebeneinanderliegender Tasten zur Gesamtlöschung der Maschine schützt auf ähnliche Weise gegen unbeabsichtigtes Löschen der Speicherinhalte, siehe auch Abschnitt 8.7.5, Gesamtlöschung.

8. Zu den Sperren gehört auch der zu einem der Modelle lieferbare *Sicherheitsschlüssel.* Ohne diesen Sicherheitsschlüssel sind wie bei Registrierkassen und Buchungsautomaten folgende Funktionen gesperrt:

   Abfrage akkumulierter Tagesumsätze,

Änderung des eventuell programmierten Datumdrucks,
Änderung der eventuell programmierten Bediener- oder Maschinenkennziffer,
Änderung von gespeicherten Besteuerungssätzen.
Siehe dazu Abschnitt 14.3.

8.4. Visuelle Kontrollen

Der Benutzer eines elektronischen Tischrechenautomaten führt in verschiedenen Fällen selbst visuelle Kontrollen aus.

8.4.1. Kontrolle der Betriebsbereitschaft

Anzeige der Betriebsbereitschaft des Automaten geschieht durch Leuchttaste, Leuchtzeichen, beleuchteten Namenszug, Farbzeichen und bei nichtdruckenden Automaten vor allem durch das Aufleuchten der Sichtanzeige. Nullstellungskontrollen durch Druck des Klarzeichens, siehe Abschnitt 8.7.5.

8.4.2. Fehler-Kontrolle

Fehler in Eingabe, Rechnung und Ausgabe werden außer durch Sperre auch durch Leuchttaste und -zeichen angezeigt.

8.4.3. Eingabe-Kontrolle

Direkte Eingabe-Kontrolle besteht bei den nichtdruckenden Automaten, da bei diesen die eingetastete Zahl direkt Ziffer für Ziffer in die Sichtanzeige einläuft und vor der Weiterverarbeitung kontrolliert und gegebenenfalls wieder gelöscht werden kann. Trotzdem ist eine Maschinensperre bei Überschreiten der Eingabe-Kapazität auch hier empfehlenswert, da sonst die höchsten Stellenziffern doch unbemerkt (Blindbedienung) nach links hinausgeshiftet werden.

Bei druckenden Automaten ist diese Eingabe-Kontrolle erst nach dem Druck möglich, aber im Falle eines Fehlers durch die Druckwiederholungs-Einrichtung auch relativ einfach korrigierbar, wie im Abschnitt 6.2.7 durch Beispiele belegt wurde.

Ein Modell unter den druckenden Automaten zeigt den eingetasteten Wert in einer kleinen Anzeige noch vor dem Druck. Dieser Automat ist programmierbar; eine falsch eingetastete Zahl könnte über den automatischen Programmablauf zu einer ganzen Reihe falscher Rechnungen führen.

Der Stellenanzeiger (Stellenskala) eines anderen druckenden Automaten gibt nicht den Wert der eingetasteten Zahl an, sondern – wie der Name sagt – die eingetastete Stellenzahl zur Kapazitätskontrolle. Trotzdem erfolgt auch hier Maschinensperre bei Kapazitätsüberschreitung, da beim Blindbedienen der Stellenanzeiger nicht beachtet werden kann.

Diese Eingabe-Kontrollen werden gelegentlich auch Einstellkontrollen genannt. Diese Bezeichnung stammt aus der Zeit, da in mechanischen Tischrechenmaschinen die einzugebende Zahl noch durch Hebel „eingestellt" wurde.

8.4.4. Rechen-Kontrolle

Rückrechnung von Operationsergebnissen durch Befehle, die bei der Bildung des Ergebnisses nicht beteiligt waren, ist als Kontrollrechnung bei nichtdruckenden Automaten möglich.

8.4.5. Register-/Speicher-Kontrolle

Einige Automaten zeigen die erfolgte Speicherbelegung (Inhalt $\neq 0$) durch Leuchtzeichen an. Kontrolle der Registerinhalte ist ohne Rechnung über die Einblicktasten nichtdruckender Automaten möglich, siehe Abschnitt 6.3.3.4.

Die Automaten mit Katodenstrahlschirm geben die kompletten Register- bzw. Speicherinhalte in der Anzeige.

8.4.6. Ausgabe-Kontrolle

In diesen Bereich der visuellen Kontrollen gehört auch der Symboldruck der Funktionszeichen für die eingetasteten Operationen druckender Automaten, der eine lückenlose und unverwechselbare Kontrolle aller durchgeführten Operationen ermöglichen muß, siehe Abschnitt 7.3.6.

8.4.7. Kontrolle der Programmarbeit

Programmierbare Automaten zeigen Leuchtzeichen oder flackerndes Leuchtzeichen während der Ausführung von programmierten Rechnungen. Erlischt dieses Zeichen, so ist die Programmarbeit beendet oder automatisch unterbrochen zur Eingabe des nächsten variablen Wertes (Bedienungszwang).

8.5. Fehleranzeige

Dem Benutzer werden von den verdrahteten oder programmierten Kontrollen festgestellte Fehler durch folgende Maßnahmen angezeigt, die einzeln und kombiniert eingesetzt werden:

Leuchtzeichen, spezielle Leuchtfelder in verschiedenen Farben, Leuchttasten in verschiedenen Farben, Leuchtzeichen in der Sichtanzeige rechts oder links in verschiedenen Farben.
Druckausgabe mit Fehlerkennzeichen „F", eventuell in Rotdruck, für Fehler in der Elektronik (Rechen- und Transportfehler), Fehler im Programmablauf und Fehler in der Ausgabe beim Übertrag von der Elektronik in das Druckwerk.
Tastensperre,
Drucksperre,
Löschen der gesamten Sichtanzeige.
Erlöschen des Leuchtkommas in der Anzeige bei der Eingabe von zuviel Nachkommastellen,
Druck eines „F" vor Ausführung der Rechenoperation, die eine Kapazitätsüberschreitung verursachen würde.
Rechte Anzeigeröhre in der Sichtanzeige ist freigehalten für Kontrollzwecke und zeigt bei „Fehler" eine von Null verschiedene Zahl.
Alle Ziffern einer Zahl (Registerinhalt) auf dem Kathodenstrahlschirm werden heller und rechts erscheint eine senkrechte Reihe Nullen als Zeichen der Kapazitätsüberschreitung.

8.6. Fehlerarten und -behebung

Zur Korrektur der durch die Maschine selbst aufgezeigten Fehler führt im allgemeinen die Betätigung einer oder mehrerer Löschtasten, die gleichzeitig alle Registerinhalte und damit auch die fehlerhaften Registerinhalte löschen und eventuelle Sperren aufheben (Tastaturlösetaste, Over Flow Lock).

8.6.1. Kapazitäts-Fehler

Kapazitätsüberschreitungen sind Bedienungsfehler und müssen von der Maschine gemeldet werden. Betätigung der entsprechenden Taste löscht die unbrauchbaren Werte und es kann neu eingetastet werden.
Folgende Arten der Kapazitätsüberschreitung sind zu unterscheiden:

Überschreitung der Eingabe-Kapazität nach der Gesamtstellenzahl, ohne Rücksicht auf evtl. Kommasetzung,
Kapazitätsüberschreitung bei Festkomma trotz korrekter Gesamtstellenzahl,

wenn die eingetastete Stellenzahl *vor* dem Komma größer ist als die zulässige Differenz (Eingabe-Kapazität minus eingestellter Kommaposition).
Kapazitätsüberschreitung bei Festkomma trotz korrekter Gesamtstellenzahl, wenn die eingetastete Stellenzahl *nach* dem Komma größer ist als die eingestellte Kommaposition.
Überschreitung der Rechenkapazität.

8.6.2. Maschinen-Fehler

Hebt das Betätigen der Löschtaste die eingetretene Maschinensperre und/oder Fehleranzeige nicht auf, so liegt ein echter und dauernder Maschinen-Fehler vor. Ein Bauteil, eine Verbindung oder ein Isolierung sind schadhaft geworden.

Solche Fehler treten jedoch meist nicht plötzlich als Dauerfehler auf. Eine Zeitlang wird das Nullstellen der Elektronik durch die Löschtaste die Fehleranzeige noch aufheben, aber die erneute Sperrung durch „Fehler" tritt gehäuft auf.

In der Mehrzahl der Fälle wird die Fehleranzeige nur gelegentlich einmal auftreten, die Maschine arbeitet anschließend Wochen und Monate einwandfrei. Diese gelegentliche Störung des Arbietsablaufs kann folgende Ursachen haben:

1. Störimpulse von außen, vor allem über die Netzspannungszuleitung, besonders in der Nähe schlecht entstörter Elektroaggregate. Die elektronischen Tischrechenautomaten haben teils zwar am Netzeingang eingebaute Störschutzfilter, die aber aus räumlichen Gründen nicht so überdimensioniert ausgelegt sein können, daß sie alle oder zufällig summierte Störspitzen hundertprozentig abriegeln.
2. Störimpulse vom elektromechanischen Druckwerk und vom Stromversorgungsteil in die Elektronik. Prellerscheinungen und Funkenbildungen von sich schließenden und öffnenden Kontakten. Isolationsschäden durch sich bewegende mechanische Teile an schlecht verlegten Zuleitungen. Wechselnde Magnetfelder.
3. Alle elektrischen und elektronischen Bauteile zeigen im Lauf der Zeit eine geringe Veränderung ihrer Daten. Damit verschieben sich die Betriebsbedingungen von der Mitte des Bereichs sicheren Arbeitens nach oben oder unten zur Grenze hin. Es kann gelegentlich der Fall eintreten, daß die Grenze der Betriebssicherheit auf diese Weise einmal überschritten wird.
4. Wenn nicht nach „Worst-case", dem ungünstigsten Fall, dimensioniert wurde, sondern nach der zweifellos berechtigten Wahrscheinlichkeit, daß sich alle möglichen unerwünschten Abweichungen nicht zufällig alle im gleichen Augenblick summieren, so kann dieser unglückliche Augenblick trotzdem einmal eintreten.

5. Der kleine Anstoß, der in den Fällen 3. und 4. zum Überschreiten der Grenze der Betriebssicherheit führt, kann von erhöhter Umgebungstemperatur ausgehen. Transistorschaltkreise sind temperaturabhängig. Siliziumtransistoren zwar weniger als Germaniumtransistoren, aber die enge Bauweise und relativ geringe Lüftungsmöglichkeit läßt meist keinen allzugroßen Spielraum zur Belastungsgrenze. Der normale Wärmeabzug nach oben kann kaum geöffnet werden ohne die Gefahr des starken Verstaubens der Maschine. Bei druckenden Automaten ist die Erwärmung besonders groß, ebenso aber die Gefahr des Verschmutzens der Druckmechanik, wenn zwecks Lüftung die Abdekkung zu weit geöffnet wird.
6. Am unangenehmsten sind die intermittierenden Fehler durch kalte Lötstellen, die sich der Prüfung und Fehlersuche weitgehend entziehen und trotzdem die Arbeit plötzlich irgendwann unterbrechen, bei der anschließenden Fehlersuche aber vielleicht wieder fehlerfrei arbeiten.
   Sorgfältige Fertigung (Lötsteilen) und gründliche Prüfung (Rütteltisch, Wärmeschrank) müssen diese Ausfälle auf ein Mindestmaß begrenzen. Eine nicht leichte Aufgabe in Anbetracht dessen, daß bei elektronischen Tischrechenautomaten mit diskreten Bauelementen die Zahl der Lötstellen etwa zwischen 8 000 und 15 000 liegt.

8.7. Löschen

Da Fehlerkorrektur im allgemeinen eine Löschfunktion ist und tastenmäßig oft weitgehend gekoppelt auftritt mit anderen Löschfunktionen, wird die Behandlung des Gesamtbereichs „Löschen" hier angeschlossen.

8.7.1. Nullstellung

Nach dem Einschalten druckender Automaten gibt ein Leuchtzeichen evtl. verbunden mit Maschinensperre zu erkennen, wenn sich die Elektronik des Automaten nicht in Grundstellung (Nullstellung) befindet. Druck auf eine oder mehrere Löschtasten stellt auf Null, hebt die Sperren auf, die Rechnung kann beginnen. Das Leuchtzeichen kann sich sinnvollerweise in der Taste befinden, die zur Nullstellung betätigt werden muß.

Bei nichtdruckenden Automaten ist kein besonderes Leuchtzeichen erforderlich. Aus der Sichtanzeige ist abzulesen, wenn sie nicht auf Null steht, wie es zum Beginn der Rechnung nötig ist.

Zur Nullstellung der Elektronik ist folgendes zu beachten:
Beim Aus- und Wiedereinschalten der Automaten

bleiben die Inhalte magnetischer Speicher (Ferritkern, Magnettrommel) als Strukturspeicher, die zur Beibehaltung ihres Zustandes keine Energie benötigen, unverändert erhalten,

verlieren Flipflop-Speicher, die als Rückkopplungsspeicher dauernde Energiezufuhr benötigen, ihren Inhalt,

verlieren auch Laufzeitspeicher, die durch periodische Energiezufuhr regeneriert werden müssen, ihren Inhalt.

Bei Automaten mit magnetischen Speichern darf keine Gesamtlöschung zur Nullstellung benutzt werden, wenn vorhandene Speicherinhalte noch weiterhin benötigt werden. Man sperrt deshalb automatisch die Gesamtlöschung, damit sie nicht zur Nullstellung verwendet wird. Erst nach Betätigung der Löschtaste für die Nullstellung ist die Taste für Gesamtlöschung wieder frei.

8.7.2. Eingabe-Löschung und -Korrektur

Zur Korrektur eines falschen Eingabewertes, erkannt beim Eintasten selbst oder durch die Eingabekontrolle, ist bei allen Maschinen eine Taste „Eingabe-Löschung" vorhanden. Die Wirkung dieser Taste ist identisch mit der bei nichtdruckenden Automaten gelegentlich zu findenden Bezeichnung „Anzeigelöschung". In beiden Fällen handelt es sich um die Löschung des Eingabe-Registers, d. h. des zuletzt eingetasteten Wertes.

Die meisten Fehler dieser Art werden im übrigen vom Bediener selbst im Augenblick des Fehltastens erkannt.

8.7.3. Löschung Rechenwerk

Die meisten Automaten haben eine Löschung Rechenwerk, d. h. Löschung der Arbeits-Register zur Löschung der gesamten laufenden Operation, wenn eine Fehlbedienung vorlag. Die Löschung schließt das Eingabe-Register automatisch mit ein.

Im allgemeinen ist diese Art der Löschung gleichzeitig die Löschung bei Fehleranzeige mit Aufhebung aller Sperren, da die erforderliche Funktion dafür mit der Funktion „Löschung Rechenwerk" identisch ist. Einige Automaten können die Arbeitsregister einzeln löschen.

8.7.4. Löschung Speicher

Zur Löschung der Speicher stehen Einzeltasten für jeden Speicher und Gesamtlöschtasten für alle Speicher zusammen zur Verfügung. Einige Automaten haben keine besonderen Speicher-Löschtasten, da die dann vorhandenen Funktionen für „Speicher-Endsummen" zur automatischen Inhaltslöschung führen.

Wenn die Arbeits-Register getrennt gelöscht werden können, erfolgt die Speicherlöschung auch durch Übertrag des Wertes „0" aus einem gelöschten Register in die Speicher, deren Inhalt damit ebenfalls „0" wird.

8.7.5. Gesamtlöschung

Für die Gesamtlöschung der Automaten finden sich auch spezielle Tasten, die alle Register und Speicher gleichzeitig löschen. Bei Gesamtlöschung wird von druckenden Automaten zur Kontrolle bzw. Bestätigung dafür, daß auf Null gestellt ist, ein sogenanntes „Klarzeichen" gedruckt.
Es kann ein beliebiges Symbol oder ein Nullendruck sein, Stellenzahl abhängig von der Komma-Positionierung. Den gleichen Nullendruck bringt auch jede druckauslösende Taste mit dem Operanden „0", d. h. nach Löschen der Register und Speicher, dann aber mit dem auslösenden Funktionssymbol.

8.7.6. Löschkombinationen

Die aufgezählten Löschfunktionen finden sich in Einzeltasten, kombiniert in wenigen Löschtasten, oder konzentriert in einer einzigen Löschtaste. Letztere erfüllt dann folgende Funktionen:

Nullstellung des Rechners nach Einschaltung,
Eingabe-Löschung,
Löschung Rechenwerk und Aufhebung von Sperren nach angezeigtem Fehler.

Die Unterschiede in der Funktion, je nach dem vorausgegangenen Zustand, sind fest programmiert.
Diese Taste kann gleichzeitig als Leuchttaste ausgebildet sein. Sie zeigt durch rotes Aufleuchten an, daß ein Fehler vorliegt oder keine Grundstellung nach Einschalten. Speicherlöschung in diesem Fall über Speicher-Endsummen.

8.7.7. Tasten-Kennzeichen

Für die genannten Löschfunktionen finden sich sehr verschiedene Tasten-Kennzeichen in wechselnder Bedeutung:

Korrektur nach DIN 97 54 C

Verwendet werden für:

Eingabe-Löschung	C, CI, CK, CL, CT, KC, CLE, CLEAR ENTRY, CLEAR DISPLAY

Rechenwerk- bzw. Register-Löschung	C, CL, Lö, CLEAR ADDER, CLEAR MQ, CLEAR ACC
Speicher-Löschung	C, CM, CLM, C, I, II, III, IV, V
Gesamtlöschung	C, CL, CLEAR, CLEAR ALL, ∴, START RESET
Fehlerlöschung speziell	CLEAR ERROR, OVER FLOW LOCK.

9. Stromversorgung

Elektronische Tischrechenautomaten arbeiten alle mit einphasigem Wechselstrom 110/220 Volt, 50 und/oder 60 Hz, und erzeugen in ihren Stromversorgunsgeräten die Gleichspannungen, die für Elektronik, Anzeige, Leuchtsignale, Druckausgabe und Elektromagnete für Sperren, Kupplung, Zeilenschaltung, Farbbandschaltung, usw. erforderlich sind.

Benutzt werden für

Elektronik	± 6	bis	± 12	Volt =
Anzeige	180	bis	250	Volt =
Leuchtsignale	6	bis	24	Volt =
Elektromagnete	20	bis	30	Volt =.

Die kritischen Gleichspannungen für die Elektronik werden geregelt, d. h. selbsttätig konstant gehalten für einen Schwankungsbereich des Netzes

von - 15 % bis + 10 %

der Nennspannung, bei einer Anzahl Maschinen für ± 10 %.

Für größere Spannungsdifferenzen sind an einigen Automaten zusätzliche Anschlüsse für 200, 230, 240 und 245 Volt, umschaltbar, vorgesehen. Ebenso haben viele Automaten einen Anschluß für 110 Volt (100, 115, 117, 120, 125, 127), umschaltbar oder durch die Service-Werkstatt einstellbar.

Eine leicht zugängliche Hauptsicherung schützt den Automaten vor Überlastungen im Falle eines Fehlers, ebenso Thermoschalter in Trafo- und Motorwicklungen.
Die Gleichspannungen sind außerdem häufig über Feinsicherungen zusätzlich abgesichert, damit durch den Ausfall einer Gleichspannung keine Bauteile überlastet und zerstört werden.

Der Netzspannungseingang ist im allgemeinen durch Störfilter gegen Störimpulse aus dem Netz abgeblockt. Eigene Störeinstreuungen von Netztransformator und Motor in die Elektronik, speziell in die dafür besonders empfindlichen magnetischen Speicher, müssen durch entsprechende räumliche Anordnung und Abschirmungen vermieden werden.

Die Leistungsaufnahme liegt für nichtdruckende Automaten zwischen

11 und 160 Watt, im Mittel bei rund 55 Watt,

für druckende Maschinen zwischen

65 und 500 Watt, im Mittel bei 160 Watt.

Den niedrigsten Leistungsbedarf von 11 bzw. 65 Watt haben die Automaten, die mit integrierten Schaltkreisen aufgebaut sind.
Zulässiger Temperaturbereich:

Die Automaten sind im allgemeinen betriebssicher in einem Bereich von 0 . . . 40° Celsius Umgebungstemperatur.

10. Technische Ausführung

In Fig. 10/1 sind die selbständigen Baugruppen aufgelistet, aus denen druckende und nichtdruckende Tischrechenautomaten aufgebaut sind. Dazu werden im einzelnen folgende Hinweise gegeben:

Tastatur

Bauteile der Tastatur-Einheit sind außer den mechanischen Teilen, Schalter, Kontakte, Leuchtzeichen, Elektromagnete und gedruckte Schaltungen. Auch Mikroschalter, Schutzgas-Kontakte und selbstreinigende Schleiffeder-Kontakte werden verwendet.

Kritische Stelle ist der Übergang Mechanik–Elektronik. Unvermeidliche Prellerscheinungen bei Kontakten verlangen entsprechende Eingangsschaltungen in der Elektronik.

Von verschiedenen Herstellern wurden komplette Einzeltasten, d. h. Taste plus Kontaktgabe, als Einheitsbauelement entwickelt, aus denen sich jede gewünschte Tastatur zusammensetzen läßt.

Elektronik und Sichtanzeige

Wichtigste Bauteile dieser Aggregate, soweit nicht bereits integrierte Schaltkreise verwendet werden, sind Transistoren, Dioden, Ferritkerne, Widerstände und Kondensatoren, dazu Ziffernanzeigeröhren, bzw. Katodenstrahlröhre. Der Aufbau der Einzelteile erfolgt auf gedruckte Schaltungen, meist auf viele kleinere Einzelkarten verteilt, aber auch auf wenigen großen Platten bis zur Grundrißgröße der Automaten.

Die komplette Elektronik mit Sichtanzeige besteht je nach Modell aus etwa 3000 bis 5000 Einzelteilen. Die Zahl der Transistoren und Dioden liegt dabei in folgenden Größenordnungen, abhängig von der jeweils angewendeten Logik:

	Transistoren		Dioden		Halbleiter, gesamt
A)	400	und	2000	=	2400
	bis		bis		bis
B)	1000	und	300	=	1300

Es werden genormte Grundschaltkreise verwendet, so daß man mit möglichst wenig Transistor- und Dioden-Typen auskommt.

Druckwerk mit Antrieb, Papier- und Farbbandaggregat

Bauteile dieser Einheiten sind neben den mechanischen Teilen, der Motor mit Kupplung und Getriebe, dazu Elektromagnete, Kontakte und gedruckte Schaltungen für Druckrückmeldung, Synchronisation, usw.

BAUGRUPPE	Nichtdruck. Automaten	Druckende Automaten
1. Tastatur	x	x
2. Elektronischer Rechner	x	x
3. Sichtanzeige	x	
4. Antrieb	(x)	x
5. Druckwerk		x
6. Farbbandtransport und Umschaltung		x
7. Papierführung und -transport		x
8. Stromversorgung	x	x
9. Ventilator	(x)	(x)
10. Programmierungseinrichtung	(x)	(x)
11. Verkleidung	x	x

x = grundsätzlich vorhanden

(x) = gelegentlich vorhanden

Der Antrieb kann bei nichtdruckenden Automaten für Ventilationseinrichtungen, Lochkarten-/Magnetkarten-Transport und Magnettrommelspeicher benötigt werden.

Fig. 10/1. Baugruppen elektronischer Tischrechenautomaten

Stromversorgung

Die Stromversorgung enthält neben den bereits genannten Teilen insbesondere den Transformator, dazu Feinsicherungen, Thermoschalter, Entstörfilter und Spannungsumschalter.

Ventilator

Einige Maschinen haben besondere Ventilatoren oder in Verbindung mit dem Motor des Druckwerks Ventilationsräder.

Programmierungseinrichtung

Eine besondere Baugruppe „Programmierung" ist bei den Automaten erkennbar, die eine Magnetkarten-Eingabe und -Ausgabe oder einen eingebauten Programmlochkarten-Leser zur zusätzlichen externen Speicherung von Programmen besitzen.

Verkleidung

Die Verkleidung der elektronischen Tischrechenautomaten entspricht den Grundsätzen moderner Formgestaltung. Die Gehäuse bestehen aus Leichtmetallguß, oft auch aus Kunststoff (Novodur oder ähnlichem), schlagfest, abriebfest und eingefärbt, so daß keine Lackierung nötig ist. Zur Geräuschdämpfung bei druckenden Automaten werden schallschluckende Innenschichten verwendet.

Auf der Unterseite der Maschinen sind Gleitkufen oder Rollen zum bequemen und leichten Bewegen angebracht. Griffmulden an den Außenkanten der Unterseite und Tragegriffe am Gehäuse der leichten japanischen Maschinen erleichtern das sichere Heben und Tragen der Maschinen.

Fig. 10/2 gibt eine Übersicht der Abmessungen, Gewichte und Wattzahlen mit Minimum, Durchschnitt und Maximum, getrennt für druckende und nichtdruckende Automaten.

Die gleichen Daten sind für nichtdruckende Automaten weiterhin aufgesplittet nach Ausstattung mit integrierten Schaltkreisen und Katodenstrahlröhren. Aus dieser Aufgliederung geht die Bedeutung integrierter Schaltkreise für Tischrechenautomaten hervor.

Die Aufgliederung mit und ohne Katodenstrahlröhren mußte eingefügt werden, um die volle Bedeutung der integrierten Schaltkreise sichtbar zu machen, wie die Übersicht bestätigt.

	ABMESSUNGEN (Minimum – Maximum)				∅	GEWICHT		Gewicht / „Volumen"	LEISTUNGS-AUFNAHME	
	Breite mm	Tiefe mm	Höhe mm	„Volumen" dm^3	„Volumen" dm^3	min–max kg	∅ kg	kg/dm^3	min–max Watt	∅ Watt
DRUCKEND	388–480	498–610	190–250	40–58	48,5	21 –30	23,2	0,48	65–500	159
NICHTDRUCKEND	280–570	317–598	110–300	10–74	32,2	4 –23	12,1	0,38	11–160	55
NICHTDRUCKEND ohne IS	332–570	419–598	150–300	28–74	41,3	8 –23	15,2	0,37	20–160	70
NICHTDRUCKEND nur IS	280–340	317–530	110–190	10–29	15,7	4 –11	6,0	0,38	11– 26	18
NICHTDRUCKEND ohne IS ohne KSR	332–445	419–598	150–300	28–55	37,3	8 –23	13,8	0,37	20–120	64
NICHTDRUCKEND nur KSR ohne IS	405–570	480–530	210–260	41–74	59,3	18,1–23	21,8	0,37	70–160	115
NICHTDRUCKEND KSR und IS	290	530	190	29	29	11	11			
NICHTDRUCKEND IS ohne KSR	280–340	317–420	110–153	10–19	14,5	4 – 6,9	5,6	0,39	11–26	18

IS = Integrierte Schaltkreise
KSR = Katodenstrahlröhre
„Volumen" = Breite × Tiefe × Höhe
∅ = arithmetisches Mittel aus den entsprechenden Maschinen

Fig. 10/2. Abmessungen, Gewichte und Leistungsaufnahme elektronischer Tischrechenautomaten

11. Instandhaltung

Die Bauweise der elektronischen Tischrechenautomaten in Baugruppen gestattet leichtes Auswechseln eventuell schadhafter Teile. Das Elektronik-Aggregat bedarf keiner Wartung. Wird es schadhaft, so wird es komplett ausgewechselt oder es werden die fehlerhaften steckbaren Platten/Karten gewechselt.

Das Suchen der fehlerhaften Platte kann durch Versuch erfolgen. Eine Platte nach der anderen wird gewechselt bis bei einem bestimmten Plattenwechsel der Fehler verschwindet. Diese Methode kann sehr schnell helfen, aber ist nicht einwandfrei und nicht sicher.
Durch die leichte Erschütterung des Auswechselns können speziell intermittierende Fehler zum Verschwinden gebracht werden. Oberstes Gebot einer Fehlersuche an elektronischen Aggregaten ist aber – gerade in Hinsicht auf intermittierende Fehler – einen aufgetretenen Fehler unter allen Umständen mit größter Vorsicht festzuhalten bis der echte Fehlerort ermittelt ist.

Besser sind daher die Prüfcomputer mit Diagnoseprogrammen, wie sie in der Fertigungskontrolle verwendet werden, hergerichtet für transportablen Einsatz im Kundendienst. Es genügt, wenn sie als Fehlerort die wirklich „richtige", d. h. fehlerhafte, Karte bestimmen, die gewechselt werden muß. Die Lokalisierung des defekten Teils auf der betreffenden Karte kann in der Werkstatt oder im Werk – je nach Organisation des Kundendienstes – erfolgen, und zwar dann über Prüfcomputer, die den Fehler schnell finden.

Der Prüfcomputer im Kundendienst ist vermeidbar, wenn das Elektronik-Aggregat komplett gewechselt werden kann, wie dies bei einigen Automaten der Fall ist.

Eine *Fehlererkennungsliste* leistet im Kundendienst gute Dienste. In ihr werden eventuell auftretende Fehler und eine Reihe möglicher Ursachen, ihrer Wahrscheinlichkeit entsprechend, aufgelistet. Diese Zusammenstellung entsteht aus ersten Beobachtungen und Erfahrungen in Versuchs- und Prüffeld und wird durch zentrale Auswertung auftretender Fehler in der Praxis laufend ergänzt.

Für die Mechanik der Druckwerke sind etwa ein bis drei Wartungen im Jahr durch sorgfältig ausgebildete Kundendienst-Techniker erforderlich, abhängig von den Einsatzbedingungen des Automaten. Diese Aggregate müssen wie bei einer Schreibmaschine gereinigt und geölt werden. Die Justage wird nachgeprüft und auf besondere Verschleißerscheinungen geachtet.

Die Hersteller geben dazu eine Aufstellung *Ersatzteilausrüstung für Kundendienst* und eine *Schmieranweisung,* die festlegt, welche Schmiermittel zu verwenden sind, welche drehenden und gleitenden Teile wie oft geschmiert werden müssen und welche Teile grundsätzlich mit Fett und Öl nicht in Berührung kommen dürfen. Eine *Kontroll- und Justagevorschrift* vervollständigt die Serviceausrüstung.

Die Hersteller geben 4–12 Monate Garantie auf ihre Automaten. Nach Ablauf der Garantiezeit ist ein Wartungsvertrag üblich.

12. Sondermodelle und Sondereinrichtungen

Wo gefädelte Programmspeicher und ähnlich flexible Programmierungen zur Steuerung der Grundmaschinen verwendet werden und sie über ausreichende Kapazität verfügen, lassen sie sich vom Hersteller leicht auf spezielle Programme für die verschiedensten Aufgaben verdrahten, wie es einige Sondermodelle von elektronischen Tischrechenautomaten bereits zeigen, die sich praktisch nur im Festprogramm und entsprechend veränderter Tastenbezeichnung unterscheiden.

Es finden sich Sondermodelle für Datenerfassung, Abrechnung, Fakturierung und Meßwert-Verarbeitung. Das Paralleldruckwerk kann dabei zum gleichzeitigen Druck in 2 Kolonnen programmiert gesplittet werden.

Weiterhin gibt es Sondermodelle für das Rechnen in nicht-dekadischen Systemen. Neben den Funktionen des Grundmodells können diese Automaten gleichzeitig in 2 verschiedenen nichtdezimalen Systemen rechnen, z. B.

(Gros, Dtzd. und Stück) mal (£, sh, d).

Solche nichtdezimalen Systeme können z. B. sein:

Gros, Dtzd., Stück
£, sh, d
Stunden, Minuten, Sekunden
Grad, Minuten, Sekunden
Yard, Feet, Inch
usw.

Um die Maschine auf das entsprechende System zu programmieren, wird in einen der 2 speziell hierfür programmierten Speicher (Konvertierungsspeicher) der entsprechende Umrechnungsfaktor eingegeben. Hierzu kann auch das abzudrukkende Symbol bestimmt werden. In den betreffenden nichtdezimalen Systemen kann dann systemgerecht addiert, subtrahiert, multipliziert und dividiert werden. Die Resultate können in 4 verschiedene Speicher übernommen werden. Die Rechenoperationen mit nichtdezimalen Zahlen werden genau so schnell durchgeführt wie die Operationen mit dezimalen Zahlen.

Außer diesen spezialprogrammierten Sondermodellen gibt es Sondereinrichtungen zu den Grundmaschinen, die auf Wunsch gegen Aufpreis eingebaut werden, wie

Stachelwalze,
NON-PRINT-Taste,
Taste für spezielle Rundung (z. B. Schweizer Rundung),
Taste für Postenzähler,
Halterung für manuell vorsteckbare Formulare,
Wurzelautomatik,
Potenziereinrichtung.

13. Programmierbare Automaten

Eine der interessantesten Möglichkeiten der elektronischen Tischrechenautomaten ist die bei einigen Modellen ausgeführte Programmierfähigkeit, d. i. die Fähigkeit, die zur Lösung einer bestimmten Rechnung erforderliche Folge der zu betätigenden Operationstasten intern und/oder extern zu speichern.

Alle 3 Möglichkeiten, d. h.

interne Speicherung,
externe Speicherung,
interne und externe Speicherung,

sind, wie Übersicht 8 im Anhang zeigt, technisch ausgeführt.

Programmierbare Automaten mit interner Speicherung einer bestimmten Tastenfolge besitzen dazu einen zusätzlichen freien Programmspeicher, dessen Kapazität oft nicht mehr nach Dezimalstellen angegeben wird, sondern nach der Zahl der möglichen Programmschritte, die er aufzunehmen vermag, wobei im allgemeinen eine Tastenbetätigung gleich einem Programmschritt ist. Dieser freie Programmspeicher kann natürlich ebenso wie die Arbeits-Register ein Teil des Hauptspeichers sein. Die verfügbaren Programmschritte sind beliebig splitbar für mehrere Programme.

Für die externe Programmspeicherung werden

Lochkarten, Lochstreifen, Lochstreifenkarten, Magnetkarten, Magnetband, Kernspeicher-Einheiten und Stecktafeln

eingesetzt.

Gespeichert wird für eine Rechenaufgabe die mathematische Funktion, gegeben durch ihre Formel. Dazu werden die erforderlichen arithmetischen Operationen in der richtigen Reihenfolge gespeichert.

Die Konstanten werden entweder mit in diesen Programmspeicher aufgenommen oder sie befinden sich in einem freien Speicher des Automaten; dann wird nur ihre Speicheradresse in das Programm übernommen.

Die Variablen $x_1, x_2, \ldots$ kann man ebenfalls in verschiedene Speicher setzen, aus denen sie durch das laufende Programm abgerufen werden. Da aber die Speicherkapazität der elektronischen Tischrechenautomaten meist sehr begrenzt ist und schon Schwierigkeiten für die Konstantenspeicherung bereitet, wird für die Variablen an den Formelstellen $x_1, x_2, \ldots$ durchweg der Befehl gesetzt:

„STOP – Auf Eingabe warten".

Der Wert der Variablen wird dann als Bedienungszwang eingetastet. Das Ende des Eintastens wird angezeigt durch das Betätigen einer Taste

„Eingabe beendet, weiter in der Programmarbeit".

Ein Beispiel soll den prinzipiellen Ablauf verdeutlichen:

$y = 3\,v_1 - w_1 + 7$ — $x_1, x_2, \ldots$ ersetzt durch v und w, um Verwechslungen mit dem Multiplikationszeichen zu vermeiden.

Konstante 3 wird in Speicher 1 gegeben,
Konstante 7 wird in Speicher 2 gegeben.

PROGRAMM		EINTASTEN	DRUCK
[$\diamond_1$]	Zwischensumme aus Speicher 1		
[×]			
[STOP]	Stop für Eingabe	v_1 [S]	v_1
[×]			
[STOP]	Stop für Eingabe	w_1 [S]	w_1
[-]			
[$\diamond_2$]	Zwischensumme aus Speicher 2		
[+]			
[=]			y =

Die außerordentliche Vereinfachung – damit erhöhte Schnelligkeit und Sicherheit – ist erkennbar, wenn die gleiche Rechnung mit ganzen Sätzen von Variablen (v_n, w_n) durchzuführen ist oder die Formeln komplizierter werden.

Damit ist der lohnende Arbeitsbereich programmierbarer Automaten sofort erkennbar:

Große Zahl verschiedener Variabler schon in einfacher Verknüpfung (Datenverarbeitung), erst recht in komplizierter Verknüpfung.
Kleine Zahl Variabler in komplizierter Verknüpfung.
Berechnung von besonderen Funktionswerten (trigonometrische Funktionen,

Logarithmen, e-Funktionen, Potenzen mit gebrochenen Exponenten, usw.) durch Reihenbildungen, die Rekursionen des Programms ermöglichen. Bei programmierbaren Automaten mit externer Programmspeicherung stehen dafür Programmbibliotheken zur Verfügung.

Übersicht 8 im Anhang gibt die wichtigsten Daten für programmierbare Automaten. Es ist jedoch zu beachten, daß die Zahl der möglichen Programmschritte nicht direkt vergleichbar ist, da der Umfang der einzelnen Programmschritte, entsprechend der Arbeitsweise der jeweiligen Automaten, verschieden ist.

13.1. Interne Programmierung

Bei den Automaten mit interner Programmspeicherung wird das Programm grundsätzlich über die Tastatur eingegeben, und zwar als Musterrechnung mit dem ersten Satz Variabler oder ohne Variable als reine Befehlsfolge der Funktionen. Vor der Musterrechnung bzw. der Eingabe der Befehlsfolge wird durch die Tasten, z. B. [P] oder [LEARN], die Aufnahme des Programms, d. h. des folgenden nun einzutastenden Funktionsablaufs, in den Programmspeicher befohlen.

Nach der Programmeingabe bestätigt ein Tastendruck das Ende des Programms und befiehlt gleichzeitig den Beginn der automatischen Programmarbeit meist verbunden mit einer Sperre der Funktionstasten.

In der Programmeingabe wird üblicherweise jeder Posten, jede Tastenbetätigung, ausgedruckt. Dabei wird jedoch gleichzeitig angeordnet, was in der Programmarbeit ausgedruckt werden soll. Meist läßt man in der automatischen Programmarbeit nur die eingegebenen Variablen zur Kontrolle der Eingabe und Kennzeichnung der Resultate und dann das Resultat ausdrucken, gewisse Zwischenresultate nach Bedarf. Falls erforderlich oder zu Kontrollzwecken erwünscht kann jedoch in der Programmarbeit auch jede Zeile ausgedruckt werden. Leuchtsignale zeigen den Stand der Programmarbeit an.

Das Programm bleibt im Programmspeicher erhalten bis zur

Eingabe eines neuen Programms,
Gesamtlöschung aller Register und Speicher.

Automaten mit Laufzeitspeicher löschen ihr internes Programm auch beim Aus- und Einschalten der Maschine, zum Unterschied von Maschinen mit Strukturspeichern.

Ein Beispiel für diese Art der Programmarbeit:

Verkaufsbereich	GEGEBEN:		GERECHNET:	
	Umsatz Januar 68 DM	Umsatz Februar 68 DM	Veränderung in DM	Veränderung in %
Sparte A	61.575	69.475	7.900	12,82
Sparte B	81.782	74.998	- 6.784	- 8,29
Sparte C	37.420	39.584	2.164	5,78
Sparte D	12.613	18.772	6.159	48,83

PROGRAMMEINGABE			DRUCK	
	LEARN			
69.475	ENT	Eingabe in das Rechenwerk	69.475,0000	
61.575	STORE	d. h. Eingabe u. gleichzeitige Speicherung für die Prozentdivision	61.575,0000	S
	-			-
	PRINT		7.900,0000	◇
	REC	d. h. Recall = Zwischensumme aus Speicher		R
	:			:
	PRINT		0,1282	◇

PROGRAMMARBEIT				
	AUTO	Automatische Programmarbeit		
74.998	ENT		74.998,0000	
81.782	ENT		81.782,0000	
			6.784,0000	$\underline{\diamond}$
			0,0829	$\underline{\diamond}$

39.584	ENT	39.584,0000	
37.420	ENT	37.420,0000	
		2.164,0000	◇
		0,0578	◇
18.772	ENT	18.772,0000	
12.613	ENT	12.613,0000	
		6.159,0000	◇
		0,4883	◇

Ende der Programmarbeit.

Die Programmarbeit kann durch normale manuelle Rechenarbeit unterbrochen werden. Die Befehlsliste der internen Programmierung über die Tastatur ist durch die vorhandenen Tastenfunktionen gegeben.

Über die hier aufgezeigten normalen Funktionen der Tischrechenmaschine hinaus, mit denen sich lineare Programme erstellen lassen, besitzt ein Modell das mit und ohne Programmierung lieferbar ist, in der programmierten Ausführung zusätzliche Tasten für Inhaltsvergleiche (Logische Befehle), die Programmverzweigungen, automatische Rücksprünge für Unterprogramme und Programmschleifen erlauben. Es druckt bei der Ersteingabe des Programms für jeden eingetasteten Befehl einen Ziffercode aus. Mit diesem Zifferncode kann die Maschine dann im erneuten Bedarfsfall vereinfacht programmiert werden. Gleichzeitig wird bei der Ausgabe dieses Programmcodes eine Kontrollsumme gebildet, die es ermöglicht, im Wiederholungsfall die richtige Eingabe eines Programms durch Vergleich der Kontrollsummen sofort festzustellen.

13.2. Interne und externe Programmierung

Bei Automaten mit interner *und* externer Speicherung der Programme verläuft die Programmeingabe und Programmarbeit für die interne Speicherung prinzipiell ebenso wie für die Automaten, die nur interne Programmspeicherung besitzen.

1. Ausführung

Die Befehlsliste entspricht den normalen Tastenfunktionen der Tischrechenmaschine. Das Programm wird als Musterrechnung eingetastet.

Als Beispiel für die Arbeitsweise dieser Automaten wird die Berechnung der Exponentialfunktion e^x durchgeführt für $x = 1{,}037$ nach der Formel

$$e^x = 1 + x + \frac{x^2}{2!} + \frac{x^3}{3!} + \frac{x^4}{4!} + \ldots$$

Ergebnis: $e^x = 2{,}82074205$

Aus der Formel ergibt sich folgender Zyklus:

$$e^x = 1 + (1) \cdot \frac{x}{1} + \left(\frac{x}{1}\right) \cdot \frac{x}{2} + \left(\frac{x^2}{2}\right) \cdot \frac{x}{3} + \left(\frac{x^3}{6}\right) \cdot \frac{x}{4} + \ldots$$

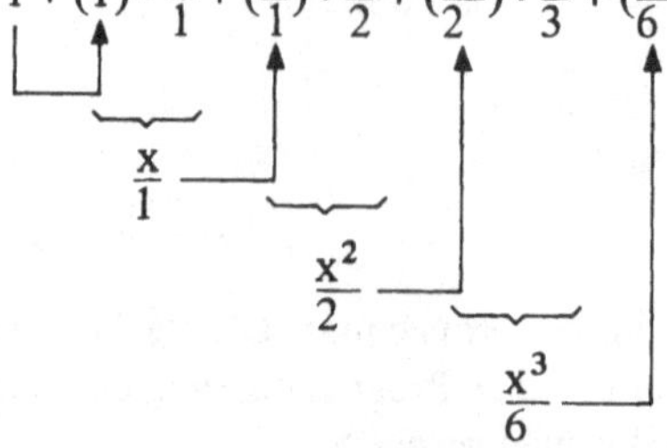

Zur Durchführung ist zu beachten: Die benutzte Maschine hat getrennte Akkumulatoren für Summen/Differenzen (AC +) und Produkte/Quotienten (AC ×).

Die Taste [S] nach [x] und [:] multipliziert/dividiert und speichert das Ergebnis in Speicher S. (DW) = Druck-Wiederholung.

Fig. 13/1 verdeutlicht die Programmierung durch schematische Darstellung des inneren Rechenablaufs.

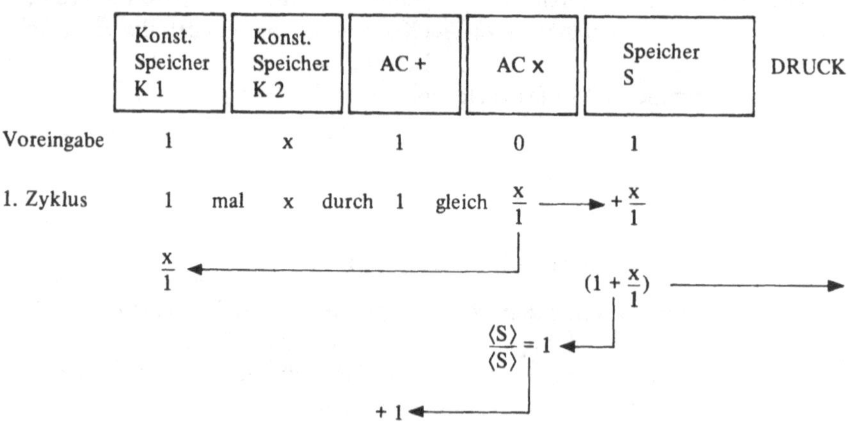

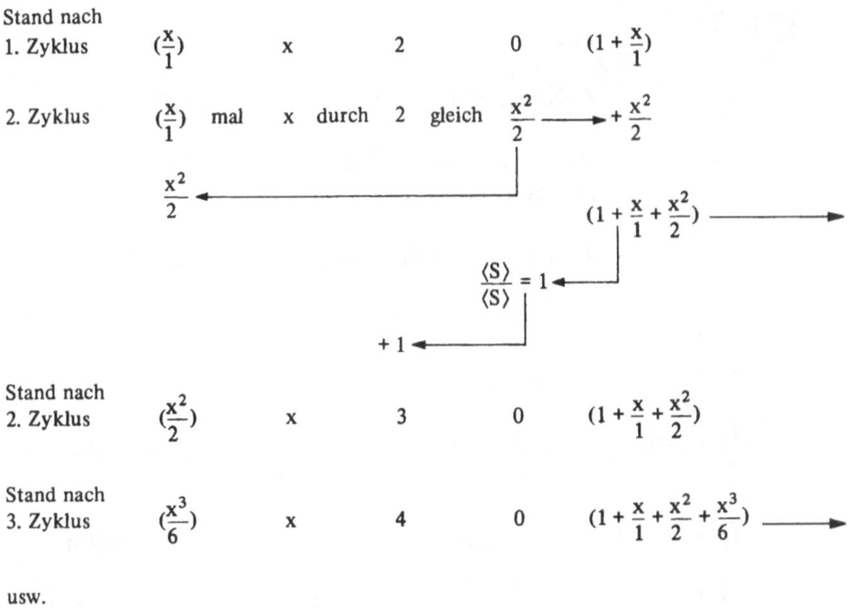

Fig. 13/1. Interner Rechenablauf für ein Programm zur Bildung von e^x

VOREINGABE				DRUCK
Komma-Position 8				
1,	[I ⊻]	„1" in Konstantenspeicher 1		1,00000000 I ⊻
	[+]	„1" in (AC +)	(DW)	1,00000000 +
	[S]	„1" in Speicher S	(DW)	1,00000000 + S
1,037	[II ⊻]	x in Konstantenspeicher 2		1,03700000 II ⊻

PROGRAMMEINGABE

	[P]	Befehl „Programmeingabe"	
[I ⊼]	[x]	⟨K 1⟩ nach (AC x) als 1. Faktor	1,00000000 x

Taste	Erläuterung	Druck
II/⩚ :	⟨K 2⟩ nach (AC ×) als 2. Faktor	1,03700000 : !
◊	Zwischensumme aus (AC +)	1,00000000 ◊
S	Zwischensumme aus (AC +) geht als Divisor nach (AC ×) (DW)	1,00000000 = S
	Resultat geht *additiv* nach S	1,03700000 *
I/⩚	Resultat geht nach K 1 (DW)	1,03700000 I/⩚
◊/S	Zwischensumme aus S	2,03700000 ◊ S
DRUCK	Einziger Druckbefehl für die Programm-Arbeit (DW)	2,03700000 #
:	Zwischensumme aus S (DW) durch sich selbst	2,03700000 :
=	geteilt (DW)	2,03700000 =
	Resultat	1,00000000 *
+	Addition von „1" in (AC +) (DW)	1,00000000 +

Programmeingabe ist beendet.

Von [P] bis [DRUCK] wurde die Zyklusrechnung programmiert:

⟨K 1⟩ mal ⟨K 2⟩ durch ⟨AC +⟩

Das Ergebnis geht als neuer Inhalt nach K 1 und additiv nach Speicher S. In Speicher S bildet sich schrittweise e^x.
⟨Speicher S⟩ soll nach jedem Zyklus ausgedruckt werden, um e^x mit wachsender Genauigkeit zu liefern.

Interessant ist die Bildung monoton um 1 steigender Zahlen. Durch zweimalige Druck-Wiederholung wird die Ausgabe durch sich selbst dividiert, ergibt immer 1 und diese 1 wird (AC +) zugezählt und so dessen Inhalt nach jeder Programmschleife um 1 erhöht.

Der Druck auf die Taste [A] läßt die gleichen Zyklen automatisch ablaufen.

Es werden, da kein Stop für Eingabe programmiert und erforderlich ist, laufend die Ergebnisse für e^x mit wachsender Genauigkeit ausgedruckt. Treten gleiche Ergebnisse auf, so ist die mit 8 Nachkommastellen mögliche Genauigkeit erreicht. Die Programm-Arbeit kann z. B. mit einem letzten Summenabdruck aus Speicher S manuell abgebrochen werden.

PROGRAMMARBEIT		DRUCK
[A]		
		2,57468450
		2,76054411
		2,80872821
		2,81872159
		2,82044878
		2,82070465
		2,82073781
		2,82074163
		2,82074202
	Gleiche Werte {	2,82074205
		2,82074205
[*S]		2,82074205 * S

2. Ausführung

Die Befehlsliste enthält logische Entscheidungen und Sprungbefehle durch Kombination der normalen Tastenfunktionen. Die Programmeingabe zeigt folgende Besonderheiten:

1. Keine Musterrechnung, sondern reine Programmeingabe der zu speichernden Operationsfolge.
2. Jeder Programmbefehl besteht aus *Adressenteil* (Register) und *Operationsteil* (Funktion).
3. Adressen- und Operationsteil entsprechen den vorhandenen Tasten. Jedoch sind Tastenkombinationen möglich – die Tasten nacheinander betätigt – die eine große Zahl zusätzlicher Befehle ergeben, wie z. B. für Inhaltsprüfungen des Akkumulators auf Null und größer/kleiner Null mit logischen Entscheidungen und bedingten und unbedingten Sprungbefehlen zur Bildung von Programmschleifen und -Verzweigungen mit Unterprogrammen.
4. Konstante können außer in Speicher auch direkt in das Programm aufgenommen werden. Durch einen Spezialbefehl werden Konstante automatisch ziffernweise verschlüsselt und Teil des Programms. Auf diese Weise werden weniger Speicherstellen belegt.
5. Konstante können außerdem mit ihren numerischen Daten ohne Verschlüsselung in das Programm aufgenommen werden, belegen dann natürlich entsprechenden Platz im Programmspeicher.

6. Eine weitere Möglichkeit platzsparender Speicherung von Konstanten siehe unter „Übertrag von Nachkommastellen" im Abschnitt 6.3.3.8.

3. Ausführung

Für die programmierte Arbeit steht im Bedienungsfeld zusätzlich ein geschlossener Tastenblock zur Verfügung, der alle erforderlichen Befehle, Inhaltsvergleiche und Sprungbefehle enthält. Die Programmeingabe erfolgt ohne Musterrechnung.

Die externe Speicherung der Programme erfolgt bei diesen Maschinen über Lochstreifen, Magnetkarten oder externe Speicher.

Im ersteren Fall werden Lochstreifen, Lochstreifenkarten oder auch Lochstreifenkassetten benutzt. Die Lochung erfolgt in gesonderten *Lochstreifenstanzern.* Für die Einlesung und Steuerung der Programme werden *Lochstreifenleser* mit den Rechenautomaten verbunden. Einlesung erfolgt mit 20 bis 30 Zeichen (Programmschritten) pro Sekunde.

Bei der externen Programmspeicherung auf Magnetkarten besitzen die betreffenden Automaten einen eingebauten und zur Grundausstattung gehörenden *Programmkarten-Aufzeichner* und *Programmkarten-Leser.*

Es ergibt sich folgender Ablauf:

Ein Programm wird über die Tastatur in den internen Programmspeicher gegeben. Es kann damit gerechnet werden. Soll dieses Programm aufbewahrt werden, so wird es in weniger als einer Sekunde auf eine durchlaufende Magnetkarte elektromagnetisch aufgezeichnet, ohne es im internen Programmspeicher zu löschen.

Wird das Programm irgendwann erneut benötigt, gibt es die durchlaufende Magnetkarte wieder in den internen Programmspeicher. Das Programm auf der Magnetkarte wird dadurch selbstverständlich nicht gelöscht. Die zeitraubende und unsichere Neueingabe über die Tastatur wird gespart.

Die kleinen und handlichen Programmkarten in der Größe 51 x 92 bzw. 69 x 206 mm sind aus Kunststoff, mit Eisenoxyd beschichtet, und gestatten die Speicherung von zwei Programmen mit je 120 bis 196 Programmbefehlen. Das Programm kann nach seiner Eingabe über Tastatur oder Magnetkarte jederzeit zu Kontrollzwecken ausgegeben werden.

Fig. 13/2 zeigt die Speicherorganisation eines solchen Automaten.

Als Muster für die Arbeitsweise eines programmierbaren Automaten mit externer Programmspeicherung auf Magnetkarten und Befehlsgabe über Tasten-Kombinationen wird folgendes Beispiel gegeben:

	(1)	INTERNE ARBEITSREGISTER
	(2)	
	(3)	
	(4)	
ANZEIGE REGISTER	x	EINGABE-REGISTER
	y	AKKUMULATOR
	z	ZWISCHENSPEICHER
	f	16 DATEN-SPEICHER 16 x (12 + 2) Stellen
	e	
14 PROGRAMM-SPEICHER 14 x 14 = 196 Schritte	d	
	c	
	b	
	a	
	9	
	8	
	.	
	.	
	.	
	1	
	0	

Fig. 13/2. Speicherorganisation eines programmierbaren Automaten

Aus den Werten x_i einer Meßreihe ist das arithmetische Mittel $\bar{x}$ und die mittlere quadratische Abweichung m (mittlerer Fehler, Standardabweichung) zu berechnen.

Bekanntlich gilt:

$$\bar{x} = \frac{1}{n} \sum_{i=1}^{n} x_i$$

$$m = \sqrt{\frac{1}{n} \sum_{i=1}^{n} (x_i - \bar{x})^2} = \sqrt{\frac{1}{n} \sum_{i=1}^{n} x_i^2 - (\frac{1}{n} \sum_{i=1}^{n} x_i)^2}$$

Benutzt wird der 2. Wurzelausdruck, etwas übersichtlicher ohne Indices geschrieben:

$$m = \sqrt{\frac{1}{n} \sum x^2 - (\frac{1}{n} \sum x)^2}$$

Es ergibt sich der folgende Programmablauf, zu dem noch einige Erläuterungen erforderlich sind:

A = Akkumulator, Ziel oder Ausgangspunkt für alle Operationen,
M = Verteilungsregister (Eingabe),
B, C, D = Datenspeicher (Von D ist eine Hälfte, d, abgesplittet. Adresse für d ist „D/").

Arithmetische Operationen verbinden immer ⟨M⟩ mit ⟨A⟩, und zwar
ohne Speicherangabe direkt,
mit Speicherangabe über ⟨Speicher⟩ → M.

Fig. 13/3 und 4 zeigen schematisch den Ablauf der Programmarbeit.

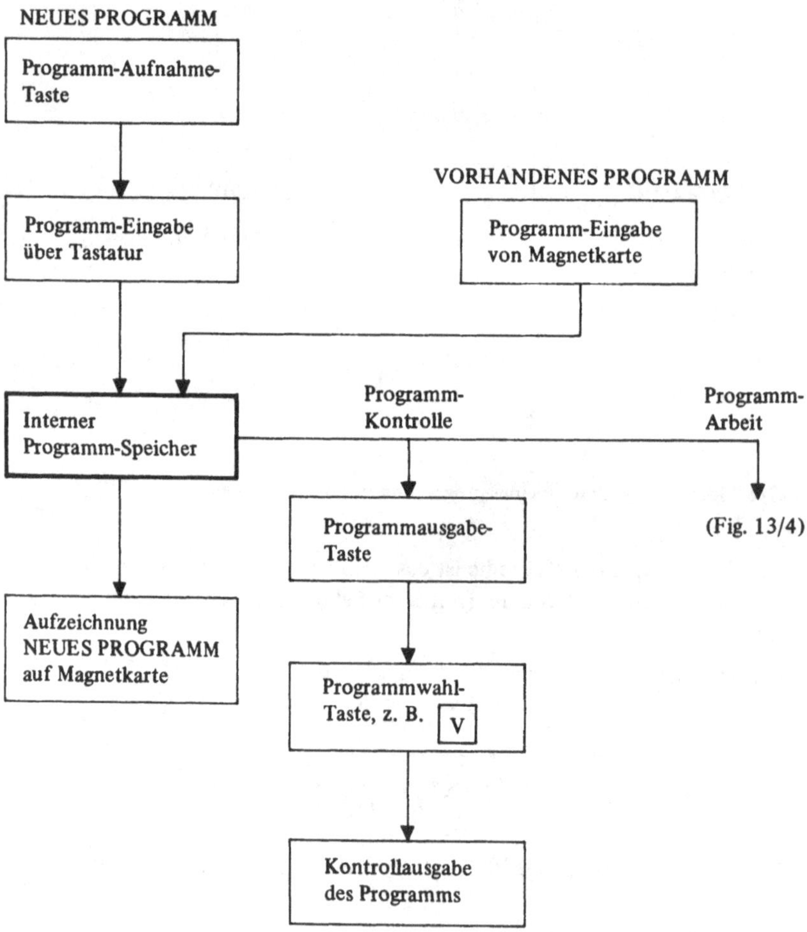

Fig. 13/3. Ablauf der Programmarbeit bei Automaten mit externer Programmspeicherung auf Magnetkarten

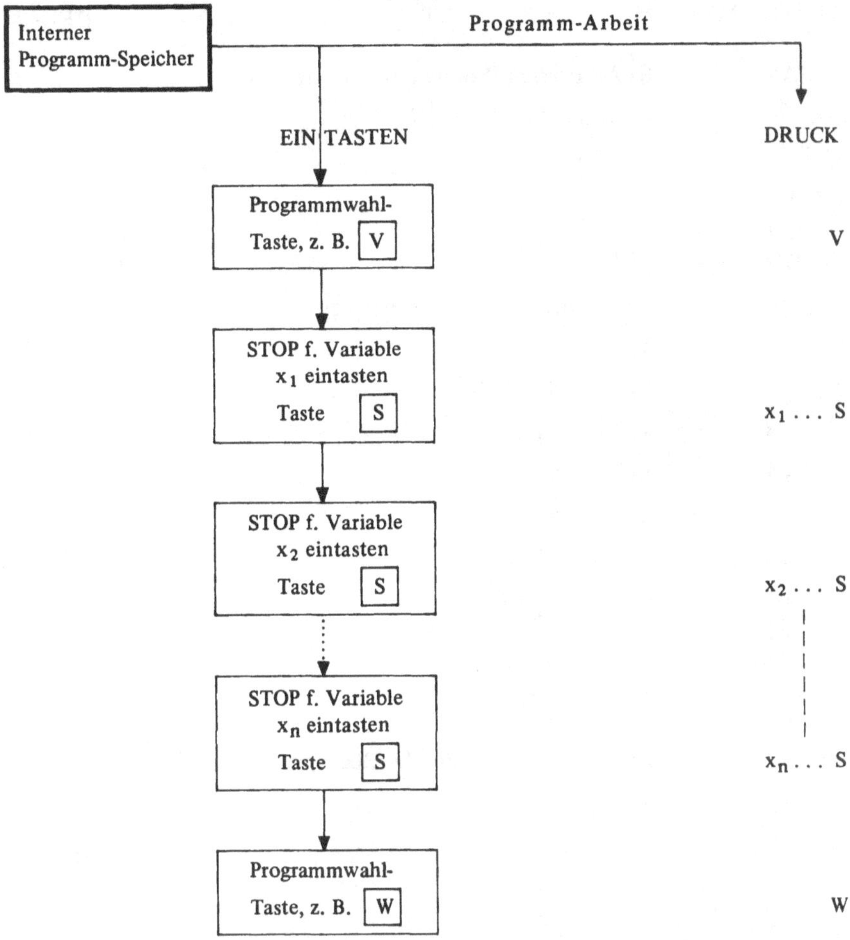

Die Programmwahltaste, z. B. W, gibt dem Automaten das Zeichen, daß alle Variablen eingegeben sind, also Befehl: B ◇ C ◇

„Eingabeschleife verlassen, in Endrechnung und Ausgabe gehen". D ◇

Er druckt jetzt automatisch die gewünschten Ergebnisse als Zwischensummen aus den verschiedenen Speichern und durch Zeilenschaltung abgesetzt das Endergebnis: A ◇

Fig. 13/4. Ablauf der Programmarbeit bei Automaten mit externer Programmspeicherung auf Magnetkarten

PROGRAMM	M	A	B	C	D	d	DRUCK
AV	START durch Programmwahltaste			V			V
B*	Speicher-Löschung		0				
C*				0			
D*					0		
A/↑	Spezialbefehl gibt „1" nach d						
D/↓							
D/↑						1	
→ BV	Beginn der EINGABE-SCHLEIFE						
S	x_1						x_1 S
↓	x_1	x_1					
×	x_1	x_1^2					
C↕	x_1	0		x_1^2			
+	x_1	x_1					
C↕	x_1	x_1^2		x_1			
B+	0	$x_1^2 + 0$					
B↕	0	0	x_1^2				
D↓	0	0					
D/+	1	1					
D↕	1	0			1		
CV	Ende der Eingabeschleife, Rücksprung nach BV						
BV	2. Durchlauf der Eingabe-Schleife						
S	x_2						x_2 S
↓	x_2	x_2					
×	x_2	x_2^2					
C↕	x_2	x_1		x_2^2			
+	x_2	$x_1 + x_2$					
C↕	x_2	x_2^2		$x_1 + x_2$			
B+	x_1^2	$x_1^2 + x_2^2$					
B↕	x_1^2	x_1^2	$x_1^2 + x_2^2$				
D↓	x_1^2	1					
D/+	1	2					
D↕	1	1			2		
CV	Ende des 2. Durchlaufs, Rücksprung nach BV						
n Durchläufe ergeben:			Σx^2	Σx	n	1	x_n S

Programmwahltaste [W] beendet Eingabe

Programm springt nach AW

PROGRAMM	M	A	B	C	D	d	DRUCK
AW	Endrechnung und Ausgabe						
/◊	1 Zeilenschaltung zusätzlich						
B◊							Σx^2 B◊
C◊							Σx C◊
D◊							n D◊
C↓		Σx					
D:	n	$\frac{1}{n} \Sigma x$					
Ax	$\frac{1}{n} \Sigma x$	$(\frac{1}{n} \Sigma x)^2$					
B↕	$\frac{1}{n} \Sigma x$	Σx^2	$(\frac{1}{n} \Sigma x)^2$				
D:	n	$\frac{1}{n} \Sigma x^2$					
B–	$(\frac{1}{n}\Sigma x)^2$	$\frac{1}{n} \Sigma x^2 - (\frac{1}{n} \Sigma x)^2$					
A$\sqrt{\ }$		m					
/◊	1 Zeilenschaltung zusätzlich						
A◊							m A◊
V	Rücksprung zum Programmbeginn (AV).						

Gerechnet mit den Werten

$x_1 = 14{,}46$
$x_2 = 18{,}53$
$x_3 = 20{,}07$
$x_4 = 23{,}45$
$x_5 = 11{,}83$

ergibt sich folgende Druckausgabe:
(Komma-Position 5)

	V
14,46	S
18,53	S
20,07	S
23,45	S
11,83	S
	W

(Σx^2)	1645,10880	B◇
(Σx)	88,34000	C◇
(n)	5,00000	D◇
(m)	4,10652	A◇

Ende der Programmarbeit.

Durch die Programmspeicherung eines Automaten in einem externen Kernspeicher als Zusatzgerät läßt sich die Kapazität des internen Programmspeichers erweitern. Es stehen in dem speziellen Fall zusätzlich 480 Programmschritte, beliebig splitbar, zur Verfügung.

13.3. Externe Programmierung

Die nachfolgend abgehandelten Automaten haben keinen internen Programmspeicher. Ihre Rechenabläufe werden extern gespeichert. Die Programmerstellung erfolgt noch über die Tastatur, wenn ein externer Magnetspeicher den internen Programmspeicher ersetzt. Die Kapazität kann dann natürlich größer sein als bei interner Speicherung und geht in der Praxis auf 500 bis 1000 Programmschritte.

Der externe Magnetspeicher kann ein zusätzlicher Kernspeicher mit Steuerelektronik sein, der durch Kabel mit dem Rechenautomaten verbunden ist. Er speichert maximal 512 Programmschritte, splitbar in 8 Programme zu je 64 Schritten. Die Einzelprogramme sind durch Programmwahltasten direkt ansteuerbar. In das Programmspeicher-Aggregat ist ein Lochstreifenleser eingebaut, so daß Programme nicht nur über die Tastatur, sondern auch über die Lochstreifen einer Programmbibliothek in den externen Kernspeicher eingelesen werden können.

Der externe Magnetspeicher ist im anderen Fall ein Magnetband-Programmgerät, anschließbar an den Rechenautomaten, der um einen Tastenblock für Programmierungsbefehle erweitert wird.
Eine Endlosmagnetbandschleife in auswechselbaren Kassetten, lieferbar in zwei Größen, speichert 400 oder 1000 Wörter zu je 9 bit. Die Bandgeschwindigkeit beträgt 60 cm/s.

Beide Programmierungen erlauben Vergleiche, Verzweigungen und Sprünge.

Bei weiteren Automaten mit externer Programmspeicherung wird auch die Tastatur nicht mehr zur Erstellung der Programme verwendet. Programmerstellung erfolgt, gemäß Übersicht 8 im Anhang:

EXTERN	d. h. es sind Zusatzgeräte (Lochstreifen-Stanzer) erforderlich,
EXT. (HAND)	d. h. extern, aber ohne Zusatzgeräte. Erstellung geschieht von Hand für Stecktafeln und Verdrahtung wie auch für vorperforierte Lochkarten.

Zunächst sei die Arbeitsweise einer nichtdruckenden Maschine mit Katodenstrahlschirm beschrieben, deren Befehlsliste zur Erstellung des Programms noch genau der Tastenkennzeichnung entspricht, wenn auch die Tastatur zur Programm-Eingabe nicht mehr benutzt wird. Sie gebraucht als Datenträger für die Programmierung eine normale Lochkarte mit Spezialeinteilung in 40 Spalten und einer Beschriftung, die der Tastatur des Rechenautomaten völlig entspricht. Fig. 13/5.

Die 40 Spalten sind wie folgt belegt:

1 Spalte Transportlochung,
1 Spalte für den bekannten STOP-Befehl zur Eingabe Variabler,
38 Spalten genau den 38 Tasten des Rechenautomaten entsprechend.

Aufteilung im Einzelnen:

12 Spalten für Adressen,
11 Spalten für Dezimalziffern und Komma,
8 Spalten für Rechenoperationen und Transfer,
4 Spalten für Ausgabeoperationen (Shiften u. Stellenansteuerung),
3 Spalten für Löschoperationen,
1 Spalte für STOP-Befehl,
1 Spalte für Transportlochung

40 Spalten

Statt die Tasten zur Programmeingabe zu betätigen, wird das entsprechende bereits perforierte Loch in der Lochkarte in der Reihenfolge des Arbeitsablaufs durchgedrückt, beginnend mit der ersten Zeile, die der 12er Lochzeile in der Normallochkarte entspricht. Die Lochung ist der normalen Lochkarte mit 80 Spalten so angepaßt, daß die selbstgelochte Karte von Duplizierlochern der Lochkarten-Technik dupliziert werden kann.

Eine Lochkarte speichert also 12 Befehlsschritte. Für längere Programme können mehrere Karten, Kante an Kante, zu einer Art Leporello-Faltung zusammengeklebt werden.

Da bei diesem Automaten bis zu 3 Register gleichzeitig mit einem Befehlsschritt angesteuert werden können, vereinfachen sich die Programme. Um z. B. das Quadrat einer Zahl zu bilden, wird die betreffende Zahl sofort in das Eingabe-Register (ENTRY) und Mult./Div.-Register (MQ) gleichzeitig gegeben. Der folgende Multiplikationsbefehl multipliziert die Inhalte ENTRY und MQ, ergibt also sofort das Quadrat.

Auch dieser Multiplikationsbefehl wird direkt mit einer weiteren Operation wahlweise verbunden, wie dies im Abschnitt 5.4 schon besprochen wurde.

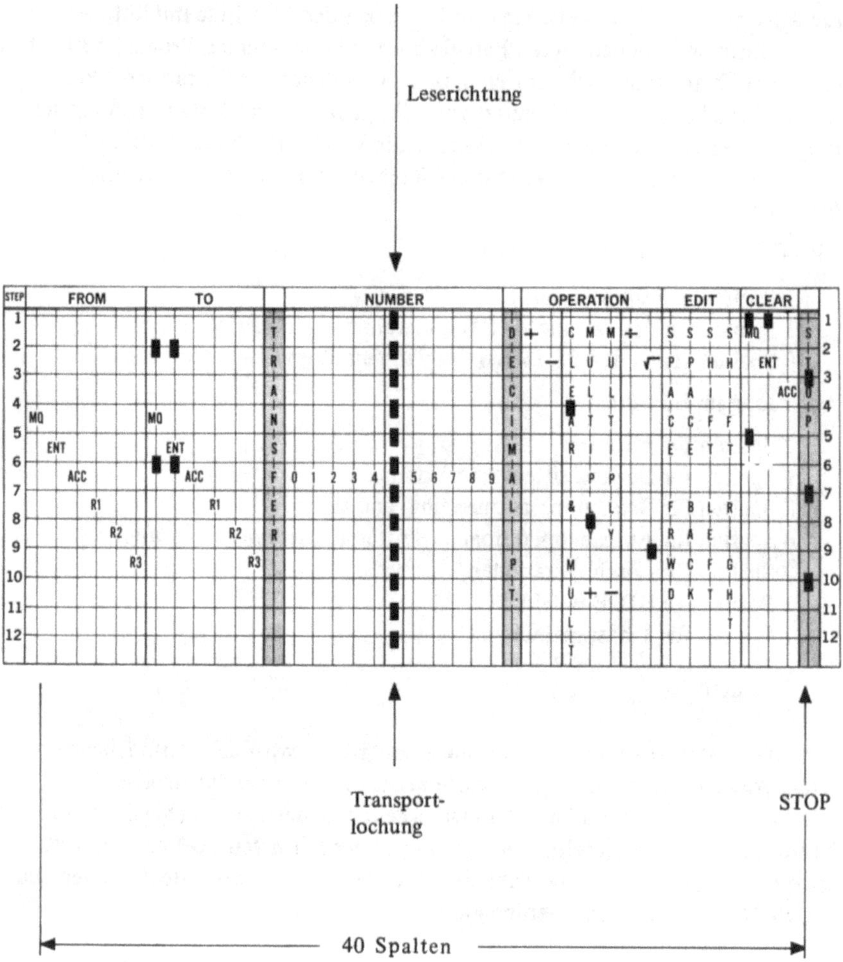

Fig. 13/5. Programm-Lochkarte mit 12 Befehlen

Man wählt entweder

CLEAR & MULT	AC (Akkumulator) löschen und Produkt nach AC übertragen (Beginn einer Rechnung),
oder	
MULTIPLY +	Das Produkt additiv nach AC bringen,
oder	
MULTIPLY -	Das Produkt subtraktiv nach AC bringen.

Nachfolgend ein Beispiel für einen Programmablauf nach der in Fig. 13/5 dargestellten Programmlochkarte.

Aufgabe: $a = \sqrt{b^2 + c^2}$

BEFEHLS-SCHRITT	BEFEHL	ERLÄUTERUNG
1	CLEAR MQ CLEAR ENTRY	Die beiden Register MQ und ENTRY werden gelöscht und
2	TO MQ TO ENTRY	zur Eingabe angesteuert.
3	STOP	b eintasten
4	CLEAR & MULT	Akkumulator löschen, $b^2 \rightarrow AC$
5	CLEAR MQ	MQ löschen (ENTRY ist durch die Multiplikation automatisch gelöscht)
6	TO MQ TO ENTRY	MQ und ENTRY zur Eingabe ansteuern
7	STOP	c eintasten
8	MULTIPLY +	$c^2 \overset{+}{\rightarrow} AC$ $(\langle AC \rangle = b^2 + c^2)$
9	SQUARE ROOT	$\sqrt{b^2 + c^2} = a$
10	STOP	Resultat a erscheint in der Anzeige.

Ein Lochkarten-Leser ist als Zusatzgerät direkt an den Rechenautomaten anschließbar. Photoelektrische Lesung mit 8 Zeilen pro Sekunde. Den STOP-Befehl zeigt eine Leuchttaste auf der Oberseite des Lochkarten-Lesers an. Sind die Variablen eingegeben, setzt der Leser nach Druck auf die Leuchttaste die Programmlesung fort.

Zur Prüfung neuer Programme kann nach Betätigung eines Schalters auf der Rückseite des Lesers mit der STOP-Leuchttaste eine Schrittschaltung des Lesers, Zeile für Zeile, durchgeführt werden.

Eine andere nichtdruckende Maschine mit Katodenstrahlschirm und integrierten Schaltkreisen besitzt einen eingebauten Lochkartenleser für externe Programme auf vorperforierten Lochkarten mit 40 Programmschritten je Lochkarte.

Sehr flexible Programmierung zeigen die Automaten, die ebenfalls normale vorperforierte Lochkarten benutzen, aber spaltenweise programmieren und lesen. Die Lochung erfolgt dabei nach einer Befehlsliste, die die Tastenfunktionen enthält, aber auch Testanweisungen für Inhaltsvergleiche, Sprung- und Dekrementanweisungen für Schleifen, Verzweigungen und Unterprogramme sowie Steuerungsbefehle für Ein- und Ausgabe über Drucker, Schreibmaschine, Lochstreifen-Stanzer und Lochstreifen-Leser.

Die Befehlsliste enthält 64 verschiedene Befehle. Die Befehle sind mit zweistelliger Dezimalzahl von 01 bis 76 codiert, ohne die Ziffern 8 und 9 zu verwenden. Für die rein duale Codierung dieser Dezimalzahl ziffernweise genügen also 2 mal 3 bit.

$$\text{Befehl: STOP} \mathrel{\hat{=}} 37 \mathrel{\hat{=}} \text{OLL LLL.}$$

Da eine Lochkartenspalte 12 Lochmöglichkeiten enthält, können je Spalte zwei Befehle (12 bit) gelocht werden, d. h. bei 40 Spalten also 80 Befehle.

Jede Spalte hat ihre beiden Schrittnummern. Fig. 13/6. Welcher Schritt gelesen wird, bestimmt ein Befehlszähler im Rechenautomaten. Schrittsteuerung zur Programmkontrolle ist vorhanden. Die Codierung der gelesenen Befehle wird dabei schrittweise durch kleine Glimmlampen auf dem Bedienungsfeld des Rechenautomaten angezeigt.

Für lange Programme können mehrere Lochkarten nacheinander eingelesen werden. Es kann aber auch ein zweiter Lochkarten-Leser angeschlossen werden, der z. B. speziell die Unterprogramme liest.

Für Sprünge auf die Programmkarte in einem zweiten Kartenleser ist ein Zusatzbefehl vorhanden. Es können sogar bis zu 6 Lochkartenleser in Serie angeschaltet werden, so daß maximal $6 \times 80 = 480$ Programmschritte direkt verfügbar sind.

Schrittweiser Test des Programms ist möglich, wobei Schrittnummer und Codezahl des Befehls in der Sichtanzeige abgefragt werden können. Ein *Befehlszähler* (Befehlszählregister, Program Counter PC) im Rechenautomaten zählt die eingelesenen Programmschritte. Sein Inhalt ist stets die Schrittnummer der folgenden Anweisung. Für Sprünge wird sein Inhalt zu gegebener Zeit durch eine programmierte Zahl als Sprungadresse ersetzt.

Ein Dekrementzähler im Rechenautomaten erniedrigt seinen Inhalt um 1 auf Befehl „Dekrement" zur Bildung von Schleifen mit abnehmenden Indexzahlen. In Verbindung mit den verschiedenen Befehlen für Inhaltsvergleiche sind damit iterative Schleifen für zyklische Programme möglich, die bis zur Erfüllung einer Konvergenzbedingung automatisch ablaufen.

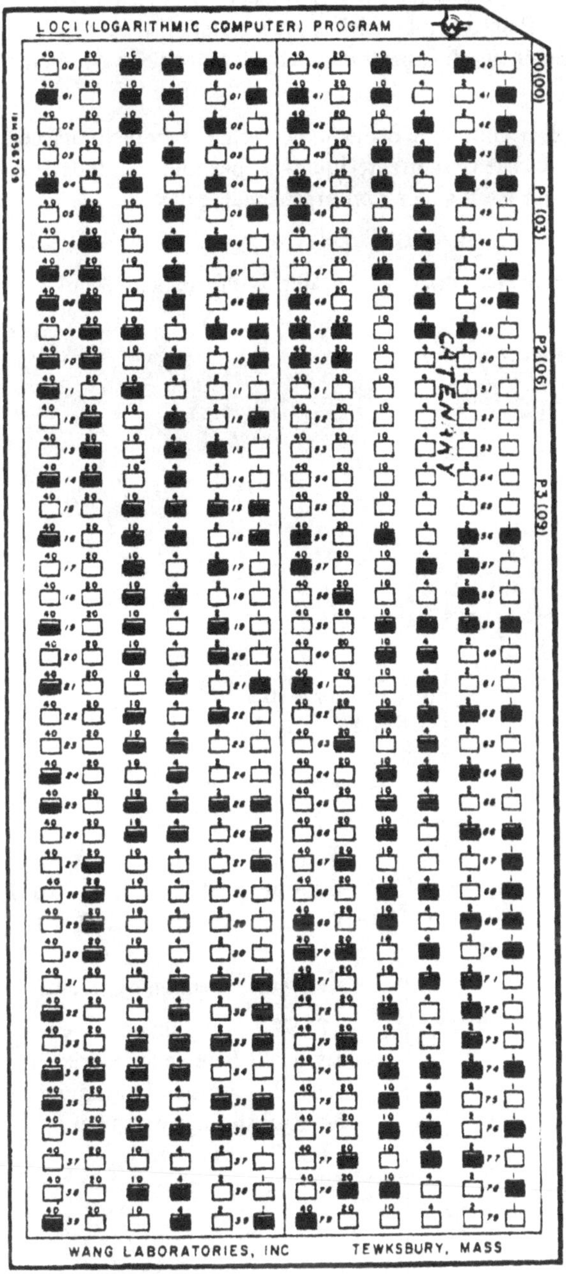

Befehl 00 ≙ 17 Befehl 40 ≙ 12
Befehl 01 ≙ 55 Befehl 41 ≙ 51
Befehl 02 ≙ 12 Befehl 42 ≙ 45
. .
. .
. .
Befehl 39 ≙ 45 Befehl 79 ≙ 40

Fig. 13/6. Programm-Lochkarte mit 80 Befehlen

Nachfolgend ein Beispiel für die programmierte Prüfung auf Konvergenzbedingung über das logarithmische Register eines solchen Automaten. Zur grundsätzlichen Arbeitsweise der Maschinen mit logarithmischem Register siehe Abschnitt 5.4.

Bei Programmschritt 15 z. B. beginnt eine Schleife. Die Schleifenberechnung soll mit Schritt 22 ausgeführt sein. Die Gesamtberechnung ist beendet, wenn der zuletzt in der Schleife errechnete Wert a der Konvergenzbedingung

$$a < 10^{-4}$$

genügt. Der errechnete Wert a steht noch im Register L mit seinem natürlichen Logarithmus.

Die Probe auf $a < 10^{-4}$ verläuft wie folgt:

PROGRAMM-SCHRITT (Befehlszähler PC)	BEFEHL	
.		
15	←	
.		
22		$\langle L \rangle = \ln a$
23	1	
24	0	
25	0	
26	0	
27	0	$\langle W \rangle = 10^4$
28	x	$\langle L \rangle = \ln a + \ln 10^4 = \ln (a \cdot 10^4)$
29	TEST $\langle L \rangle < 0$ — JA →	Wenn $\langle L \rangle < 0$ ist $a \cdot 10^4 < 1$ Also $a < 10^{-4}$ Konvergenzbedingung erfüllt.
	NEIN ↓	„TEST erfüllt" includiert grundsätzlich 3 Befehle überspringen. 3 Befehle genügen hier immer für die Rücksprungadresse bei „TEST nicht erfüllt".
30	1	
31	5	$\langle W \rangle = 15$
32	$\langle W \rangle \rightarrow PC$ → (Sprung zu 15)	
33	LN^{-1} ← (JA)	Numerus a ausgeben
34	STOP	Programm beendet.

Sechs Schalter auf dem Bedienungsfeld des Rechenautomaten gestatten manuelle Eingriffe in das Programm.

Auf einer Programmkarte können aber auch mehrere Programme gespeichert werden. Ihr Anruf erfolgt dann vom Rechenautomaten aus durch die Tasten $P_0, \ldots P_3$, die über den Befehlszähler ihren richtigen Anfang automatisch ansteuern.

Maximal können 4 verschiedene Programme auf *einer* Lochkarte untergebracht werden. Diese Programme beginnen grundsätzlich mit den Festadressen 00, 03, 06, 09.

PROGRAMM-
SCHRITT
(Befehls-
zähler PC)

00 ←——— Programm 0 ——— Programmwahl durch Taste $\boxed{P_0}$
01
02
03 ←——— Programm 1 ——— Programmwahl durch Taste $\boxed{P_1}$
04
05
06 ←——— Programm 2 ——— Programmwahl durch Taste $\boxed{P_2}$
07
08
09 ←——— Programm 3 ——— Programmwahl durch Taste $\boxed{P_3}$
10
11
.
.
.
.
.

Die Programme 0, 1 und 2 haben dann zwar zunächst nur 3 Programmschritte zur Verfügung. Wie im vorangegangenen Beispiel gezeigt, genügen diese 3 Programmschritte für die Sprungadresse, um an die Stelle des Befehlszählers zu gelangen, an der das Programm rechnerisch beginnt.

Die Sprungadressierung besteht aus den zwei Dezimalziffern des Programmschrittes, 00 . . . 79, und dem Übertrag aus dem Eingabe-/Ausgabe-Register W in das Befehlszählregister PC durch den Befehl $\langle W \rangle \rightarrow PC$.

PROGRAMM-SCHRITT (Befehlszähler PC)	BEFEHL		
		P_2	Taste für Programm 2
00			
:			
06	4		
07	2		⟨W⟩ = 42
08	⟨W⟩ → PC		
:			Sprung nach Programmschritt 42
42	……		Hier beginnt die Programm-Rechnung.
43	……		
:	:		

Soweit diese Automaten mit Lochkarten-Programmierung über einen separaten Lochkartenleser verfügen, erlauben sie durchweg auch die Programmsteuerung über 8 Kanal-Lochstreifen, über Stecktafeln und festverdrahtete Programme.

14. Zusatzgeräte

Übersicht 9 im Anhang gibt die zur Zeit angebotenen Sondermodelle und Zusatzgeräte zu elektronischen Tischrechenautomaten. Die Zusatzgeräte zur Programmierung wurden im Abschnitt 13, Programmierbare Automaten, bereits besprochen.

Die Schnelligkeit, mit welcher sich die gerade neu erschienenen Maschinen in die Aufgaben der Datenerfassung und Datenverarbeitung einschalten, ist eine erneute Bestätigung der Flexibilität elektronischer Schaltungen und der Möglichkeit einer rasch fortschreitenden Büroautomatisierung auf sehr breiter Basis. Durch Sondermodelle einer Grundeinheit, wie auch durch ausbau- und erweiterungsfähige Grundmaschinen, entstehen ganze Systemfamilien, die den traditionellen Arbeitsbereich der Tischrechenmaschinen rasch erweitert haben.

Schwerpunkte der technischen Erweiterung liegen auf den Gebieten

Speicher,
Programmierbarkeit,
Automatische Ein- und Ausgabe von Daten und Meßwerten.

14.1. Fernbedienungstastaturen

Als erste Erweiterung durch Zusatzgeräte wurden Fernbedienungstastaturen angeboten. Sie bestehen aus Tastatur und Sichtanzeige und dienen der Mehrfachausnutzung des elektronischen Rechners im Rechenautomaten. Über eine Taste mit Leuchtzeichen zeigt eine Stelle der anderen die Belegung des Rechners an. Die Rechnung selbst verläuft am Fernbedienungsplatz völlig gleichartig wie am Platz des Tischrechenautomaten.

Sehr weitgehenden Gebrauch von dieser Möglichkeit macht ein Modell, das schon als Rechenmaschine aus zwei Teilen besteht, nämlich aus

Tastatur-Anzeige-Einheit (Konsole K genannt) und
Elektronik-Einheit (E).

Die beiden Teile sind normalerweise durch ein Kabel von 3,5 m Länge verbunden. An die Elektronik-Einheit E lassen sich jedoch 4 Konsolen K mit je 60 m Verbindungskabel zum nichtsimultanen Rechnen anschließen. Bei der Konsole mit Trigonometrischen Funktionen oder einer Konsole mit Programmeingabe über Lochkarten-Leser ist das Verbindungskabel auf 15 m begrenzt. Die erste eingeschaltete Konsole sperrt automatisch die übrigen. Eine Konsole kann über eine Weiche auf Vorrang geschaltet werden. Diese Konsole ist dann stets betriebsbereit und unterbricht gegebenenfalls die Rechnungen der anderen.

Darüberhinaus bietet das Fabrikat statt der Elektronik-Einheit E eine Spezial-Elektronik-Einheit SE an. Auch an diese lassen sich 4 Konsolen anschließen, die aber alle ohne jegliche gegenseitige Beeinflussung simultan rechnen können. Eine Konsole davon kann mit Lochkarten-Leser für programmierte Arbeit ausgestattet sein. Fig. 14/1 zeigt eine mögliche Kombination für simultanes Rechnen an 4 Konsolen.
An diese Spezial-Elektronik-Einheit SE lassen sich weiterhin über besondere Weichen insgesamt bis zu 16 Konsolen anschließen. Von diesen 16 Konsolen können immer 4 gleichzeitig rechnen, und zwar immer eine Konsole pro Weiche. Siehe Fig. 14/2.

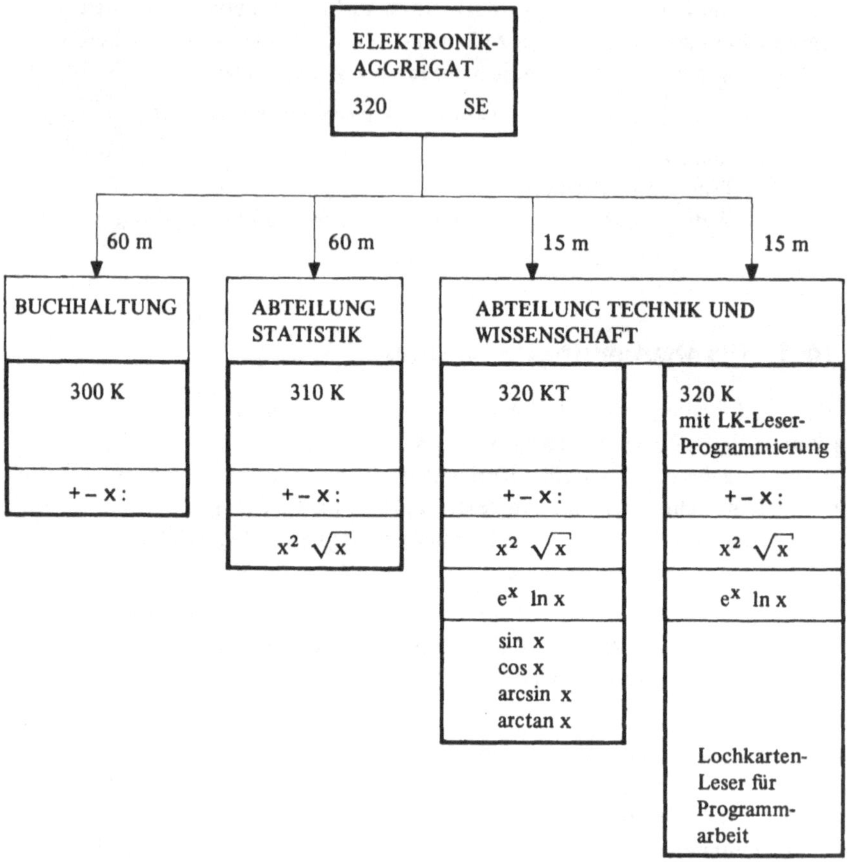

Fig. 14/1. Rechner mit Sonderelektronik und 4 Konsolen für Simultanarbeit

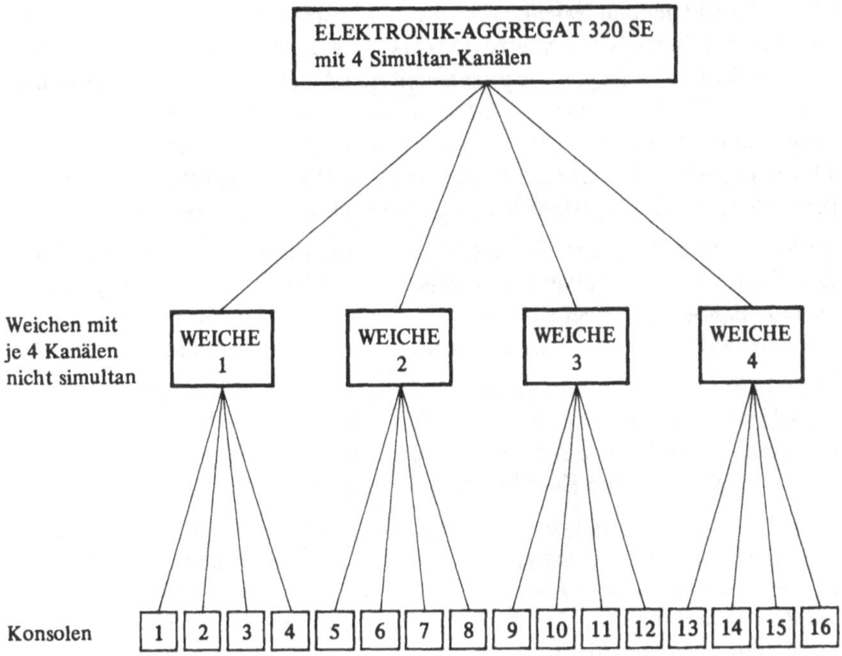

Fig. 14/2. Rechner mit Sonderelektronik für den Anschluß von 16 Konsolen

14.2. Externe Speicher

Die Erweiterung der Speicherkapazität durch externe Speicher erfolgt in mehreren Ausbaustufen bis zu maximal 640 Dezimalstellen. Es werden durchweg Kernspeicher benutzt.

Die 1. Ausbaustufe enthält die zusätzliche Kontroll- und Steuerelektronik. Speicherwahl für Ein- und Ausgabe erfogt über die Tastatur des Rechenautomaten, wie auch von Lochkarten- und Lochstreifen-Programmen.

14.3. Dateneingabe und Datenausgabe über externe Datenträger

Nach der Programmierung des Rechenablaufes bietet es sich naturgemäß an, bei großer Zahl der Variablen auch deren Eingabe und Ausgabe zu automatisieren. Als Datenträger für Eingabe und Ausgabe wird der Lochstreifen bevorzugt, und zwar der 8 Kanal-Lochstreifen.

Für die Programm- und Dateneingabe werden Lochstreifenleser mit 1 und 2 Lesestationen angeboten. Die Lesegeschwindigkeit liegt bei 20 Zeichen pro Sekunde. Lochstreifenstanzer dienen der programmierten Ausgabe von eingegebenen und errechneten Werten in beliebig wählbaren Codes zur weiteren Verarbeitung und Auswertung, wie auch der Erstellung von Programm-Lochstreifen. Die Stanzgeschwindigkeit liegt bei 25 Zeichen pro Sekunde. Der Arbeitssicherung dienen Parity Check, Bandriß-, Bandende- und fotoelektrische Schrittkontrolle.

Auch Lochkartenleser sind als Eingabegeräte anschließbar. Als ergänzende Eingabe-Einheit wird ein Kurvenleser angeboten. Er arbeitet als Analog/Digital-Umsetzer und gibt für eine auf Papier gezeichnete Kurve sofort die numerischen Werte in den Rechner zur weiteren mathematischen Verarbeitung ein.

In der Ausgabe wird für Formularbeschriftung mit Zahlen und ergänzendem Text die Schreibmaschine verwendet, von nichtdruckenden Automaten auch ein Kontrollstreifen-Drucker, wie er bei druckenden Automaten eingebaut ist. Zusätzliche Ausgabegeräte sind Koordinaten-Zeichengeräte, XY-Plotter.

Steuereinheiten mit Taktgebern, Analog/Digital- und Digital/Analog-Umsetzern gestatten bis zu 17 Analogeingänge anzuschließen, in beliebiger Folge serial abzufragen und maximal 17 Ausgangskanäle anzusteuern, und zwar für den Einsatz des Rechenautomaten als Prozeßrechner im on-line-Betrieb und für die Eingabe und Verarbeitung von Meßwerten.

Fig. 14/3 zeigt ein Beispiel für die zahlreichen Möglichkeiten der Erweiterung eines elektronischen Tischrechenautomaten durch Zusatzgeräte.

Welche Möglichkeiten der Datenerfassung und Datenverarbeitung bei elektronischen Tischrechenautomaten gegeben sind, soll an einem Beispiel demonstriert werden.

Die bereits sehr komplexen Befehlsfolgen (Mikrobefehle–Unterprogramme–Oberprogramme) einer normalen elektronischen Tischrechenmaschine sind auf einer noch höheren Ebene zu Spezialbefehlen der Datenverarbeitung erneut verknüpft.

Die Tastatur enthält nur noch die Zehnerblocktastatur zur Dateneingabe, dazu Tasten, wie

SO	Soll
HA	Haben
DAT	Datum-Eingabe, Kennziffer-Eingabe, usw.
PZB	Prüfzifferberechnung
ST	Besteuerungssätze
E	Druck von Etikettenserien
usw.	

Ein angeschlossener Lochstreifenstanzer dient der programmierten Datenausgabe zur Weiterverarbeitung.

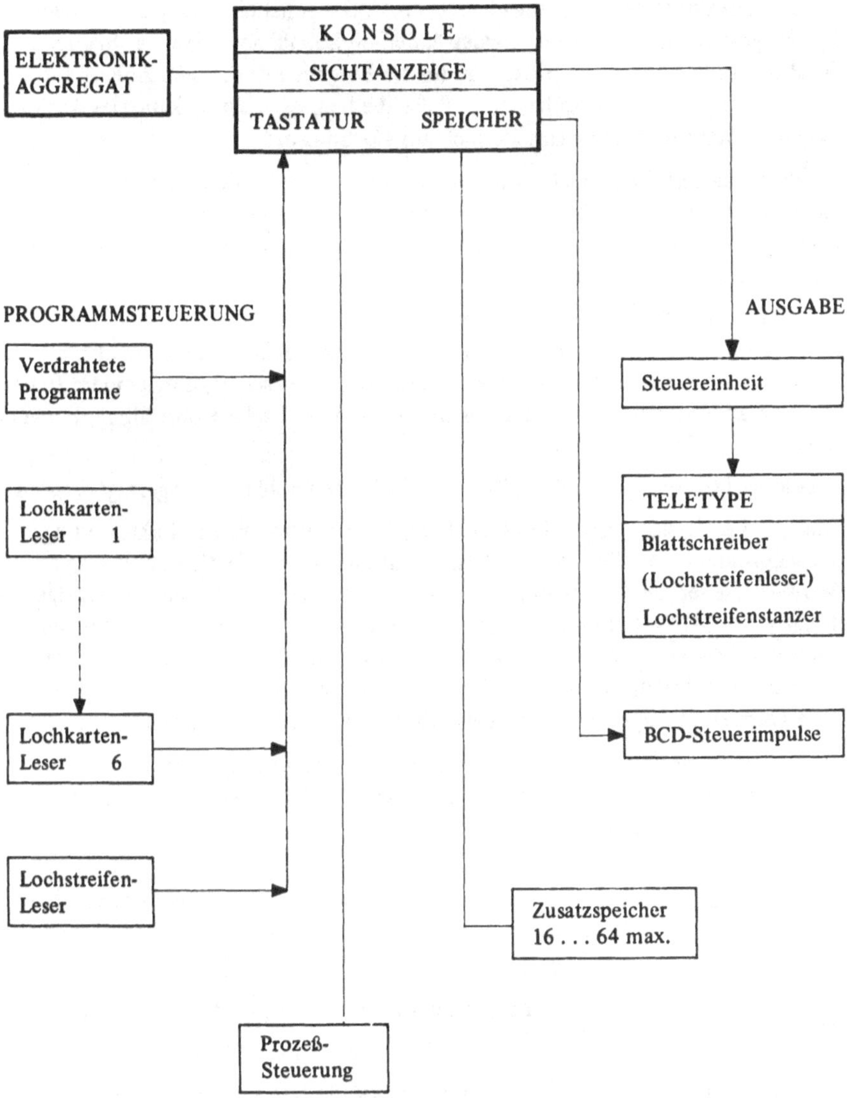

Fig. 14/3. Zusatzgeräte für einen elektronischen Tischrechenautomaten

Eine Version dieser Maschine wird für die Datenerfassung eingesetzt. Die organisatorischen Möglichkeiten dieser Anlage ergeben sich daraus, daß sie durch speicherprogrammiertes Abrufen bestimmter Programmroutinen flexibel für alle

Arten vertikaler Datenerfassung einsetzbar ist. Die sonst übliche spaltenabhängige Programmierung ist bei vertikaler Arbeitsweise, abhängig von der Sequenz der Programmroutinen, so gelöst, daß für die Eingabe nur die dem Ablauf entsprechenden Tasten freigegeben sind. Falschbedienung führt zu keinerlei Auslösung und damit weder zur Druck- noch zur Lochungsfreigabe.

Darüberhinaus ist die Korrektur der zuletzt gedruckten Zeile über Storno-Taste möglich. Automatische Prüfung erzwingt richtige Kontonummerneingabe, um Falschlochungen und dadurch falsche Adressierung in der auswertenden Datenverarbeitungsanlage zu vermeiden.

Außer den nach Soll und Haben getrennt gespeicherten Umsätzen kann eine Kontrollzahl in den Lochstreifen mit übernommen werden. Die Kontrollzahl wird programmiert aus Beleg- und Kontierungsdaten gebildet, die in einem freien Speicher addiert werden, und ermöglicht eine automatische Kontrolle in der weiterverarbeitenden EDV-Anlage.

Tagesumsätze können nur mit Hilfe eines Sicherheitsschlüssels abgefragt werden.

Eine zweite Version dieser Maschine dient der Abrechnung und Fakturierung, spezialprogrammiert für Großhandelsabrechnungen unter Berücksichtigung der Mehrwertsteuer. Diese Maschine überwacht automatisch nicht nur die richtige Eingabe von Artikelnummern („Irrtums-Schutz-Programmierung" der Stellenzahl) und Preisen (Prüfziffer aus Artikelnummer und Preis), sie unterscheidet auch automatisch nach 3 verschiedenen Steuersätzen und 8 Waren- oder Kalkulationsgruppen und speichert die Tagesumsätze für den automatischen Abschluß.

In jeder Artikelnummer sind, außer der von der Anlage selbst ermittelten Prüfziffer, auch Kennziffern für die Waren-/Kalkulationsgruppen und für den zuständigen Steuersatz enthalten.

Z. B.

Artikelnummer

6 5 8 7 4 5 2 7

Prüfziffer für Artikelnummer und Preis

Kennziffer für (Mehrwert-) Steuersätze

Kennziffer für 8 Waren-/Kalkulationsgruppen (entspricht 8 freien Speichern der Maschine zur Akkumulation der Umsätze).

Reine Artikelnummer

Hier ist die Prüfziffer aus Artikelnummer *und* Einzelpreis gebildet. Zur Erstberechnung der Prüfziffer wird die Taste [PZB] = Prüfziffer-Berechnung eingerastet und Artikelnummer und Einzelpreis eingetastet. An der Prüfziffernstelle der Artikelnummer wird für die noch unbekannte Prüfziffer eine Null eingegeben. Der Automat errechnet die Prüfziffer und druckt Artikelnummer mit richtiger Prüfziffernstelle und Einzelpreis aus.

Datum und Bediener- oder Maschinenkennziffer werden mittels der Taste [DAT] eingegeben und als automatisch abdruckende Konstanten gespeichert.

Die Eingabe der Steuersätze erfolgt über [ST]. Diese Eingaben und ihre Änderungen sind jedoch dem Schlüsselbesitzer vorbehalten.

Watenetiketten werden mit Artikelnummer und Preis ausgedruckt, die Taste [E] dient dabei dem automatischen Druck von ganzen Etikettenserien bestimmter Anzahl.
Die Summentaste kann ebenfalls nur mit dem Maschinenschlüssel freigegeben werden und veranlaßt nach Betätigung den automatischen Abdruck der gesamten Tagesabsummierung, bestehend aus:

8 Umsatzwerten der 8 Kalkulationsgruppen,
Gesamtwert der steuerfreien Beträge,
Gesamtwert der voll steuerpflichtigen Beträge,
Gesamtwert der beschränkt steuerpflichtigen Beträge,
Gesamtsteuerbetrag,
Datum,
Laufende Abrechnungsnummer, Bediener-/Maschinenkennziffer.

Die laufende Abrechnungsnummer erhöht sich je Absummierung um „1" und kann auch mit Sicherheitsschlüssel nicht beeinflußt oder verändert werden. Es ist ein zyklischer Zähler mit 5 Stellen programmiert, der nach Erreichen von 99999 wieder mit 00001 beginnt.

Eine dritte Version ist für den Einsatz in Datenerfassungs- und Übertragungssystemen mit Ausgabe auf Lochstreifen und Magnetbandeinheiten vorgesehen.

Eine andere Version dient zur Eingabe und Verarbeitung von Meßwerten beim Einsatz in Meß- und Regeleinrichtungen. Ihre besonderen Kennzeichen sind:

Druck von Meßwertprotokollen auf Kontrollstreifen, vorsteckbare Wiegekarten, usw.
Druck von Meßwertprotokollen und abgeleiteten Rechenergebnissen. Alle Rechenarten, -funktionen und -abläufe der Grundmaschine können extern von Meß- und Regelgeräten angesteuert werden.
Programmierbarer automatischer Druck einer festen 5stelligen Nummer (Meßstelle, Filiale, Bediener- oder Maschinenkennziffer, usw.).
Automatischer Datumdruck.
8 freie Speicher zu je 14 Dezimalstellen.
Zusätzliche Ausgabe aller Daten auf Lochstreifen.

15. Elektronische Tischrechenautomaten im Verbund

In Form eines Bürocomputers tritt erstmalig ein elektronischer Tischrechenautomat im festen Verbund mit einer Schreibmaschine mit breitem Wagen als Volltexteinrichtung auf. Beide Aggregate sind in einem Gehäuse in Tischbauweise verbunden.

Der Bürocomputer besteht aus einem Rechenautomaten mit erweiterter Speicherkapazität von 24 auf 32 Dezimalstellen, d. h. 30 Ziffern plus Vorzeichen plus Komma, und beibehaltenem Serialdrucker für Druck auf Kontrollstreifen und einer Schreibmaschine mit Breitwagen, dessen Tabulation für die Kolonnenwahl ebenfalls über Magnetkarten in dem Automaten programmiert und bei Bedarf eingelesen wird.

Die erste Programmkarte in den Leser des Automaten eingegeben, setzt die Tabulation (Kolonnenwahl). Die zweite Programmkarte gibt das Rechenprogramm ein. Die Programmkapazität ist der veränderten Speicherkapazität zufolge von 120 auf 160 Programmschritte erweitert. Von 2 Kommarädern steuert eines die Kommaposition der Druckausgabe, beide zusammen steuern die Stellenzahl der Rechnung.

Ähnlichen Verbund zeigt eine nichtdruckende Maschine mit einem Schreibautomaten, einer Kombination aus Kugelkopfmaschine mit Lochstreifen-Stanzer und -Leser. Die Tastatur- und Anzeigeeinheit (Fernbedienungstastatur) befindet sich auf dem Tisch neben der Tastatur des Schreibautomaten, die Elektronik ist in den Tisch eingebaut und kann extern durch Lochstreifen oder Lochstreifenkarten programmierbar gesteuert werden; Einlesung über den Lochstreifenleser des Schreibautomaten.

16. Auswahl von elektronischen Tischrechen-automaten für den Einsatz

Elektronische Tischrechenautomaten dienen rationellem Rechnen, d. h. sie vereinfachen und beschleunigen die Durchführung von Rechnungen bei gesteigerter Zuverlässigkeit der Ergebnisse. Aus der Fülle der Einsatzmöglichkeiten können hier naturgemäß nur einige Grundsätze der Auswahl zur Sprache kommen. Dafür gelten folgende Gesichtspunkte in der angegebenen Reihenfolge:

1. Schwerpunkt des geplanten Einsatzes, d. h. was soll hauptsächlich gerechnet werden?
2. Service Soft-ware, Programmbibliothek, falls nach Art des Einsatzes erforderlich.
3. Service Hard-ware, Wartung und Ersatzteile für einen Notfall.
4. Anschaffungspreis.

Zu 1. Einsatzart:

Elektronische Tischrechenautomaten sind Vierspezies-Automaten. Ihr Einsatz als Saldiermaschine ist vom Preis her unrentabel. Die zusätzlichen – in diesem Fall unbenutzten – Tasten für 3. und 4. Spezies und Sonderoperationen erleichtern die Bedienung nicht, sondern wirken verwirrend und dadurch erschwerend. Die evtl. Programmierbarkeit des Rechenablaufs bringt dabei auch keine Vereinfachung, denn nach jeder Variablen-Eingabe muß zum Zeichen „Eingabe beendet – Programmarbeit fortsetzen" immer zwangsläufig eine Taste betätigt werden; dafür kann auch Plus- oder Minus-Taste betätigt werden.

Ihr Einsatz als Saldiermaschine wird in vielen Fällen jedoch interessant, wenn die automatische Eingabe von Daten über maschinenlesbare Datenträger oder von Meßwerten, programmierbar gesteuert, möglich ist. Dann kommt vor allem auch ihre höhere Arbeitsgeschwindigkeit voll zum Tragen.

Automaten mit einigen freien Speichern und entsprechenden Sonderfunktionen erlauben in diesem Fall neben der Hauptrechnung, die die algebraische Summe der eingegebenen Werte (Σ a, b) bildet, gleichzeitig

die getrennte Akkumulation der positiven (Σ a) und negativen (Σ b) Werte, wobei das Vorzeichen die Speicherwahl steuert,

die einfache Kontrollrechnung

$$\Sigma\, a, b = \Sigma\, a - \Sigma\, b$$

zum Abschluß,

die Postenzählung für statistische Mittelwertsrechnungen.

Diese Zusatzarbeiten erfordern keine Mehrzeit, wenn Duplex-Eingabe möglich ist. Ähnliches gilt, wenn die automatische Ausgabe, d. h. automatische Erstellung maschinenlesbarer Datenträger, programmierbar gesteuert, zur weiteren Verarbeitung und Auswertung durchgeführt werden kann.

Wenn die erweiterten Betriebsarten der Datenerfassung rentabel genutzt werden können, ist der elektronische Tischrechenautomat bereits interessant, auch wenn nur mit 1 oder 2 Spezies gerechnet wird. Allerdings stehen die elektronischen Tischrechenautomaten selbst erst am Anfang dieser Entwicklung.

Allgemein beginnen die Vorteile der elektronischen Tischrechenautomaten wirksam zu werden, wenn die 3. oder 3. und 4. Spezies in größerem Umfang benutzt werden. Dann kommen schon die Vorteile elektronischen Rechnens zum tragen, wie sie in Abschnitt 4, Grundsätzlicher Aufbau der elektronischen Tischrechenautomaten und Unterschied zu den traditionellen Tischrechenmaschinen, behandelt wurden.

Die Frage druckender oder nichtdruckender Automat stellt sich hier als erste. (Übersicht 1). In allen Fällen, in denen es sich um gelegentliches Rechnen handelt, d. h. meist in den personell leitenden Funktionen, wird das handschriftliche Übertragen von Ergebnissen aus der Anzeige nichtdruckender Automaten vertretbar sein. Die praktisch völlige Geräuschlosigkeit dieser Automaten wird hier als besonders angenehm empfunden werden. Ebenso vorteilhaft erweist sich ihr Einsatz zu jeder Art von Rechnungkontrollen, wie Prüfung der Eingangsrechnungen, usw. (Übersicht 7).

Die druckenden Automaten bieten sich an

in allen Fällen, in denen viele Ergebnisse handschriftlich zu übertragen wären,

in komplizierten wissenschaftlich-technischen Rechnungen, in denen meist auch viele Zwischenresultate und oft viele Nachkommastellen benötigt werden,

in allen Fällen der Dokumentation, in denen der Rechnungsbeleg bedeutungsvoll ist. (Übersicht 5 und 6).

Nach Klärung dieses Problems sind folgende Überlegungen anzustellen:
Welche Zahlenkapazität vor und nach dem Komma ist erforderlich? (Übersicht 3).
Sind mathematische Sonderfunktionen notwendig, wie Quadratwurzel, trigonometrische Funktionen, Exponentialfunktionen, Logarithmen, usw.? (Übersicht 3).
Welche frei verfügbare Speicherkapazität wird benötigt? (Übersicht 4).
Sind Speicher-Sonderfunktionen angebracht, wie Akkumulation von Resultaten und Faktoren, Duplex-Eingabe, Postenzähler, usw.? (Übersicht 4).
Sind die schwerpunktmäßig zu lösenden Aufgaben mit einer bestimmten Operationsart – deren verschiedene Ausführungen im Abschnitt 6 dargestellt wurden – besonders günstig zu lösen, d. h. kann mehrfaches Neueintasten erspart werden, z. B. durch Druck-Wiederholung (Übersicht 5), können Aufgaben ohne Umstel-

lung von Faktoren und algebraischen Summen gerechnet werden, also ohne besondere „Aufbereitung"?
Sind allgemeine Funktionen angezeigt, wie Rundung, zu- und abschaltbar, Restausgabe nach Division, zu- und abschaltbar? (Übersicht 5 und 7).
Sind viele gleichartige Rechnungsabläufe mit 3. und 4. Spezies inclusive zu lösen, so daß es sich lohnt, den Rechnungsablauf programmieren zu können? (Übersicht 8).
Welche Programmierungskapazität ist in diesem Fall nötig? (Übersicht 8).
Ist es erforderlich, diese Programme extern speichern um so die wiederholte Neuprogrammierung ersparen zu können? (Übersicht 8).
Ist der Einsatz von Fernbedienungstastaturen zweckmäßig? (Übersicht 9).
Ist der Anschluß von externen Speicher-Einheiten erforderlich? (Übersicht 9).
Ist die automatische Eingabe und Ausgabe über externe Datenträger angezeigt? (Übersicht 9).

Zu 2. Service Soft-ware:

Für programmierbare Automaten mit externer Speicherung halten die betreffenden Hersteller umfangreiche Programm-Bibliotheken verfügbar. Die Übersichten dazu können eingesehen und überprüft werden, ob sie den vorgesehenen Arbeitsbereich erfassen. Die Hersteller helfen darüberhinaus bei der Erstellung neuer Programme.

Zu 3. Service Hard-ware:

Bei starker Inanspruchnahme der Automaten ist ein leistungsfähiger, erfahrener, zuverlässiger und schnell erreichbarer Service bedeutungsvoll.

Zu 4. Anschaffungspreis:

Die genannten Gesichtspunkte für den geplanten Einsatz des elektronischen Tischrechenautomaten sind schließlich in Relation zum Anschaffungspreis zu setzen.

17. Entwicklungstendenzen elektronischer Tischrechenautomaten

Die detaillierte Untersuchung hat deutlich gemacht, daß die wesentlichen Eigenschaften und Fähigkeiten elektronischer Tischrechenautomaten ausschließlich von der Elektronik bestimmt werden. Ihre Weiterentwicklung ist Teil der Weiterentwicklung der Computer-Technik und wird von dort die Impulse ihrer Vervollkommnung empfangen.

Folgendes Schema, Fig. 17/1, anknüpfend an Fig. 2/1, Geschichtliche Basis der elektronischen Tischrechenautomaten, zeigt die möglichen Linien einer bereits erkennbaren oder abschätzbaren Weiterentwicklung.

Aus dem Sammelbegriff „Elektronische Tischrechenmaschinen bzw. -automaten" zeichnet sich eine Gruppierung ab, die keine Werturteile beinhaltet, sondern ein sinnvolles Nebeneinander verschiedener Funktionsfähigkeit darstellt, abhängig von der großen Verschiedenartigkeit des Bedarfs.

Eine Anzahl der heutigen Automaten ist eindeutig „*Tischrechenmaschine in elektronischer Ausführung*, d. h. eine Fortsetzung der elektromechanischen Tischrechenmaschinen mit allen erweiterten und verbesserten Möglichkeiten, die die Elektronik gestattet. Diese Automaten zeigen in ihrer bewußt so einfach wie möglich gehaltenen Bedienung, daß sie nichts anderes sein wollen als elektronische Tischrechenmaschinen. Sie werden ihre Weiterentwicklung mit neuen Bauelementen und neuen Systemen der Computertechnik haben. Die elektronischen Tischrechenmaschinen lösen die elektromechanischen noch nicht ab, sondern ergänzen sie, so lange vor allem keine preiswerte Nachfolge für einfache Saldiermaschinen durch neue Bauelemente möglich ist.

Der Schwerpunkt ihrer Entwicklung zielt über wachsende Stückzahlen zunächst in das Preisniveau der mechanischen Drei- und Vierspezies-Maschinen.

Programmierbare Maschinen sind unter dem Begriff des *Elektronischen Tischrechenautomaten* sicher richtig eingeordnet. Bei sehr flexibler Programmierungsmöglichkeit mit logischen Entscheidungen und entsprechenden Sprungbefehlen wie auch bei der automatischen Datenein- und -ausgabe über externe Datenträger wird die Grenze zum Klein- oder Tischcomputer für Rechnung und/oder Datenverarbeitung eindeutig überschritten.

Die Weiterentwicklung der elektronischen Tischrechenautomaten wird in außergewöhnlich rascher Folge verlaufen. Der starke weltweite Wettbewerb läßt eine Verminderung des bei der Einführung dieser Automaten schon bewiesenen Tempos in absehbarer Zeit nicht erwarten. Dafür spricht auch die Tatsache, daß in dieser Maschinengattung zwar in wenigen Jahren ein ausgezeichneter technischer Stand erreicht, aber gleichzeitig eine große Fülle von Erweiterungs- und Anwendungsmöglichkeiten in den verschiedensten Richtungen angeschnitten wurde,

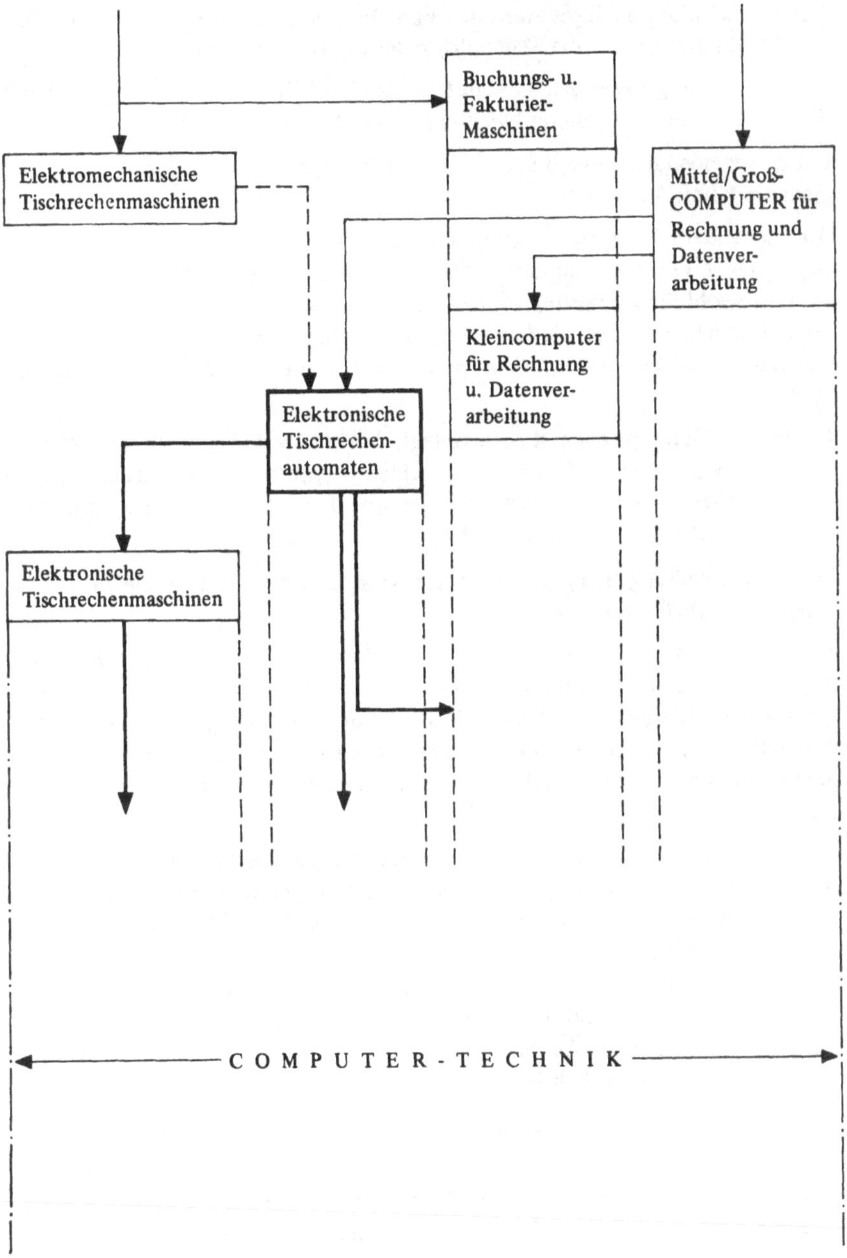

Fig. 17/1. Entwicklungstendenzen der elektronischen Tischrechenautomaten

deren entwicklungsmäßiges Ausreifen und Optimieren noch zu erwarten ist. In gleicher Richtung wirkt die Technologie der integrierten Schaltkreise.

Unter Beachtung des in den Abschnitten 12 bis 15 Dargestellten zeichnen sich in der großen Linie der Weiterentwicklung folgende Tendenzen ab:

Der entscheidende Schwerpunkt der Entwicklung liegt bei druckenden und programmierbaren Automaten.

Ausreichender oder leicht erweiterbarer Befehlsvorrat in der nur dem Hersteller zugänglichen Festprogrammierung (Mikroprogramm) bei flexibler Bauweise, gestattet sowohl die Anpassung an die verschiedenartigsten Einsatzaufgaben durch Sondermodelle wie auch die Steuerung einer automatischen Ein- und Ausgabe von Daten und Meßwerten, Schwerpunkt Lochstreifen, inclusive einer Datenfernübertragung.

Der übliche Datenspeicher ist so ausgelegt, daß er sowohl Daten als auch Programme des Benutzers (Makroprogramm) für gelegentliche, verschiedenartige und meist komplexe Programmierungen aufnehmen kann, wie sie im technisch-wissenschaftlichen Arbeiten häufig auftreten.

Programmerstellung erfolgt in bekannter Weise über die Tastatur, die dazu über einige Sonderbefehle verfügt.

Beim Einsatz in der Datenverarbeitung, vor allem der Datenerfassung, werden dagegen meist feste Programme in nicht sehr großer Anzahl benötigt, die relativ geringer Veränderung unterliegen. Ein steckbarer Makroprogrammspeicher, der auf kleinem Raum den gesamten Programmbedarf enthält, mit Wahl der Programmnummer von der Tastatur aus, ist eine sehr sichere und auch preiswerte Lösung, da sie Zusatzgeräte vermeidet.

Nach dieser Zwischenstufe erweiterter Programmspeicherung folgt die externe Speicherung einer größeren Zahl umfangreicher Programme. Hier werden für magnetomotorische Speicherverfahren mit ihrer hohen Aufzeichnungsdichte und niedrigen Bit-Kosten günstige Möglichkeiten gegeben sein. Programmerstellung und Programmwahl können über die Tastatur des Rechenautomaten erfolgen. Die verlängerte Zugriffszeit dürfte tragbar sein und liegt sicher nicht über der Zeit, die zum manuellen Auswählen und Eingeben von Lochkarten, Lochstreifenkarten, usw. erforderlich ist.

Welche Veränderungen im Detail zu erwarten sind, soll nachfolgend skizziert werden.

1. Die Verkleinerung der Maschinen, Hand in Hand mit der Verringerung ihres Gewichtes, ist sinnvoll und erforderlich. Durch die Tastatur und ihre leichte und sichere Bedienbarkeit ist eine physiologisch gegebene Mindestgröße genormt und nicht unterschreitbar. Die neuen japanischen Automaten zeigen, was unter Einhaltung dieser Mindestgröße an Minimisierung von Raumbedarf

und Gewicht möglich ist. Der Schlüssel ist die Anwendung integrierter Schaltkreise.

2. Diese Anwendung integrierter Schaltkreise für elektronische Tischrechenautomaten bringt über die Platz- und Gewichtsersparnis hinaus noch weitere Vorteile:

   Erhöhte Zuverlässigkeit durch geringere Ausfallrate der Schaltkreiskomplexe (verringerte Lötstellenzahl), leichtere Abschirmung der räumlich kleineren Elektronik gegen äußere Störfelder, leichtere Abblockung von Störimpulsen aus dem Netz in Anbetracht des *geringeren Stromverbrauchs.*

   Geringerer Wartungsaufwand. Auf zunächst unbenutzte, redundante Schaltkreise im System kann im Notfall umgeschaltet werden, ohne Ersatzteile zu benötigen.

   Erhöhte Geschwindigkeit, die für programmiertes Arbeiten und automatische Daten-Eingabe und -Ausgabe notwendig wird.

   Kostensenkung durch Vereinfachung der Geräteentwicklung und weitere Vereinfachung und Automatisierung der Fertigung und Prüfung der Geräte, die ihrerseits wieder die Zuverlässigkeit steigern.

3. Tastaturen und Funktionsabläufe werden weiter vereinfacht und verbessert. Hierher gehört speziell auch eine Erweiterung der Stellenzahl für die Rechnung, so daß bei der Eingabe-Kapazität von K Dezimalstellen ($K \leqq 16$) auch die Multiplikation bis zu $2 \cdot K$ Stellen möglich, d. h. die Eingabe-Kapazität für alle Rechenarten ohne Einschränkung gültig ist. Dies erfordert erheblichen Aufwand und ist deswegen bisher nur bei wenigen Maschinen verwirklicht, stellt aber unbedingt ein erstrebenswertes Ziel sinnvoller Weiterentwicklung dar. Die Ausgabe negativer Werte durch ihre Komplementzahlen ist technisch unschön und äußerst unbequem.

4. Eine weitere Geräuschverringerung beim Druck.

5. Ein aufgesetzter Kleinwagen als Schüttel- oder Springwagen zum Listendruck in mehreren Kolonnen für mindestens DIN A 4 hoch oder ein breites oder bewegliches Druckwerk wird die Einsatzbreite dieser Automaten erheblich vergrößern.

Alle Anzeichen deuten daraufhin, daß es bei den elektronischen Tischrechenautomaten um mehr geht, als um reine Tischrechenmaschinen, die als Begrenzung nach unten anzusehen sind. Mit den elektronischen Tischrechenautomaten ist der ganze Bereich der Kleincomputer in Bewegung geraten. K. Steinbuch schrieb 1966 in seinem Buch „Die informierte Gesellschaft":

„In wenigen Jahren wird der Gebrauch des Computers so wenig Aufsehen erregen, wie heute bspw. der Gebrauch des Rechenschiebers, der Tischrechenmaschine oder des Fernsprechers.
(Volksempfänger – Volkswagen – Volkscomputer?)"

Es scheint, daß die elektronischen Tischrechenautomaten alle Voraussetzungen mitbringen, in ihrer Weiterentwicklung zu solchen „Volkscomputern" zu werden.

18. DIN-Vorschriften zum Themenbereich

DIN 1 301	Einheiten
DIN 1 302	Mathematische Zeichen
DIN 1 304	Allgemeine Formelzeichen
DIN 1 333	Runden von Zahlen
DIN 1 424	Lochkarten, Begriffe und Benennungen
DIN 2 101	Schreibwalzen
DIN 2 103	Farbbänder 13 mm auf Spule
DIN 2 107	Schreibmaschinen; Schriftgrößen, Teilung, usw.
DIN 2 108	Typenhebel-Schreibmaschinen, Benennungen
DIN 2 127	Tastenfeld (Elektr. Schreibmaschine)
DIN 5 045	Meßgerät für DIN-Lautstärken
DIN 6 720	Bl. 2: Lochstreifenpapiere für Fernschreib- und Datengeräte
DIN 9 751	Rechenmaschinen, Benennungen
DIN 9 753	Büromaschinen, Zehner-Blocktastatur
DIN 9 754	Symbole für Rechenmaschinen
DIN 9 755	Rechenmaschinen, Tastenfeld
DIN 9 756	Lautstärkemessung an Rechenmaschinen
DIN 9 764	Funktionssymbole für Buchungsmaschinen
DIN 40 700	Bl. 14: Schaltzeichen, Digitale Informationsverarbeitung
DIN 40 719	Schaltpläne
DIN 40 801	Gedruckte Schaltungen
DIN 44 300	Informationsverarbeitung, Begriffe
DIN 44 301	Vornorm, Informationstheorie
DIN 44 302	Datenübertragung, Begriffe
DIN 66 000	Mathematische Zeichen der Schaltalgebra
DIN 66 001	Informationsverarbeitung, Sinnbilder für Datenfluß- und Programmablaufpläne
DIN 66 004	Darstellung des 7-Bit-Code auf Datenträgern, Lochstreifen
DIN 66 006	Darstellung von ALGOL-Symbolen auf 5-Spur-Lochstreifen und 80spaltigen Lochkarten
DIN 66 007	Schrift CMC 7 für die maschinelle magnetische Zeichenerkennung
DIN 66 008	Schrift A für die maschinelle optische Zeichenerkennung
DIN 66 010	Magnetbandtechnik für Informationsverarbeitung, Begriffe
DIN 66 011	Magnetbänder für Informationsverarbeitung
DIN 66 013	Informationsverarbeitung, Magnetband
DIN 66 016	Lochstreifen, Nennbreite
DIN 66 020	Informationsverarbeitung, Serienübertragung digitaler Daten

DIN 66 023 Numerische Steuerung von Arbeitsmaschinen, Code für 5-Spur-Lochstreifen

DIN 66 024 Numerische Steuerung von Arbeitsmaschinen, Code für 8-Spur-Lochstreifen

Anhang

Erläuterungen zu den Übersichten

1: *Hersteller elektronischer Tischrechenautomaten bzw. Lieferanten, alle derzeitigen Modelle und ihre wichtigsten Fähigkeiten.*

2: *Hersteller nach Ländern und Branchen.*

3: *Ein- und Ausgabekapazität in Dezimalstellen,*
Komma-Automatik,
Gleitkomma GK,
Festkomma 0(1)16 heißt, einstellbar von 0 bis 16 Nachkommastellen in Schritten zu 1, also 0, 1, 2, 3, . . . 16.
Tastatur,
Anzahl der Tasten ohne Ein-/Ausschalter,
Minustaste zur Zahleneingabe als Vorzeichen VZ,
Rechengeschwindigkeit in ms für volle Kapazität bzw. ϕ = Durchschnitt,
Integrierte Schaltkreise IS,
Zusätzliche Rechenfunktionen über die 4 Spezies hinaus.

4: *Register und Speicher,*
Zahl der Arbeitsregister voller Kapazität,
Zahl der freien Speicher, rechnend und nichtrechnend,
(1) = Sammelwerk zur Akkumulation,
P = ausschließlich für Programme,
Speicherkapazität, frei verfügbar, in Dezimalstellen,
Speichertechnik,
Gesamte interne Speicherkapazität in Dezimalstellen,
Eventuelle externe Speicherkapazität in Dezimalstellen,
Speicherfunktionen,
Automatische Akkumulation von Resultaten (Σ =),
Automatische Akkumulation von 1. Faktoren (Σ 1. F),
Automatische Akkumulation von 2. Faktoren (Σ 2. F),
Automatische Postenzählung,
Speichersplit.

5: *Ausgabe druckender Automaten,*
Sonderbefehle der Ausgabe,
Druckwiederholung DW,
Vorzeichen der Druckwiederholung ($|x|$ Absolutbetrag, = gleiches Vorzeichen),
Divisionsrest-Ausgabe,
Rundung,
Nichtrechnen $\neq$,
Nichtdrucken N,
Druckkapazität,
Ziffernstellen,
Davon Nachkommastellen,
Symbolstellen,
Komma = Ziffer,
Druckstellen gesamt,
Drucker (Pa = Paralleldrucker, Se = Serialdrucker),

Zeilen/s,
Zeichen/s.

6: *Kontrollstreifen druckender Automaten,*
Papierbreite,
Abstand Zeichen und Zeilen,
Automatische doppelte Zeilenschaltung,
Rotdruck,
Stachelwalze.

7: *Ausgabe nichtdruckender Automaten,*
Sonderbefehle der Ausgabe,
 Divisionsrest-Ausgabe,
 Rundung,
Sichtanzeige,
 Ziffernstellen,
 Davon Nachkommastellen,
 Anzeigeröhren,
 Flutlichtziffern,
 Katodenstrahlröhre K,
 Zeilen bei Katodenstrahlröhre,
 Ziffernhöhe.

8: *Programmierbare Automaten,*
Programmerstellung,
Programmspeicherung,
Programmeingabe/-steuerung.

9: *Sondermodelle, Zusatzgeräte und Anschlußmöglichkeiten.*

Benutzte Abkürzungen

BCD	Binär codierte Dezimalziffer
C	Kondensatorspeicher
D	Druckender Automat
Dr	Drucker
DW	Druckwiederholung
E	Extern programmierbar
FK	Ferritkern
GK	Gleitkomma
I	Intern programmierbar
IS	Integrierte Schaltkreise
K	Katodenstrahlröhre
LK	Lochkarte
LS	Lochstreifen
LZ	Laufzeitspeicher
MST	Magnetostriktiv
MT	Magnettrommel
N	Nichtdruckender Automat
NK	Nichtdruckend, Katodenstrahlröhre
NK 3	Nichtdruckend, Katodenstrahlröhre, 3 Zeilen
P	Programmierung
Pa	Paralleldrucker
R	Rotdruck
S	Sonderausstattung
Se	Serialdrucker
SM	Schreibmaschine
VT	Volltastatur
VZ	Vorzeichen
Z	Zusatzgerät

Übersicht 1: **Modelle elektronischer Tischrechenautomaten** (1969)

Hersteller (Lieferant)	Modellbezeichnung	Ausgabe	Programmierbar	Sondermodelle	Fernbed.-Tastatur	Externe Eingabe	Externe Speicher	Externe Ausgabe	AD/DA Umsetzer	Quadratwurzeltaste
Druckende Automaten										
Addo-Saba	Sabatronic 9910	D	E							
Casio	PR-500	D								
Diehl	combitron	D	IE							√
	combitron S	D	IE							√
	decitron	D								√
E. M. Dassault	EMD 8-48	D	IE	x		LS	x	SM, LS	x	√
Friden	1150	D								
	1151	D	I							
Monroe	Epic 3000	D	I							√
Olivetti	Logos 328	D								√
	Programma 101	D	IE							√
	Programma 102	D	IE			LS		LS		√
Olympia	RASE 4/30-3	D								
Paillard	Hermes 114	D	I							
Philips	P 250	D								
	P 251	D								
Sanyo	ICC-163 P	D								
	ICC-163 PS	D	I							
SCM	6/6	D								
	10/6 PR	D	E							
Soemtron	224-1	D								
	224-2	D								
	224-3	D								
Wanderer	conti (1503)	D		x				LS		
(Victor)	conti R (1503 R)	D		x				LS		√
	conti P	D	I					LS		√
	conti 10 (1510)	D		x				LS		
	conti 10 R (1510 R)	D		x				LS		√

Übersicht 1: **Modelle elektronischer Tischrechenautomaten**

Hersteller (Lieferant)	Modellbezeichnung	Ausgabe	Programmierbar	Sondermodelle	Fernbed.-Tastatur	Externe Eingabe	Externe Speicher	Externe Ausgabe	AD/DA Umsetzer	Quadratwurzeltaste
Nichtdruckende Automaten										
Addo	Addo-X 9357	N								
	Addo-X 9657	N								
	Addo-X 9958	N								√
Brother	412	N								
	514	N								
Bell Punch (Sumlock)	Anita MK 9	N								
	Anita MK 12	N								
	Anita 1000	N								
	Anita 1010	N								
Burroughs	C 3200	N								
	C 3300	N								
	C 3350	N								√
Canon	Canola 130 S	N								
	Canola 141	N								
	Canola 161	N								
	Canola 161 S	N								
	Canola 162	N								
	Canola 162 P	N	I							
	Canola 163	N								√
	Canola 167	N								√
	Canola 1200	N								
Casio	121	N								
	152	N								
	161	N								
	AL-1000	N	I							√
	AL-1000 S	N	I					SM		√
	AL-2000	N	I							√
Facit	1124	N								
	1125	N								√
Friden	130	NK								
	132	NK								√
	1112	N								
	1113	N								
	1160	NK								
Hayakawa	Sharp Compet 12	N								
	Sharp Compet 17 B	N								
	Sharp Compet 22 A	N								
	Sharp Compet 32 A	N								√

Hersteller (Lieferant)	Modellbezeichnung	Ausgabe	Programmierbar	Sondermodelle	Fernbed.-Tastatur	Externe Eingabe	Externe Speicher	Externe Ausgabe	AD/DA Umsetzer	Quadratwurzeltaste
Hewlett-Packard	9100 A	NK	IE			(LS)		(LS,Dr,SM)	x	√
Industria Macchine Elettroniche	IME 26	N								
	IME 86-2	N	E		x	x	x	x		
	IME 86-4	N	E		x	x	x	x		
	IME 86-S	N	E		x	x	x	x		√
	IME 120	N								
Mitsubishi	DENON DEC-61A4	N								√
Nippon	Busicom 161	N								√
	Busicom 162	N						(SM)		√
	Busicom 202	NK	E				(x)	(Dr)		√
Olympia	RAE 4/15-1	N								
	RAE 4/15-2	N								
	RAE 4/30-0	N								
	RAE 4/30-1	N								
	RAE 4/30-2	N								
	RAE 4/30-3	N								
Sanyo	ICC-162	N								√
SCM	414	N								
Soemtron	220-1	N								
	220-2	N								
	220-3	N								
Sony	Sobax	N								
Toshiba	Toscal BC-1201	N								
	Toscal BC-1411	N								
	Toscal BC-1412	N								
	Toscal BC-1621	N								√
Transeuropa	Unitrex IC-8	N								
Victor	3900	NK								
	14/322	NK								
Wang	LOCI-2	N	E			LS		Dr,SM,LS	x	√
	Calculator 300	N	E		x					√
	Calculator 310	N	E		x					√
	Calculator 320	N	E		x					√
	Calculator 320 T	N	E		x					√
	Calculator 360	N	E		x					√
	Calculator 360 T	N	E		x					√
	Calculator 362	N	E		x					√
	Calc. System 370	N	E		x	LS	x	SM, LS	x	√
Wyle	Scientific WS-02	NK	E			LS	x	Dr	x	√

Übersicht 2: **Hersteller elektronischer Tischrechenautomaten nach Ländern und Branchen** (1968)

Hersteller	L A N D								Branche	
	Deutschland	USA	Japan	Italien	England	Frankreich	Schweden	Niederlande	Elektronik	Rechenmasch. Buchungsmasch.
Druckend (und evtl. nichtdruckend)										
Addo-Saba	x						x		x	x
Diehl	x									x
EMD						x			x	
Friden		x								x
Monroe		x								x
Olivetti				x						x
Olympia	x									x
Philips								x	x	
Soemtron	x									x
Wanderer	x									x
zusammen	5	2	–	1	–	1	1	1	3	8
Nur nichtdruckend										
Bell Punch					x					x
Canon			x						x	
Hayakawa			x						x	
Hewlett-Packard		x							x	
IME				x					x	
Nippon			x						x	x
Toshiba			x						x	
Victor		x								x
Wang		x							x	
Wyle		x							x	
Casio			x						x	
zusammen	0	4	5	1	1	0	0	0	9	3
Gesamt	5	6	5	2	1	1	1	1	12	11

Übersicht 3: **Kapazität und Funktionen**

	Kapazität		Komma-Automatik		Tastatur		Rechengeschwindigkeit in ms				Zusätzliche Rechenfunktionen				
Ausgabe	Eingabe	Ausgabe	GK	Festkomma	Tastenanzahl	VZ [–]	±	x	:	IS	√	%	‰	Sonstige	
D	18	19		0(1)16	30	–	2	∅ 50	∅ 50			%	‰		Sabatronic
D	16	16		0(2)8	31		160	500	500		√				combitron
D	16	16		0(2)8	32	–	160	500	500		√				combitron S
D	9	9	x				10				√			e^x,ln x,Trig.F.	EMD 8-48
D	13	13		0(1)9	23		20	400	400	IS					Friden 1150
D	16	16		4,8	27		8	300	250		√				Epic 3000
D	22	22		0(1)15	36	–					√	%		x^2	Olivetti Logos 328
D	22	23		0(1)15	42	–	3–4	220	220		√				Olivetti Progr. 101
D	15	30	x		31	–	56	646	678						Olympia RASE 4/30-3
D	16	16		0(1)11	21										Philips 250
D	15	15		0(1)14	25	–									Soemtr. 224-1
D	15	15		0(1)14	29	–									Soemtr. 224-2
D	15	15		0(1)14	33	–									Soemtr. 224-3
D	14	28		0(1)6	36		2	200	200			%	‰		conti
D	14	28		0(1)12	39		2	200	200		√				conti R
D	14	28		0(1)10	37		2	200	200		√				conti P
D	14	28		0(1)6	44		2	200	200			%	‰		conti 10
D	14	28		0(1)12	45		2	200	200		√				conti 10 R

N	12	12		0(2)6	19		30	300	300	IS		Addo-X 9357
N	14	14		0(2)6	22		30	300	300	IS		Addo-X 9657
N	16	16		0(2)8	27		30	300	300	IS	√	Addo-X 9958
N	10	11		0(1)10	VT		36	36	360			Anita 9
N	10	11		0(1)10	27							Anita 12
N	14	14		0(2)8	22		30	300	300	IS		Burrghs. 3200
N	16	16		0(2)8	25		30	300	300	IS		Burrghs. 3300
N	16	16		0(2)8	27		30	300	300	IS	√	Burrghs. 3350
N	13	13	x		21		80	700	500			Canola 130 S
N	15	16	x		24							Canola 161
N	16	16		0(2)10	25		10	200	200	IS		Canola 161 S
N	16	16		0(2)10	28		10	200	200	IS	√	Canola 163
N	15	30	x		34		24	1800	2000		√	Canola 167
N	14	14		0(2)6	22		30	300	300	IS		Facit 1124
N	16	16		0(2)8	26		30	300	300	IS	√	Facit 1125
N K4	13	13		0,2,5,7,13	23	–	20	400	400			Friden 130
N K4	13	13		0(1)13	24	–	20	400	400		√	Friden 132
N	12	12	x		19							Friden 1112
N	12	12		0(2)6	19		31	328	364	IS		Sharp 17
N	14	14		0(2)6	23		30	300	300	IS		Sharp 22
N	16	16		0(2)8	25		30	300	300	IS	√	Sharp 32

Übersicht 3: **Kapazität und Funktionen**

	Kapazität		Komma-Automatik		Tastatur		Rechengeschwindigkeit in ms				Zusätzliche Rechenfunktionen				
Ausgabe	Eingabe	Ausgabe	GK	Festkomma	Tastenanzahl	VZ ⊟	±	x	:	IS	√	%	‰	Sonstige	
N K3	10+2	10+2	x	0(1)9	65		2	∅ 12	∅ 18		√			e^x, ln x, lg x, Trig.F., Vektor-R. Komplexe Zahlen	HP 9100 A
N	12	12		0(1)11	23	–	2,5	200	200						IME 26
N	16	16		0(1)15	29	–	2,5	200	200						IME 86-2
N	16	16		0(1)15	35	–	2,5	200	200						IME 86-4
N	16	16		0(1)15	36	–	2,5	200	200		√				IME 86-S
N	16	16		0,1,2,3,6,9	24		50	800	800		√				Busicom 161
N	16	16		0,1, . .	30					IS	√				Busicom 162
N K5	20	20		0(1)20	35					IS	√				Busicom 202
N	15	28	x		23		56	646	678						Olympia 15-1
N	15	28	x		32		56	646	678						Olympia 15-2
N	15	30	x		22		56	646	678						Olympia 30-0
N	15	30	x		27		56	646	678						Olympia 30-1
N	15	30	x		30		56	646	678						Olympia 30-2
N	15	30	x		32		56	646	678						Olympia 30-3
N	15	15		0(1)15	24										Soemtr. 220-1

N	15	15		0(1)15	28								Soemtr. 220-2
N	15	15		0(1)15	32								Soemtr. 220-3
N	12	12		0,3	19								Toscal 1201
N	14	14		0,3,6	21						%		Toscal 1411
N	14	14	x	0(2)8	24						%		Toscal 1412
N	16	16	x	0(2)10	30						√ %		Toscal 1621
N K5	20	20	x		26					IS			Victor 3900
N	10	10	x		46	–	10	250	250		√	$x^2, \frac{1}{x}, \frac{1}{x^2}, \frac{1}{\sqrt{x}}$	LOCI-2
N	10	10	x		25	–	10	250	250				Wang 300
N	10	10	x		27	–	10	250	250		√	x^2	Wang 310
N	10	10	x		29	–	10	250	250		√	$x^2, e^x, \ln x$	Wang 320
N	10	10	x		33	–	10	250	250		√	$x^2, e^x, \ln x$, Trig.F.	Wang 320 T
N	10	10	x		37	–	10	250	250		√	$x^2, e^x, \ln x$	Wang 360
N	10	10	x		41	–	10	250	250		√	$x^2, e^x, \ln x$, Trig.F.	Wang 360 T
N	10	10	x		37	–	10	250	250		√	$x^2, e^x, \ln x$	Wang 362
N	10	10	x		53	–	10	250	250		√	$x^2, e^x, \ln x$	Wang Syst. 370
N K6	24	24		0(3)21	41		5	500	500		√		Wyle WS-02
N	15	15		x	20					IS			Casio 152
N	14	14		x	22						√		Casio AL-1000
N	14	14		x	22						√		Casio AL-1000 S

Übersicht 4: **Register und Speicher**

Register u. Speicher				Intern Gesamt-Daten-Kapazität	Extern Gesamt-Daten-Kapazität	Speicher-Funktionen					
						Automatische Funktion					
Arbeits-Reg.	Speicherzahl	Speicherkap.	Speicher-Technik			Σ=	Σ1.F	Σ2.F	Posten-Zähler	Speicher-Split	
1	4	20	FK	80		x					Sabatronic
5	3	16	MST.LZ	48		x					combitron
5	11	16	MST.LZ	176		x					combitron S
6	8	9	FK	72	480						EMD 8-48
2	3	13	LZ	39		x					Friden 1150
2	3	16		48							Epic 3000
3	3	22	MST.LZ	66		x	x				Olivetti Logos 328
3	5+2P	22	MST.LZ	110							Olivetti Progr. 101
3	3	15	FK	45							Olympia RASE 4/30-3
	2	16	FK	32		x					Philips 250
	1	15	FK	15							Soemtr. 224-1
	2	15	FK	30							Soemtr. 224-2
	3	15	FK	45							Soemtr. 224-3
6	3	14	FK	42		x	x		S		conti
6	3	14	FK	42		x	x		S		conti R
6	3+7P	14	FK	42							conti P
6	10	14	FK	140		x	x		x		conti 10
6	10	14	FK	140		x	x		x		conti 10 R

2	0									Addo-X 9357
2	1	14	FK	14		x				Addo-X 9657
2	2	16	FK	32		x				Addo-X 9958
										Anita 9
2	1	10		10						Anita 12
2	1	14	FK	14		x				Burrghs. 3200
2	2	16	FK	32		x				Burrghs. 3300
2	2	16	FK	32		x				Burrghs. 3350
2	(1)	13				x				Canola 130 S
	1	16		16						Canola 161
3	1	16	LZ	16		x				Canola 161 S
3	2	16	LZ	32		x	x		x	Canola 163
2	7	15	5 a.MT	105		x				Canola 167
2	1	14	FK	14		x				Facit 1124
2	2	16	FK	32		x				Facit 1125
2	3	13	LZ	39						Friden 130
2	3	13	LZ	39						Friden 132
	(1)	12				x				Friden 1112
2	0									Sharp 17
2	1	14	FK	14		x				Sharp 22
2	2	16	FK	32		x				Sharp 32

Übersicht 4: **Register und Speicher**

Register u. Speicher						Speicher-Funktionen					
						Automatische Funktion					
Arbeits-Reg.	Speicherzahl	Speicherkap.	Speicher-Technik	Intern Gesamt-Daten-Kapazität	Extern Gesamt-Daten-Kapazität	Σ=	Σ1.F	Σ2.F	Posten-zähler	Speicher-Split	
6	17	12+2	FK	204							HP 9100 A
3	1	12	FK	12		x					IME 26
3	2	16	FK	32	192	x	x		x		IME 86-2
3	4	16	FK	64	192	x	x		x		IME 86-4
3	4	16	FK	64	192	x	x		x		IME 86-S
	1	16		16							Busicom 161
	2	16		32							Busicom 162
3	2	20		40							Busicom 202
3	1	15	FK	15							Olympia 15-1
3	2	15	FK	30							Olympia 15-2
3	1	15	FK	15							Olympia 30-0
3	2	15	FK	30							Olympia 30-1
3	2	15	FK	30							Olympia 30-2
3	3	15	FK	45							Olympia 30-3
	1	15	FK	15							Soemtr. 220-1

	2	15	FK	30							Soemtr. 220-2
	3	15	FK	45							Soemtr. 220-3
	0										Toscal 1201
	1	13	C	13							Toscal 1411
	1	14		14							Toscal 1412
	2	15		30		x					Toscal 1621
3	3	20		60		x					Victor 3900
3	0-16	10	FK	160							LOCI-2
3	1	10	FK	10		x	x	x	Z		Wang 300
3	1	10	FK	10		x	x	x	Z		Wang 310
3	1	10	FK	10		x	x	x	Z		Wang 320
3	1	10	FK	10		x	x	x	Z		Wang 320 T
3	5	10	FK	50		x	x	x	Z		Wang 360
3	5	10	FK	50		x	x	x	Z		Wang 360 T
3	13	10	FK	130		x	x	x	Z	/	Wang 362
3	5	10	FK	50	640	x	x	x	Z		Wang Syst. 370
3	3	24		72	576						Wyle WS-02
	2	15		30							Casio 152
	3	14	FK	42						/	Casio AL-1000
	3	14	FK	42						/	Casio AL-1000 S

Übersicht 5: **Ausgabe druckender Automaten**

	Sonderbefehle der Ausgabe					Druck-Kapazität								
DW	DW – VZ	Divisions-Rest	Rundung	#	Nichtdrucken	Ziffern-Stellen	Davon Nachkomma-Stellen	Symbol-Stellen	Komma = Ziffer	Druck-Stellen Gesamt	Drucker	Zeilen pro s	Zeichen pro s	
x	|x|	x	x	x		19	0(1)19	4	x	24	Pa	5	120	Sabatronic
x	=	x	x	x		16	0(2)8	2		18	Pa	2	36	combitron
x	=	x	x	x		16	0(2)8	3		19	Pa	2	38	combitron S
						9					Se		10	EMD 8-48
x	=		x			13	0(1)9	2	x	15	Se		37	Friden 1150
x	|x|		P			16	4,8	2		18	Se	1	15	Epic 3000
x	=	x	x			22	0(1)15	2	x		Se		25	Olivetti Logos 328
P	P	x	P	x		23	0(1)15	2	x	28	Se		30	Olivetti Progr. 101
				x		15		2	x	17	Pa	2	34	Olympia RASE 4/30-3
x	=					16	0(1)11	3	x	20	Pa	3	60	Philips 250
x	=		x	x		15	0(1)14	2	x	18	Pa	4	72	Soemtr. 224-1
x	=		x	x		15	0(1)14	2	x	18	Pa	4	72	Soemtr. 224-2
x	=		x	x		15	0(1)14	2	x	18	Pa	4	72	Soemtr. 224-3
x	|x|	x	x	x	S	14	0(1)6	5	x	20	Pa	3	60	conti
x	|x|	x	x	x	S	14	0(1)12	5	x	20	Pa	3	60	conti R
x	|x|	x	x	x		14	0(1)10	5	x	20	Pa	3	60	conti P
x	|x|	x	x	x	S	14	0(1)6	5	x	20	Pa	3	60	conti 10
x	|x|	x	x	x	S	14	0(1)12	5	x	20	Pa	3	60	conti 10 R

Übersicht 6: **Kontrollstreifen druckender Automaten**

Papier Breite mm	Abstand Zeichen mm	Abstand Zeilen mm	Doppelte Zeile nach	Rotdruck	Stachelwalze vorhand.	Stachelwalze Lochabstand (Papierbreite)	
80	2,54	4,23	*	R			Sabatronic
100	4	4,25	* ◇		S	85	combitron
100	4	4,25	* ◇		S	85	combitron S
							EMD 8-48
			=				Friden 1150
90				R			Epic 3000
							Olivetti Logos 328
90	2,8	5,6	P				Olivetti Progr. 101
74	3,175	4,22		R			Olympia RASE 4/30-3
88	3,175	4,25					Philips 250
				R			Soemtr. 224-1
				R			Soemtr. 224-2
				R			Soemtr. 224-3
80 . . 105	3,175	4,233	= * ◇ ^	R	x	92,6 (105)	conti
80 . . 105	3,175	4,233	= * ◇ ^	R	x	92,6 (105)	conti R
80 . . 105	4,175	4,233	= * ◇ ^	R	x	92,6 (105)	conti P
80 . . 105	3,175	4,233	= * ◇ ^	R	x	92,6 (105)	conti 10
80 . . 105	3,175	4,233	= * ◇ ^	R	x	92,6 (105)	conti 10 R

Übersicht 7: **Ausgabe nichtdruckender Automaten**

Sonder-Befehle Ausgabe		SICHTANZEIGE							
Divisions-Rest	Rundung	Ziffern-Stellen	Davon Nachkomma-stellen	Anzeige-röhren	Flutlicht-ziffern	Katoden-Strahlröhre	Zeilen	Ziffernhöhe mm	
		12	0(2)6	x					Addo-X 9357
	x	14	0(2)6	x					Addo-X 9657
	x	16	0(2)8	x					Addo-X 9958
		11	0(1)10	x					Anita 9
		11	0(1)10	x					Anita 12
	x	14	0(2)8	x					Burrghs. 3200
	x	16	0(2)8	x					Burrghs. 3300
	x	16	0(2)8	x					Burrghs. 3350
x		13	0(1)12		x			15	Canola 130 S
x		16	0(1)15		x			15	Canola 161
	x	16	0(2)10	x					Canola 161 S
	x	16	0(2)10	x					Canola 163
x		16	0(1)15		x			15	Canola 167
	x	14	0(2)6	x					Facit 1124
	x	16	0(2)8	x					Facit 1125
x		13	0,2,5,7,13			K	4		Friden 130
x		13	0(1)13			K	4		Friden 132
		12	0(1)12	x					Friden 1112
		12	0(2)6	x					Sharp 17
	x	14	0(2)6	x					Sharp 22
	x	16	0(2)8	x					Sharp 32

	x	10+2	0(1)9			K	3		HP 9100 A
x	x	12	0(1)11	x				14	IME 26
x	x	16	0(1)15	x					IME 86-2
x	x	16	0(1)15	x					IME 86-4
x	x	16	0(1)15	x					IME 86-S
		16	0,1,2,3,6,9	x					Busicom 161
		16	0,1 . .	x					Busicom 162
		20	0(1)20			K	5		Busicom 202
x		15	0(1)15	x				15	Olympia 15-1
x		15	0(1)15	x				15	Olympia 15-2
x	x	15	0(1)15	x				15	Olympia 30-0
x	x	15	0(1)15	x				15	Olympia 30-1
x	x	15	0(1)15	x				15	Olympia 30-2
x	x	15	0(1)15	x				15	Olympia 30-3
	x	15	0(1)15	x					Soemtr. 220-1
	x	15	0(1)15	x					Soemtr. 220-2
	x	15	0(1)15	x					Soemtr. 220-3
		12	0,3	x					Toscal 1201
		14	0,3,6	x					Toscal 1411
	x	14	0(2)8	x					Toscal 1412
	x	16	0(2)10	x					Toscal 1621
	x	20	0(1)15	x		K	5		Victor 3900
		10	0(1)10	x				16	LOCI-2
	x	10	0(1)10	x				16	Wang 300
	x	10	0(1)10	x				16	Wang 310
	x	10	0(1)10	x				16	Wang 320
	x	10	0(1)10	x				16	Wang 320 T
	x	10	0(1)10	x				16	Wang 360
	x	10	0(1)10	x				16	Wang 360 T
	x	10	0(1)10	x				16	Wang 362
	x	10	0(1)10	x				16	Wang Syst. 370
x		24	0(3)21			K	6		Wyle WS-02
		15		x					Casio 152
	x	14		x					Casio AL-1000
	x	14		x					Casio AL-1000 S

Übersicht 8: **Programmierbare Automaten**

Hersteller	Modell	Programm-erstellung	P R O G R A M M- Intern Schritte	Externe Programmspeicherung in/auf
		Druckende Automaten		
Addo	Sabatronic	Tastatur		Magnetband (Kassette)
Diehl	combitron	Tastatur	66	Lochstreifenkarten
		Extern		Lochstreifen (Kassette)
	combitron S	Tastatur	120	Lochstreifenkarten
		Extern		Lochstreifen (Kassette)
EMD	8-48	Tastatur	48	Zusatzspeicher APS 480
		Extern		Lochstreifen
Friden	1151	Tastatur	30	
Monroe	Epic 3000	Tastatur	42	
Olivetti	Progr. 101	Tastatur	120	Magnetkarte
	P 101/203	Tastatur	160	Magnetkarte
Wanderer	conti P	Tastatur	56	
		Nichtdruckende Automaten		
Hewlett-Packard	9100 A	Tastatur	196	Magnetkarte
IME	86	Tastatur		Programmspeicher Digicorder DG 308
		Extern		Lochstreifenkarten
Nippon	Busicom 202	Ext. (Hand)		Lochkarte
Wang	LOCI-2	Ext. (Hand)		Lochkarte
		Extern		Lochstreifen
	Cal. 300-362	Ext. (Hand)		Lochkarte
	Cal. Syst. 370	Ext. (Hand)		Lochkarte
		Extern		Lochstreifen
		Ext. (Hand)		Festverdrahtetes Programm
Wyle	WS-02	Ext. (Hand)		Lochkarte
		Ext. (Hand)		Stecktafel
		Extern		Lochstreifen
Casio	AL-1000	Tastatur	30	

S P E I C H E R U N G

Schritte pro Einheit	Programmeingabe/-Steuerung In Rechenautomat eingebaut	Über Zusatzgeräte
400/1000		Magnetbandgerät 9140
66		LS-Leser dilector
700		
120		
700		
480		Zusatzspeicher APS 480
unbegrenzt		LS-Leser
2 × 120	Aufzeichner und Leser eingebaut	
2 × 160		
2 × 196	Aufzeichner und Leser eingebaut	
512		Digicorder DG 308 mit LS-Leser eingebaut
≦ 512		
40	LK-Leser eingebaut	
80		LK-Leser CP-1
unbegrenzt		LS-Leser
80		LK-Leser CP-1
80		LK-Leser 371
unbegrenzt		LS-Leser 378
12		LK-Leser PC-01
32		Eingabegerät PB-01,02
unbegrenzt		LS-Leser

Übersicht 9: **Sondermodelle, Zusatzgeräte und Anschlußmöglichkeiten**

Automat	ZUSATZGERÄTE		ZUR Daten-verarb.	ZUR Progr.
		Druckende Automaten		
Addo	9140	Magnetband-Programmgerät		P
Sabatronic	9940	Programmgerät – Anschluß		P
Diehl	dilector	Lochstreifen-Leser, 30 Zeichen/s		P
combitron combitron S	Adaption	zum Anschluß peripherer Einheiten	D	
EMD 8-48	APS 480	48 Speicher zu 10 Dezimalstellen	D	P
	PIL	Schreibmaschine mit	D	
		LS-Stanzer	D	P
		LS-Leser (1–2 Lesestationen)	D	P
		Schaltpult	D	
		Steuereinheit	D	
	LS-Leser	1–2 Lesestationen	D	P
	4281	Sondermodell der 8-48 ohne Drucker für Anschluß an PIL		
	LC 1	Kurvenleser (A/D-Umsetzer)	D	
Olivetti Programma 101		Steuergerät zum Anschluß peripherer Einheiten	D	
Wanderer	W-LSS 01	LS-Stanzer, 25 Zeichen/s	D	
conti	conti P	mit W-LSS 01	D	P
	conti D	Sondermodell mit W-LSS 01 zur Datenerfassung	D	
	conti AF	Sondermodell Abrechnung/Fakturierung mit und ohne W-LSS 01	D	
	conti AFD	Sondermodell-Kombination AF und D	D	
	conti ND	Sondermodell für nicht-dekadisches Rechnen	D	
	conti M	Sondermodell mit und ohne W-LSS 01 für Meßwerte-Verarbeitung	D	
		Nichtdruckende Automaten		
Hewlett-Packard 9100 A		Kontrollstreifen-Drucker, elektrostatisch	D	
		Schreibmaschine	D	
		LS-Stanzer	D	
		LS-Leser	D	
		BCD-Interface-Einheiten	D	
		XY-Plotter (Koordinaten-Zeichengerät)	D	
IME 86	KB 6	Fernbedienungstastatur	D	
	DG 308	Programmspeicher für 512 Schritte mit LS-Leser und Anschluß für LS-Stanzer		P
	PG 203	Steuerelektronik für externe Eingabe	D	
	OP 207	Steuerelektronik für externe Ausgabe	D	

Automat	ZUSATZGERÄTE		ZUR Daten-verarb.	ZUR Progr.
IME 86	MC 205	Multistorage. 60 Konst. Speicher zu 10 Dezimalstellen	D	
Nippon Busicom 162		Anschluß für Schreibmaschine vorgesehen	D	
Busicom 202		Anschluß Drucker u. externer Speicher vorgesehen	D	
Toshiba Toscal BCT-1212		Anschluß für 8 Fernbedienungstastaturen	D	
Wang LOCI-2	33 ASR	Blattschreiber (Teletype)	D	
		LS-Stanzer	D	
		LS-Leser	D	
	PTV-I	Steuereinheit für Teletype 33 ASR	D	
	Drucker	Walzenschnelldrucker f. Kontrollstreifen	D	
	LS-S	Lochstreifenstanzer	D	P
	LS-L	Lochstreifenleser	D	P
	A/D	A/D-Umsetzer und Zusatzelektronik	D	
	D/A	D/A-Umsetzer und Zusatzelektronik	D	
	CP-1	Lochkartenleser, 2 anschließbar		P
300–362	CP-1	Lochkartenleser, 1 anschließbar		P
300–370	IC-1	Posten-/Befehlszähler 0000 . . . 9999	D	
	T-Conn.	Verteiler zum Anschluß von 4 Fernbed.-Tast.	D	
	SE	Sonderelektronik für 16 Fernbed.-Tastaturen	D	
System 370	371	Lochkartenleser, 6 in Serie anschließbar		P
	372	16 Speicher zu 10 Dez.-St., 4 Einh. anschließbar	D	
	373	64 Speicher zu 10 Dez.-Stellen	D	
	376	Teletype 33 ASR mit LS-S und LS-L	D	
	377	Steuereinheit PTV-I für Teletype 33 ASR	D	
	378	Lochstreifenleser		P
Wyle WS-02	PC-01	Lochkartenleser, 8 Zeilen/s		P
	PB-01	Programmeinheit für 8 Stecktafeln		P
	PB-02	Programmeinheit für 16 Stecktafeln		P
	SM-01	8 Speicher zu 24 Dez.-Stellen, 1. Ausbaustufe	D	
	SM-02	8 Speicher zu 24 Dez.-Stellen, 2. u. 3. Ausbaustufe	D	
	KB-01	Zusatztastatur für PB-01,02 u. SM-01,02	D	P
	LS-L	Lochstreifenleser	D	P
	Drucker		D	
	A/D	A/D-Umsetzer und Zusatzelektronik	D	
	D/A	D/A-Umsetzer und Zusatzelektronik	D	
Casio AL-1000 S		Elektrische Schreibmaschine	D	
		Steuereinheit für Ausgabe-Schreibmaschine	D	

Quellennachweis und Literatur

Bauer, F. L. u. a.: Moderne Rechenanlagen. Stuttgart 1965

Deutscher Vorschlag für die Benennung von Addier- und Rechenmaschinen. ISO/TC 95.2 vom Februar 1965

Diemer, A.: Die automatisierte elektronische Datenverarbeitung. 2. Aufl. Berlin 1968

Heinrich, L. J.: Mittlere Datentechnik. Zeitschrift für Datenverarbeitung. Köln 1–5/1968

Kuhlenkamp, A.: Lexikon der Feinwerktechnik. Lueger Band 13. Stuttgart 1968

Lind, W.: Büromaschinen. 2. Aufl. Füssen 1954

Mösl, G.: Kleincomputer für die direkte Datenverarbeitung in der Industrie. Zeitschrift Elektrotechnik. Würzburg 8/1968

– Die Büromaschine im Wandel der Technologien. Schriftenreihe der Fachgemeinschaft Büromaschinen und Datentechnik im VDMA. H. 16. Düsseldorf 1966

– Stand und Entwicklungstendenzen elektronischer Tischrechenautomaten. Allgemeine Vermessungs-Nachrichten. Karlsruhe 4/1969

Painke, H.: Der Festwertspeicher in digitalen Rechenanlagen. IBM-Nachrichten. H. 176

Prospekte und Bedienungsanleitungen der Hersteller elektronischer Tischrechenautomaten

Rechenberg, P.: Grundzüge digitaler Rechenautomaten. München 1964

Rohrberg, A.: Theorie und Praxis der Rechenmaschinen. Stuttgart 1954

Schranz, A. G.: Addiermaschinen. Aachen 1961

Speiser, A. P.: Digitale Rechenanlagen. 2. Aufl. Berlin 1965

Steinbuch, K.: Automat und Mensch. 3. Aufl. Berlin 1965

– Taschenbuch der Nachrichtenverarbeitung. 2. Aufl. Berlin 1967

Valvo GmbH.: Drei Versuchsmodelle elektronischer Tischrechner. Entwicklungsmitteilungen. Hamburg 1961

Stichwortverzeichnis

Wichtige Literatur zur Datenverarbeitung

Einführung in das Programmieren von Georg Bayer. Gr.-8°. (de Gruyter Lehrbuch) Teil 1: Programmieren in ALGOL. Mit 26 Abb. 172 S. 1969. Teil 2: Programmieren in einer Assemblersprache 134 S. 1970.

Einführung in das Programmieren in FORTRAN von Wolfgang Spiess und Friedrich Georg Rheingans. Gr.-8°. Mit 17 Abb. und 14 Tab. 195 S. 1970. (de Gruyter Lehrbuch)

Die automatisierte elektronische Datenverarbeitung und ihre Bedeutung für die Unternehmensleitung. Von Andreas Diemer. 2., überarb. u. erw. Aufl. Gr.-8°. 249 S. Mit 37 Abb. u. zahlr. Tab., Ablaufdiagr. u. Beisp. 1968.

Digitale Rechenautomaten. Eine Einführung von Rainer Klar. Etwa 200 S. 1970. Im Druck. (Sammlung Göschen 1241/1241a)

Aufbau und Arbeitsweise von Compilern von Hans-Jürgen Schneider. Etwa 160 S. 1970.

Digitalrechner in technischen Prozessen von Helmut Hotes. Gr.-8°. IV, 313 S. Mit zahlr. Abb. 1967.

Einführung in die Programmierung digitaler Rechenautomaten von Fritz Rudolf Güntsch und Hans-Jürgen Schneider. 3. Aufl. Gr.-8°. Mit 3 Taf. u. vielen Textabb. Etwa 388 S. 1970. In Vorbereitung.

Programmierung von Datenverarbeitungsanlagen von H.-J. Schneider und D. Jurksch. Kl.-8°. Mit 8 Tab. u. 11 Abb. 111 S. 1967. (Sammlung Göschen Band 1225/1225a)

Kommerzielle Datenverarbeitung
Eine Schriftenreihe herausgegeben von Dr.-Ing. Arno Schulz

Personelle Organisation in der elektronischen Datenverarbeitung von Eckart Zwicker. 2. Aufl. Gr.-8°. 102 S. Mit 31 Abb. 1970.

Integrierte Datenverarbeitungssysteme für die Unternehmensführung von Hans-Dieter Kalscheuer. 2. Aufl. Gr.-8°. 121 S. Mit 7 Abb. 1969.

Elektronische Kosten- und Leistungsrechnung für Industriebetriebe von Ernst Georg Lotz. Gr.-8°. 175 S. Mit 34 Abb. 1969.

Elektronische Datenverarbeitung in Kreditinstituten von Horst Stevenson. Gr.-8°. 177 S. Mit 2 Klapptaf. 1968.

Strukturanalyse der maschinellen betrieblichen Informationsbearbeitung von Arno Schulz. Gr.-8°. Etwa 320 S. 1970.

Elektronische Datenverarbeitung in Handelsbetrieben von Hans-Robert Hansen. Gr.-8°. Etwa 170 S. 1970. In Vorbereitung.

Die elektronische Datenverarbeitung in der Bekleidungsindustrie von Norbert Herrmann. Gr.-8°. Etwa 160 S. 1970. In Vorbereitung.

Zu den Abbildungen Seite 1A–16A

Als Einblick in den Stand und die Möglichkeiten der Automatengattungen werden im Anschluß einige wichtige Geräte abgebildet.

Ergänzend hierzu sind die Übersichten 1–8 im Anhang (Seite 262–281) zu beachten, die einen Gesamtüberblick über die entwickelten Automaten mit ihren wichtigsten Daten geben.

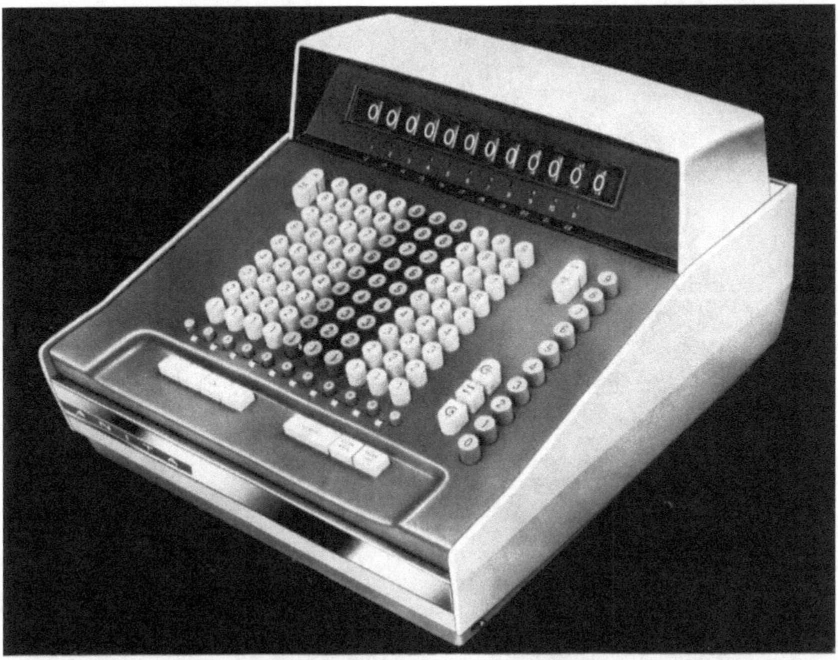

Abb. 1 (oben). Der erste elektronische Tischrechenautomat, die „Anita“ von Bell Punch mit Volltastatur *(Sumlock Comptometer Ltd.)*.

Abb. 2 (unten). Burroughs 3350 mit integrierten Schaltkreisen, Wurzelautomatik und 2 freien Speichern bei nur 6,5 kg Gewicht *(Burroughs)*.

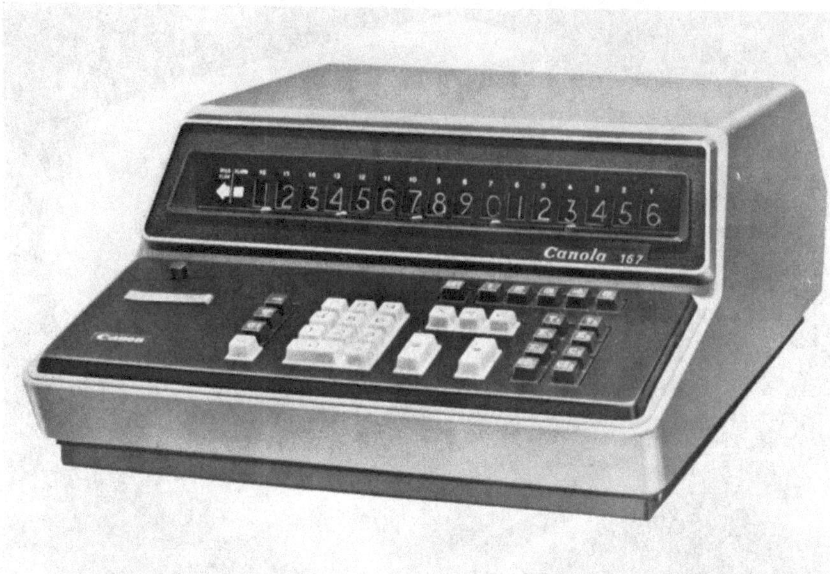

Abb. 3. Canola 167 von Canon mit Flutlichtziffern, Quadratwurzelautomatik und 7 freien Speichern, davon 5 auf eingebauter Magnettrommel *(Mücher)*.

Abb. 4. Dura 1041 MCT, die Kombination eines lochstreifengesteuerten Organisationsautomaten mit elektronischem Tischrechner IME 86-S. Die Rechner-Elektronik ist eingebaut und wird über die bewegliche Fernbedienungstastatur, rechts, angesteuert *(NOG-DURA)*.

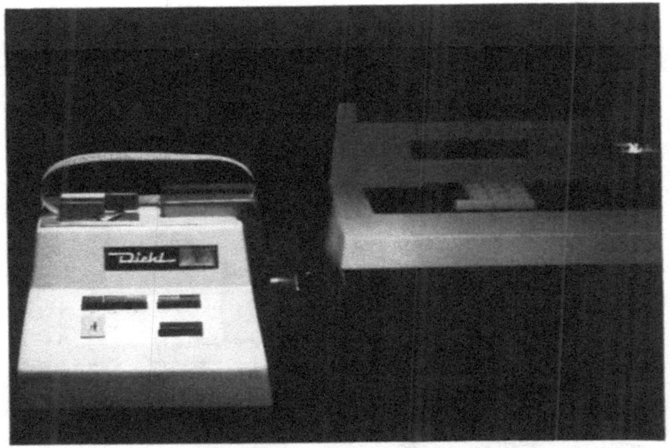

Abb. 5.

Abb. 6.

Abb. 7.

Abb. 5. Diehl dilector, der periphere Lochstreifen-Programmleser, angeschlossen an eines der elektronischen Diehl Rechensysteme — Abb. 6. Diehl combitron S, programmierbarer druckender Tischrechenautomat mit 11 Konstantenspeichern und Wurzeltaste — Abb. 7. Diehl decitron, das elektronische Rechensystem mit vorprogrammierten Funktionen und 10 Konstantenspeichern *(Diehl)*.

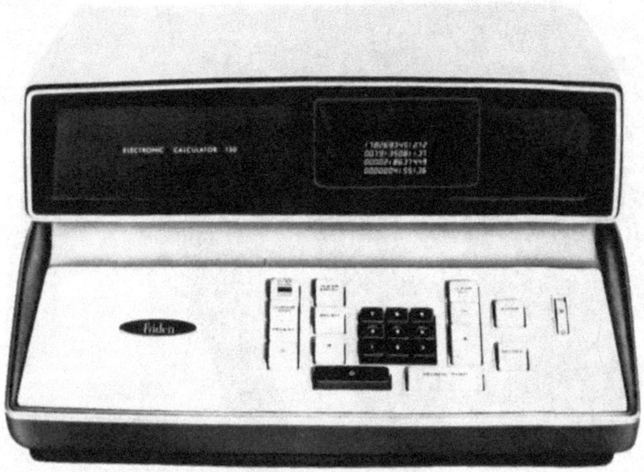

Abb. 8. Friden 130, erster elektronischer Tischrechner mit Katodenstrahlröhre. Die Inhalte von 4 Registern sind laufend sichtbar *(Friden).*

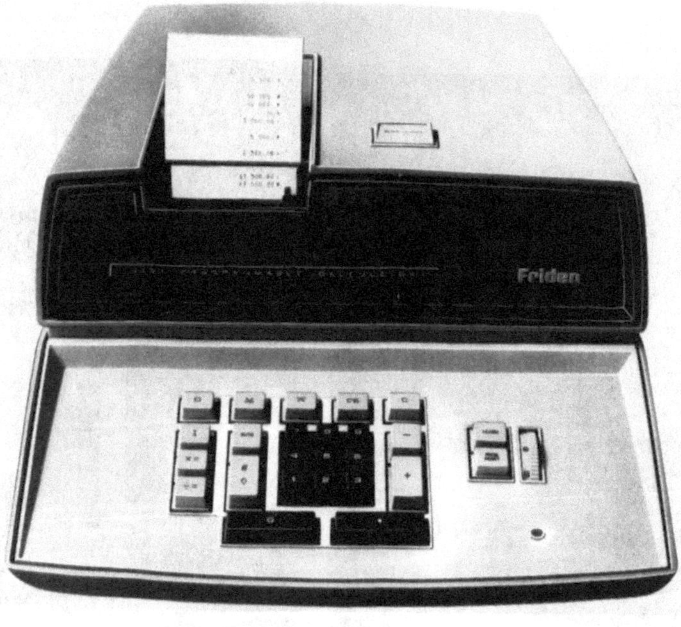

Abb. 9. Friden 1151, der erste programmierbare und druckende elektronische Tischrechner mit integrierten Schaltkreisen *(Friden).*

Abb. 10. Das neuartige Helikaldruckwerk der Friden 1150 und 1151, ein Seriendrucker mit nur *einem* Typenrad *(Friden).*

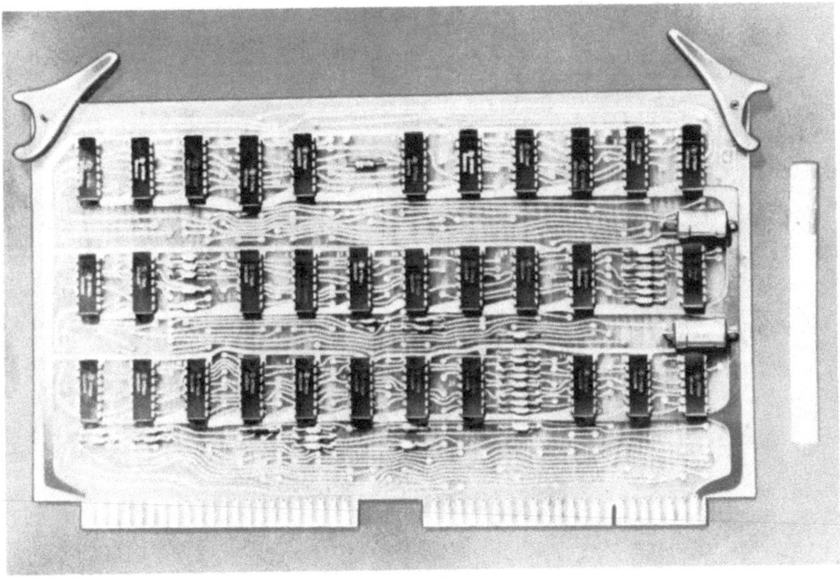

Abb. 11. Nicht viel breiter als eine Zigarette ist einer der Träger für 32 integrierte Schaltkreise bei der Friden 1150 und 1151 *(Friden).*

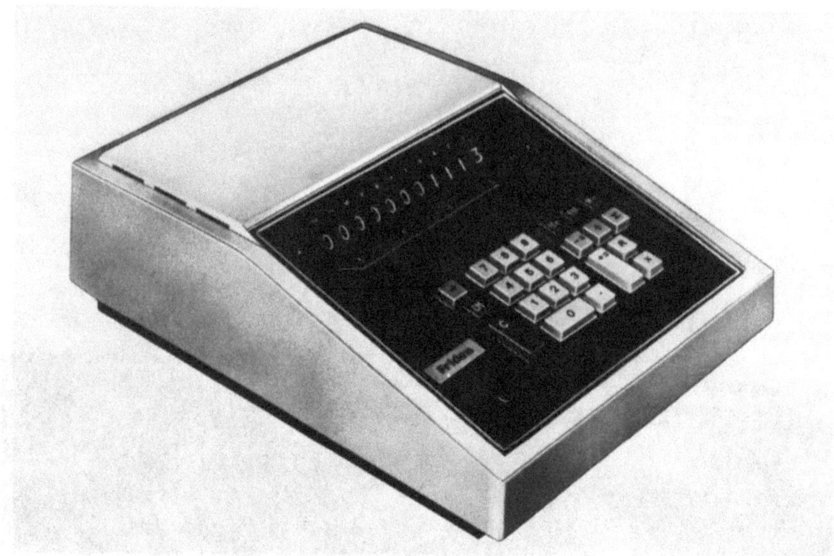

Abb. 12. Tischrechner 1113 von Friden, ein Kleinstrechner mit integrierten Schaltkreisen bei nur 5,4 kg Gewicht *(Friden)*.

Abb. 13. Tischrechner 1160 von Friden mit Bildschirmanzeige und integrierten Schaltkreisen *(Friden)*.

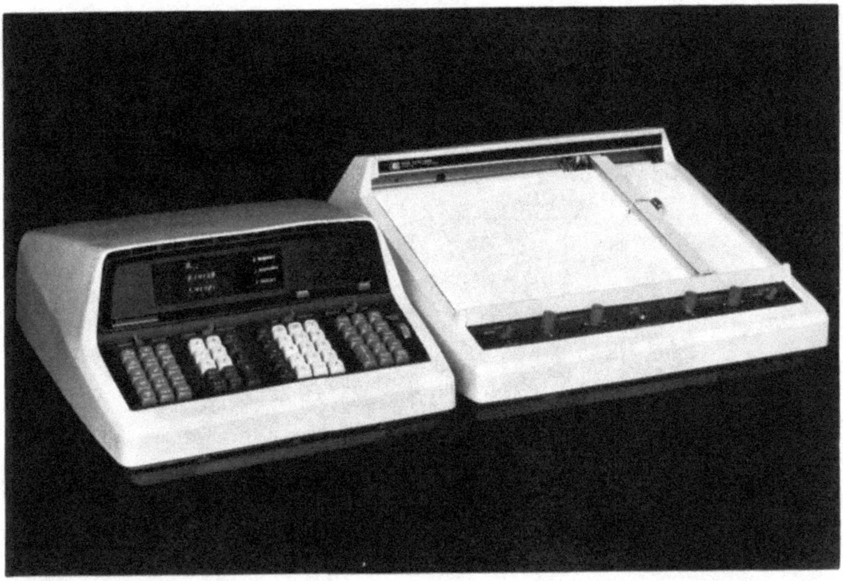

Abb. 14. Der technisch-wissenschaftliche Tischrechner 9100 A von Hewlett-Packard mit interner Programmspeicherung im Ferritkernspeicher und externer Programmspeicherung auf Magnetkarten und angeschlossenem XY-Plotter *(Hewlett-Packard)*.

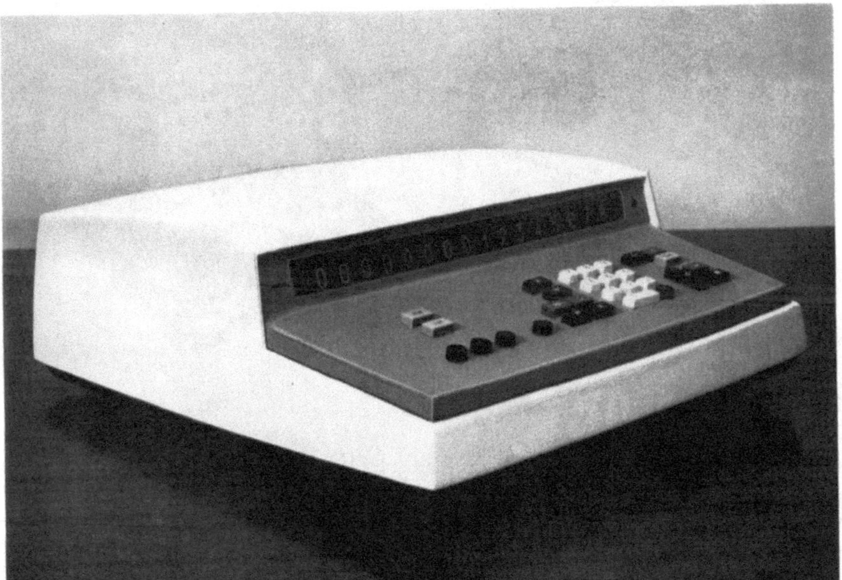

Abb. 15. Der erste elektronische Tischrechenautomat mit Zehnertastatur von IME *(L. Beaugrand K. G.)*

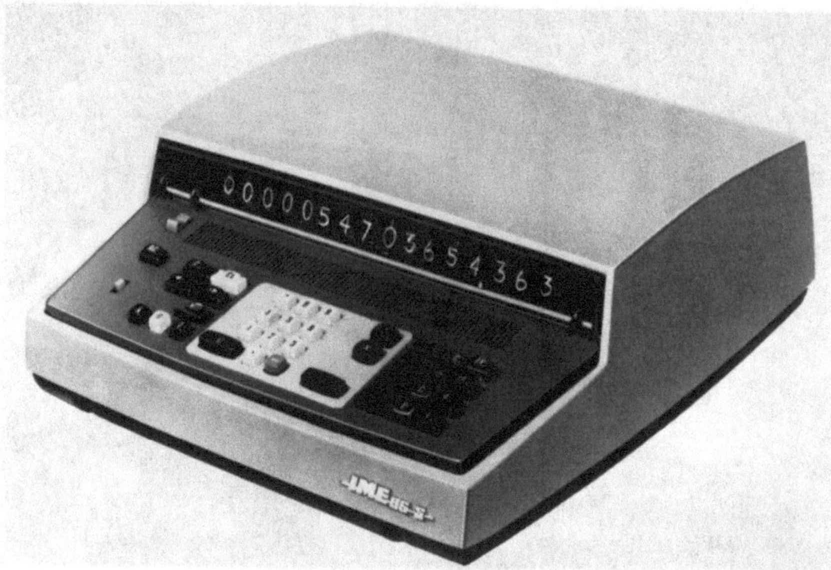

Abb. 16. IME 86-S, Grundeinheit mit 4 Speichern und Wurzelautomatik, ausbaufähig und erweiterbar *(L. Beaugrand K. G.)*.

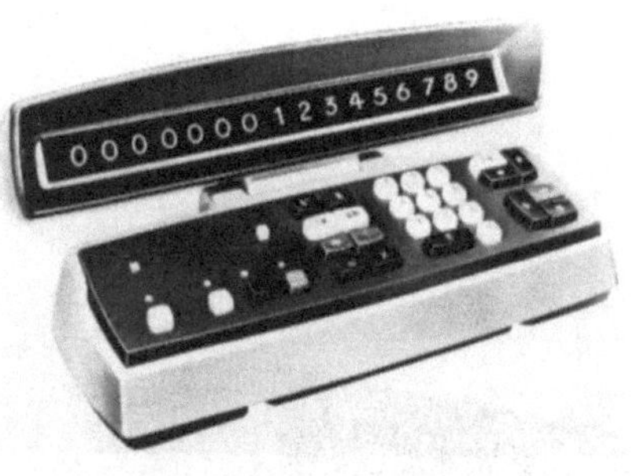

Abb. 17. Die Fernbedienungstastatur zur IME 86-S, um den gleichen Rechner von zwei Arbeitsplätzen aus benutzen zu können *(L. Beaugrand K. G.)*.

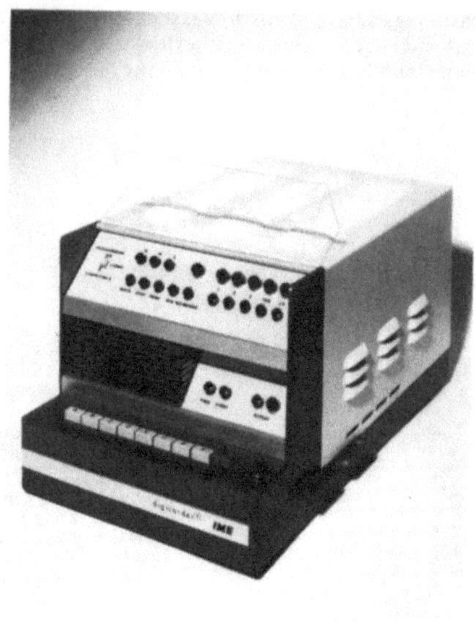

Abb. 18. IME digicorder, ein externer Programmspeicher mit Lochstreifen-Leser zur IME 86-S *(L. Beaugrand K. G,)*

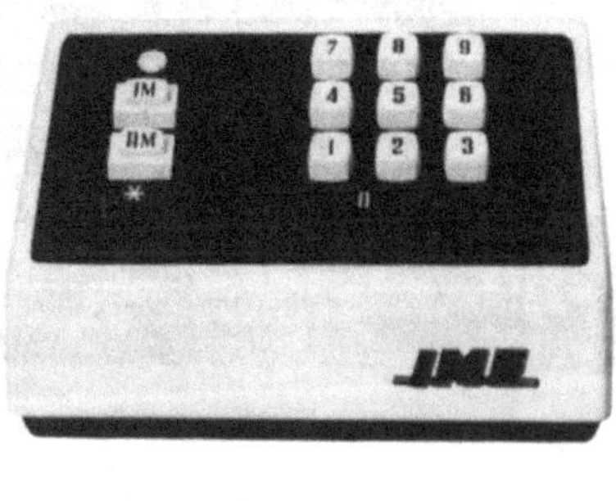

Abb. 19. Externer Zusatzspeicher zur IME 86-S mit 60 Speicherwerken *(L. Beaugrand K. G.)*.

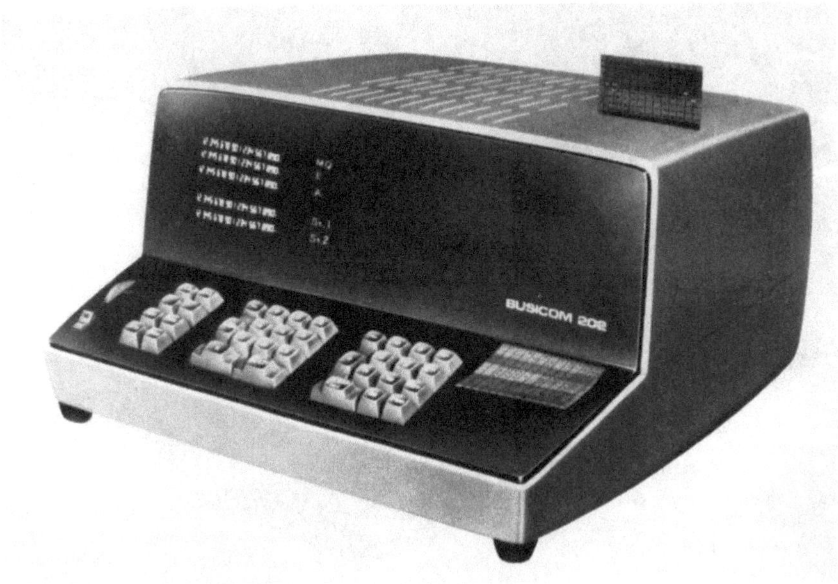

Abb. 20. Die Busicom 202 von Nippon mit Katodenstrahlröhre und eingebautem Leser für Programm-Lochkarten *(Nippon)*.

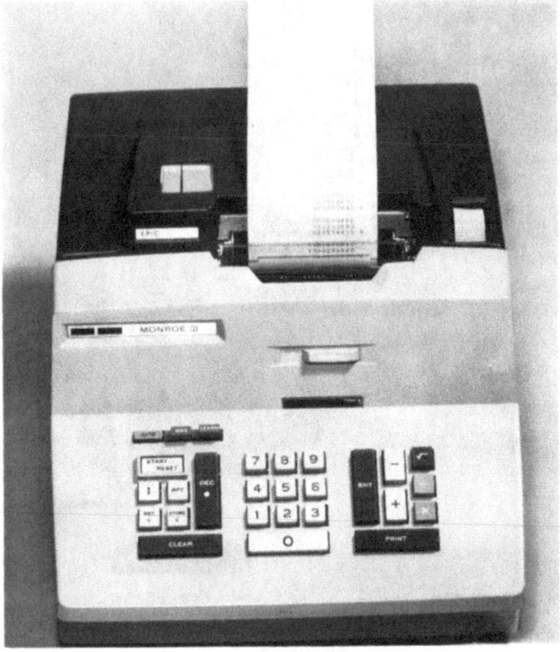

Abb. 21. Monroe Epic, der erste druckende elektronische Tischrechenautomat mit interner Programmspeicherung über „LEARN"-Taste *(Monroe)*.

Abb. 22. Programma 101 von Olivetti, druckender Tischcomputer mit interner Programmspeicherung in magnetostriktivem Laufzeitspeicher und externer Programmspeicherung auf Magnetkarten *(Olivetti)*.

Abb. 23. Der Typenzylinder des Serialdruckers der Programma 101 und 102. Der Andruckhammer steht gerade vor der 9. Druckstelle von rechts *(Olivetti)*.

Abb. 24. Der Bürocomputer P 203 von Olivetti, eine Kombination von erweiterter Programma 101 mit Schreibautomat und breitem Wagen *(Olivetti)*.

Abb. 25. Philips P 251, ein elektronischer Tischrechner mit integrierten Schaltkreisen und einem neuartigen Mosaikdruckwerk, das 90 Zeichen in der Sekunde druckt *(Philips)*.

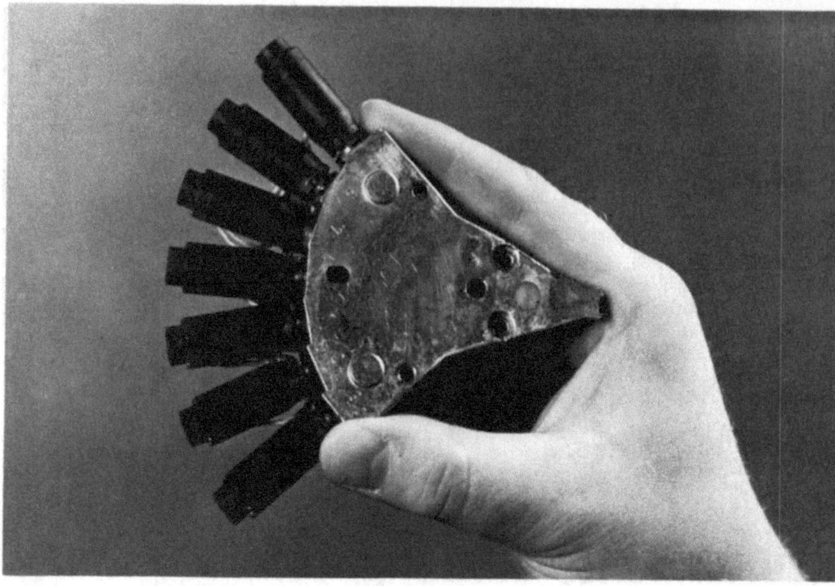

Abb. 26. Der Mosaikdruckkopf (Nadeldrucker) der Philips P 251. Elektronisch gesteuerte Nadeln setzen die Zeichen mosaikartig aus Punkten zusammen *(Philips)*.

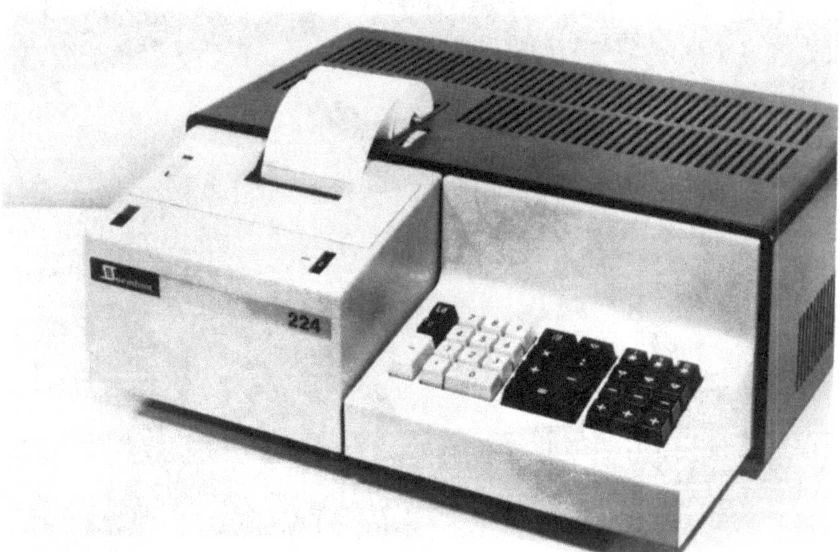

Abb. 27. Die Soemtron 224 mit Druckwerk links und 3 Speichern *(Soemtron)*.

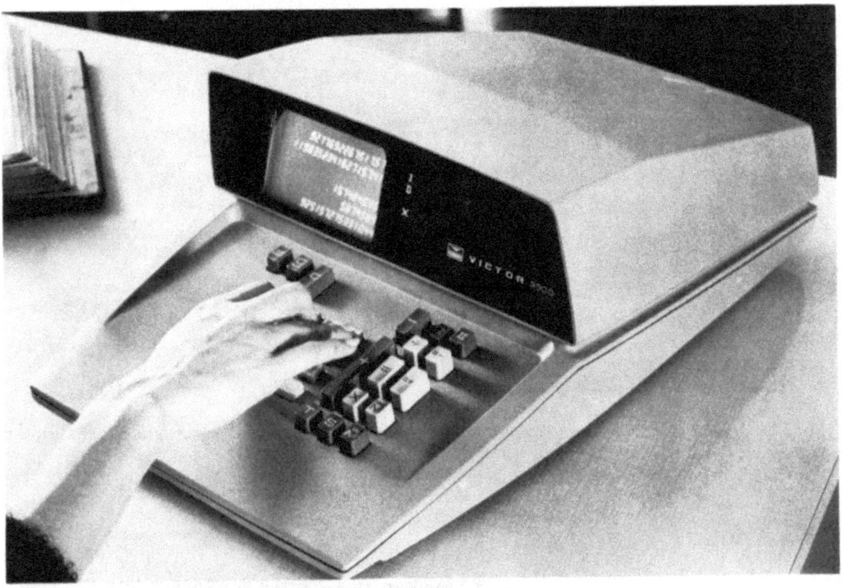

Abb. 28. Der erste elektronische Tischrechenautomat mit integrierten Schaltkreisen und Bildschirmanzeige, die Victor 3900 *(Victor)*.

Abb. 29. Der erste druckende elektronische Tischrechenautomat mit wahlweise 3 bis 10 Speichern, Wurzelautomatik, Programmspeicherung und Spezialprogrammierung, die Wanderer conti *(Wanderer)*.

Abb. 30. Die Wanderer conti mit wählbarer Spezialprogrammierung und angeschlossenem Stanzer zur Datenerfassung auf Lochstreifen *(Wanderer)*.

Abb. 31. Die Wyle Scientific WS-02 mit Bildschirmanzeige und angeschlossenem Lochkarten-Leser für Programme *(Wyle)*.

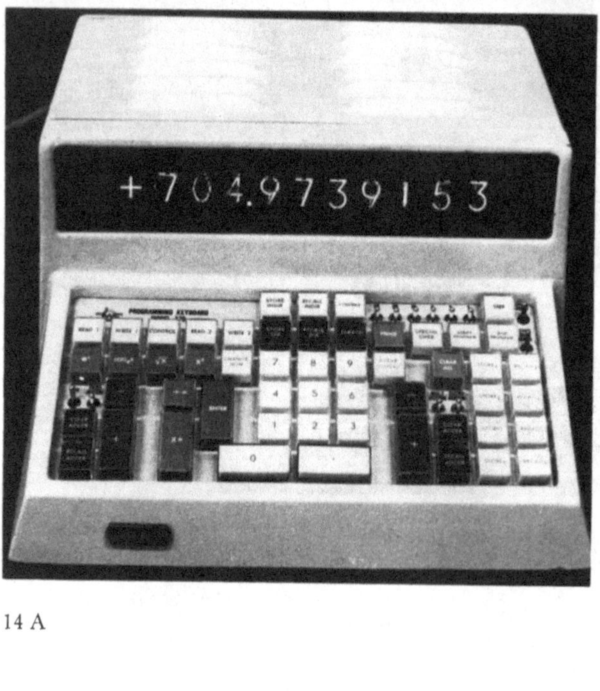

Abb. 32. Die Konsole des Wang Calculator Systems 370 zeigt die vielfältigen Einsatzmöglichkeiten dieser Automaten *(Wang)*.

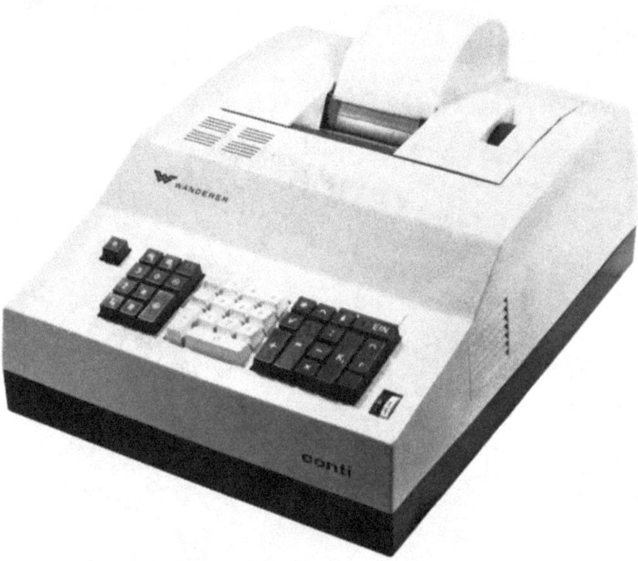

Abb. 33. Die Wanderer conti mit Wurzeltaste und Eingabeautomatik. Die beiden Kommaräder rechts gestatten getrennte Einstellung des Festkommas für Eingabe und Rechnung/Ausgabe *(Wanderer)*.

Abb. 34. Olympia RAE 4/30-3, ein anzeigender elektronischer Tischrechner mit 2 Speichern und 1 Memoriawerk *(Olympia)*.

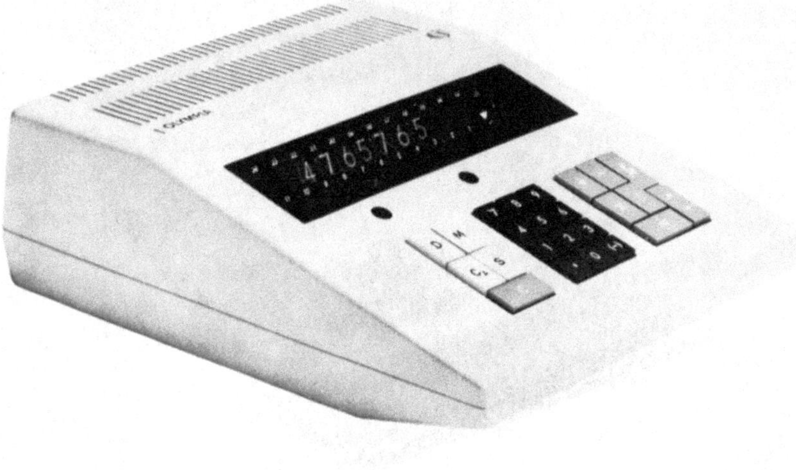

Abb. 35. Olympia ICR 412, ein Kleinstrechner mit integrierten Schaltkreisen, 1 Speicher und 1 Memoriawerk *(Olympia)*.

Abb. 36. Der druckende elektronische Tischrechenautomat RASE 4/30-2 von Olympia mit 2 Speichern und 15/30 stelliger Kapazität *(Olympia)*.

FSC
www.fsc.org
MIX
Papier | Fördert gute Waldnutzung
FSC® C083411

Zeitfracht Medien GmbH
Ferdinand-Jühlke-Straße 7
99095 Erfurt, Deutschland
produktsicherheit@kolibri360.de